TRINITY

Zum Buch

»Der kluge Mann baut vor.« Was bereits Schiller wusste, ist heute aktueller denn je. Die Finanzmärkte sind so unkontrollierbar geworden, dass sie die Existenz von Millionen Bürgern bedrohen können. Doch was tun im Ernstfall? Und ist es nicht übertrieben, gleich von einer Katastrophe auszugehen? Birgit Adam erläutert, wie wir uns im Notfall in den Bereichen Finanzen, Essen und Trinken, Alltag, Gesundheit und Sicherheit selbst versorgen können. Sie erklärt, warum Krisenvorsorge nicht nur Verschwörungstheoretikern vorbehalten bleiben sollte, sondern angesichts der unberechenbaren Komplexität von Wirtschafts- und Finanzzusammenhängen einen pragmatischen Umgang mit der Realität bedeutet.

© privat

Zur Autorin

Birgit Adams persönliches Interesse gilt seit Langem gesellschaftlich relevanten Fragen und Umweltthemen. Überlebenssituationen faszinieren sie, seit sie mehrere Reisen ins australische Outback unternommen hat. Seit über zehn Jahren arbeitet sie als Autorin und Übersetzerin. Sie hat bereits zahlreiche Sachbücher veröffentlicht und lebt mit ihrer Familie in Augsburg.

BIRGIT ADAM

CHECKLISTE KRISEN VORSORGE

Konkret gerüstet für den Notfall

Finanzielle Vorsorge + Essen und Trinken + Hygiene + Gesundheit + Sicherheit

TRINITY

WICHTIGER HINWEIS
Dieses Buch ist keine Finanzberatung, sondern als unverbindliche Information anzusehen. Jeder Leser muss sich individuell informieren und seine eigenen Entscheidungen treffen. Die Informationen in diesem Buch beruhen auf sorgfältigen Recherchen, können jedoch Änderungen unterliegen. Verlag und Autorin können daher keine Haftung für Richtigkeit, Genauigkeit und Vollständigkeit der Angaben übernehmen.

© 2012 Trinity Verlag GmbH & Co. KG, Berlin · München
Umschlaggestaltung: Guter Punkt, München
Coversymbole: © shutterstock
Satz: BuchHaus Robert Gigler, München
Druck und Bindung: Pustet, Regensburg
ISBN 978-3-941837-48-5
Alle Rechte vorbehalten.

www.trinity-verlag.de

INHALT

KRISE, WELCHE KRISE? 7
Die Finanzmärkte brechen zusammen 8
Sonneneruptionen sorgen für Chaos 10
Weitere mögliche Auslöser für eine Krise 12
Krisenvorsorge – Fangen Sie jetzt an! 15

1. KAPITEL: FINANZIELLE VORSORGE 17
Investieren Sie in krisenfeste Geldanlagen 18
Trennen Sie sich von instabilen Kapitalanlagen 21
Unvergängliche Werte – Wald, Immobilien & Co. 23
Managen Sie Ihre Finanzen 26
Tauschobjekte – die neue Währung in der Krise? 31

2. KAPITEL: ESSEN UND TRINKEN 32
Gesunde Ernährung in Krisenzeiten 32
Einfache Gerichte kochen 39
Nahrungsmittel selbst herstellen 46
Kochstellen selbst anlegen 54
Selbstversorgung aus dem eigenen Garten 55
Pflanzliche Nahrung aus der Wildnis 80

Fleisch aus der Natur 86
Nahrungsmittel haltbar machen 93
Was tun bei Hunger? 103
Wasser – überlebensnotwendig 104
Notvorrat im Schutzraum 110

3. KAPITEL: DER ALLTAG IN KRISENZEITEN 112
Energiegewinnung und Energiespeicherung 112
Wärme und Licht 122
Kleider machen Leute – krisenfest 132
Hygiene und Körperpflege 136
Rund ums Haus 144
Kommunikation und Information 147
Wetterregeln 164

4. KAPITEL: GESUNDHEIT UND SICHERHEIT 166
Medizin in Krisenzeiten 167
Verhalten bei Naturkatastrophen 198
Persönliche Sicherheit 204
Die eigenen vier Wände 213

ALLES WICHTIGE IM ÜBERBLICK 218
Checklisten 218
Einkaufslisten 220

LITERATURHINWEISE 231

KRISE, WELCHE KRISE?

Noch ist in Deutschland von Aufschwung die Rede, doch so recht dran glauben mag keiner mehr. Täglich werden wir mit neuen Hiobsbotschaften aus der Finanzwelt konfrontiert. Die EU-Schuldenkrise, die hohe Inflation und die gerade noch abgewendete Zahlungsunfähigkeit der USA verunsichern die Bürger zunehmend, wie im November 2011 aus dem aktuellen Deutschlandtrend von Infratest Dimap im Auftrag der ARD und der Welt hervorging. 82 Prozent glauben demnach, dass Deutschland das Schlimmste in der Schuldenkrise noch bevorsteht. Selten sahen die Menschen pessimistischer in die Zukunft.

Für einige Experten ist es nur eine Frage der Zeit, bis der Euro zusammenbricht, denn die europäischen Finanzmärkte können nur noch durch Neuverschuldung stabilisiert werden. Welche Auswirkungen eine solche Finanzpolitik haben kann, zeigt die aktuelle Situation in Ländern wie Griechenland, Spanien, Irland oder Portugal. Die konkreten Auswirkungen für die Bevölkerung sind noch nicht klar, doch die Angst vor einem Wertverlust des Geldes ist groß – dies zeigt sich unter anderem in dem großen Run auf Gold und dem höchsten Goldpreis aller Zeiten.

Die Finanzmärkte brechen zusammen

Seit die amerikanische Investmentbank Lehman Brothers im September 2008 Konkurs anmelden musste, kam die Finanzwelt nicht mehr zur Ruhe. Zwar ergriffen Politiker und Banken etliche Maßnahmen, um die Finanzmärkte wieder zu stabilisieren, doch konnten sie das nur durch eine massive Neuverschuldung erreichen.

Staatsschulden und Sparmaßnahmen
Gleichzeitig sanken die Einnahmen der Staaten, da die Wirtschaftskrise zu massiven Steuereinbrüchen führte. Viele Staaten sind heute so hoch verschuldet, dass sie diese Schulden nie mehr zurückzahlen können.

Das hatte zur Folge, dass die Kreditwürdigkeit verschiedener Euroländer – darunter Portugal, Irland, Italien und Spanien – von der amerikanischen Ratingagentur Moody's herabgestuft wurde. Doch eine schlechtere Kreditwürdigkeit führt zu höheren Schuldzinsen. Das bedeutet, dass die Staaten schlagartig mehr Zinsen bezahlen müssen, damit sie überhaupt noch Geld geliehen bekommen. Stärkere Länder wie Deutschland bürgen für diese Länder, um den Euro zu retten, und machen dabei ebenfalls wieder neue Schulden. Schulden werden also mit noch höheren Schulden bekämpft – dass das nicht lange gut gehen kann, muss eigentlich jedem einleuchten.

Die Bevölkerung muss daher mit massiven Einschnitten rechnen. Die Regierungen brauchen mehr Geld und leiten zu diesem Zweck umfangreiche Sparmaßnahmen ein. Griechenland zum Beispiel erhöhte die Mehrwertsteuer auf 21 Prozent und beschloss, die Beamtengehälter zu kürzen. Bei den Sozialleistungen und im Gesundheitssystem soll ebenfalls gespart werden, und etliche Staatsbetriebe sollen privatisiert werden. Außerdem wurden Stellen in der Verwaltung abgebaut, doch das erhöhte die Zahl der

Arbeitslosen, für die aber wiederum Kosten anfallen. Die griechische Bevölkerung reagierte auf diese Sparmaßnahmen mit Protesten – warum sollte sie die jahrelange Misswirtschaft ihrer Regierung ausbaden? Was in Griechenland geschieht, ist nur ein Beispiel für einen Staat in Europa. Viele andere Staaten sind in einer ähnlichen Lage. Und der Zorn der griechischen Bürger könnte bald auch auf andere Länder übergreifen und so zu einem Flächenbrand mit Protesten, Generalstreiks und Regierungsrücktritten führen.

Zudem droht die Gefahr einer Inflation oder gar Hyperinflation. Um das Schuldensystem am Laufen zu halten, werden die Zentralbanken weiter munter Geld drucken, doch das hat einen Wertverlust der Währung zur Folge. Den Staaten kann das nur recht sein, denn so werden ihre Schulden abgewertet. Leidtragende sind in diesem Fall die Bürger, denn ihre Ersparnisse sind plötzlich nichts mehr wert. Von einer Hyperinflation spricht man, wenn das Geld in einem Monat mehr als 50 Prozent an Wert verliert. In Deutschland gab es in den Jahren von 1914 bis 1923 gleich mehrere hyperinflationäre Geldentwertungen. Damals bekamen die Menschen ihren Lohn oft mehrmals täglich ausgezahlt, da das Geld bis zum Abend schon wieder massiv an Wert verloren hatte.

Mögliche Folgen der Finanzkrise

Die Bevölkerung ist verunsichert, das Vertrauen in den Euro schwindet. Jeder fünfte Deutsche wünscht sich schon jetzt die D-Mark zurück, wie eine Umfrage der *Leipziger Volkszeitung* im Oktober 2011 ergab. Kritisch wird es, wenn die Menschen aus Angst vor einem Wertverlust des Geldes ihre Ersparnisse abheben und sie gegen wertstabile Güter eintauschen. Dass dies bereits im Gange ist, zeigt der explosionsartige Anstieg des Goldpreises im letzten halben Jahr. Bundeskanzlerin Angela Merkel garantierte zwar im Januar 2009, dass die Ersparnisse der Deutschen sicher seien, doch mit welchem Geld sie das garantiert, ließ sie offen.

Kommt es zu einem Run auf die deutschen Banken, so zeichnen Experten ein schauerliches Bild. Die Menschen werden versuchen, ihre gesamten Ersparnisse abzuheben, und Supermärkte und Tankstellen stürmen, um sich mit Notvorräten einzudecken. Wer nicht rechtzeitig bei der Bank ist, hat Pech gehabt: Die Bank ist pleite und kann kein Geld mehr herausgeben. Und was Menschen tun, die Angst haben zu verhungern, will man sich lieber nicht vorstellen ...

Dazu kommt noch, dass Europa nicht nur durch die gemeinsame Währung verbunden ist, sondern dass wir europa- und weltweit von vielen anderen Staaten abhängig sind. Steckt ein Staat in Schwierigkeiten, greift das auch auf die anderen Staaten über. Vor allem bei Rohstoffen wie Gas und Erdöl sind wir komplett von anderen Ländern abhängig. Wenn wir uns diese nicht mehr leisten können, müssen wir frieren.

Sonneneruptionen sorgen für Chaos

Viele Menschen blicken mit Sorge auf das Jahr 2012. Wissenschaftler warnen vor kosmischen Ereignissen, die das Leben auf der Erde bedrohen und schließlich zum Zusammenbruch unserer Zivilisation führen. Elektrostatische und geomagnetische Felder werden sich im Jahr 2012 auf dramatische Weise verändern, so die Experten. Ihren Ursprung haben die Vorgänge in veränderten Sonnenaktivitäten, vor allem in Sonneneruptionen, die großen Einfluss auf die Erde haben.

Was ist eine Sonneneruption?
Schon seit Jahrhunderten beobachten Menschen die Sonne, heute geschieht das mithilfe von hochmodernen Satelliten, die Bilder

von der Sonne machen und sie zur Auswertung zur Erde schicken. Bei einer Sonneneruption werden mit einer Geschwindigkeit von mehreren Millionen Kilometern in der Stunde elektrisch geladene Teilchen ausgestoßen, die das Magnetfeld unserer Erde verändern. Und dies hat Konsequenzen für alle Lebewesen auf der Erde, denn die elektromagnetischen Felder steuern unsere gesamte Zellkommunikation.

Welche Auswirkungen diese Sonneneruptionen haben können, fanden Mediziner und Physiker heraus, als sie ihre Daten abglichen. So ließen zum Beispiel Schwankungen des Erdmagnetfelds, die durch Sonneneruptionen hervorgerufen wurden, die Zahl der Herzinfarkte und Autounfälle in die Höhe schnellen. 1989 führte ein Sonnensturm in der kanadischen Provinz Quebec zu einem Stromausfall, da die empfindlichen Transformatoren den Magnetströmen nicht gewachsen waren. Vier Tage war das gesamte öffentliche Leben lahmgelegt: Telekommunikation, Flughafen, Krankenhäuser, Geldautomaten – nichts ging mehr.

Für 2012 haben Wissenschaftler der NASA-Forschungsabteilung eine gewaltige Sonneneruption vorausgesagt. Ihre Berechnungen stützen sich auf jahrzehntelange Beobachtungen der Sonnenaktivitäten. In den letzten Jahren wurden die Eruptionen auf der Sonne schwächer und seltener. Doch das ist noch kein Grund zur Entwarnung, im Gegenteil: Es ist vermutlich nur die Ruhe vor dem Sturm, denn hier bauen sich gewaltige Kräfte auf, die sich irgendwann entladen müssen.

Die Folgen einer größeren Sonneneruption

Kommt es auf der Sonne zu einer großen Eruption, so sagen Experten, wird überall auf der Welt der Strom ausfallen. Was dies in einer Welt bedeutet, in der unser gesamtes Alltagsleben auf der Verfügbarkeit von Strom beruht, können Sie sich ausmalen. Es wird Chaos ausbrechen – welche langfristigen Folgen dies haben wird, hängt auch davon ab, ob und wie schnell die Stromversorgung wiederhergestellt werden kann.

Außerdem wird durch die Sonneneruption das Magnetfeld der Erde instabil werden: Die Welt gerät buchstäblich aus den Fugen. Die Folge werden Naturkatastrophen wie Erdbeben, Gewitterstürme, sintflutartige Regenfälle und Überschwemmungen sein, unter denen Hunderttausende von Menschen leiden werden.

Doch die Experten sehen auch einen Lichtstreifen am Horizont. Nach ihrer Meinung wird sich auch das Bewusstsein der Menschen verändern, und zwar im positiven Sinne. Unser Bewusstsein wird sich erweitern, und wir werden zu ganz neuen Erkenntnissen gelangen. So kann das drohende Chaos durchaus eine Chance für die Menschheit sein.

Wenn es so weit ist und die NASA eine Mega-Sonneneruption beobachtet, bleiben Ihnen nur noch circa drei Tage, bis die Ladungsträger die Erde erreichen und das Chaos ausbricht. Das ist nicht viel, vor allem wenn außer Ihnen noch Millionen andere Menschen in Panik geraten und sich mit Vorräten eindecken wollen. Fangen Sie daher frühzeitig an, für eine solche Krise vorzusorgen – zum Beispiel indem Sie sich lange haltbare Nahrungsmittel besorgen, sich Vorräte an Medikamenten zulegen und Ihre Wasserversorgung sicherstellen.

Weitere mögliche Auslöser für eine Krise

Neben diesen beiden großen Krisenauslösern gibt es noch eine Vielzahl weiterer Bedrohungen. Der nicht mehr aufzuhaltende Klimawandel, die Gefahr, die von der Atomkraft ausgeht, Naturkatastrophen und Kriege können dafür sorgen, dass unser Leben sich radikal ändert, entweder auf lokaler oder auf globaler Ebene.

Klimawandel

Der Klimawandel oder die globale Erwärmung, verursacht durch Treibhausgase wie Kohlendioxid (CO_2) oder Methan, wird nach Schätzung von Experten dazu führen, dass sich die Durchschnittstemperatur der Erde bis zum Jahr 2100 um 1,1 bis 6,4 Grad erwärmt. Dies hätte verheerende Folgen für unsere Umwelt: Schmelzende Gletscher und Eisflächen, ein Ansteigen des Meeresspiegels, veränderte Niederschlagsmuster und eine Zunahme extremer Wetterphänomene sind nur einige davon. Allerdings geschieht der Klimawandel schleichend. Bis jetzt spüren nur Landwirte oder Weinbauer seine Auswirkungen direkt – der größte Teil der Bevölkerung jammert höchstens darüber, dass es zu viel regnet und die Preise für bestimmte Lebensmittel schon wieder steigen. Auf den Klimawandel müssen wir uns langfristig vorbereiten und alle Maßnahmen ergreifen, um ihn aufzuhalten oder seine Auswirkungen zumindest zu verringern. Für die persönliche Krisenvorsorge, wie sie in diesem Buch beschrieben ist, besteht in diesem Fall jedoch kein Anlass.

Atomkraft

Wie gefährlich Atomkraft ist, hat uns die Katastrophe von Fukushima im März 2011 deutlich vor Augen geführt. Aktuell sind in Deutschland noch neun Kernkraftwerke in Betrieb, doch radioaktive Strahlung kümmert sich bekanntlich nicht um Landesgrenzen, und so gehen auch von den 58 französischen, fünf Schweizer und sechs tschechischen Kraftwerken große Gefahren für Deutschland aus. Das „Gute" an einem Zwischenfall in einem Kernkraftwerk ist jedoch, dass sich die schlimmsten Auswirkungen auf die unmittelbare Umgebung des Kraftwerks beschränken. Günstiger als ein strahlensicherer Schutzraum ist in diesem Fall wahrscheinlich der Umzug in eine andere Gegend.

Naturkatastrophen
Vulkanausbrüche, Wirbelstürme, Erdbeben und Tsunamis können verheerende Folgen haben. Auch sie betreffen meist nur beschränkte Regionen, doch der Tsunami an Weihnachten 2004 hat gezeigt, dass sich diese Regionen sehr weit ausdehnen können: Damals kamen rund 230.000 Menschen in Ländern wie Thailand, Indonesien, Indien, Sri Lanka, Somalia und Tansania ums Leben, mehr als 1,7 Millionen Küstenbewohner wurden obdachlos. In Deutschland sind wir vor Naturkatastrophen relativ sicher. Lediglich Hochwasser richtet beträchtliche Schäden an, doch ist auch dies auf einzelne Regionen beschränkt und dürfte in anderen Landesteilen keine Auswirkungen haben. Anders sieht es zum Beispiel aus, wenn ein wichtiges Finanzzentrum von einer Naturkatastrophe zerstört wird. New York wurde im August 2011 nur knapp vom Hurrikan „Irene" verschont, und in Los Angeles ist ein großes Erdbeben überfällig. Auch Tokio könnte jederzeit einem Erdbeben zum Opfer fallen. Diese Fälle würden auch für die Weltwirtschaft nicht ohne Folgen bleiben.

Krieg
Seit dem Ende des Kalten Krieges fühlen wir uns in Europa sicher. Trotzdem ist die Gefahr eines Krieges nicht gebannt. Terrorangriffe, auch mit biologischen und chemischen Waffen, sind eine Möglichkeit, die Ordnung auch in Deutschland empfindlich zu stören. Unruhen oder Aufstände in der Bevölkerung, zum Beispiel infolge einer Wirtschaftskrise, sind eine weitere Gefahr, mit der wir rechnen müssen.

Krisenvorsorge – Fangen Sie jetzt an!

Wie können wir uns auf eine solche Krise vorbereiten? Wie können wir unsere Ersparnisse retten? Was können wir tun, wenn es zu Versorgungsengpässen bei Nahrung oder Alltagsgütern kommt? Oder zu Störungen in der Energieversorgung? Wie können wir uns und unser Eigentum schützen?

Dieses Buch gibt Antwort auf all diese Fragen. Es zeigt, wie Sie sich auf die Krise vorbereiten und sich im Falle eines Falles selbst versorgen können. Dabei gibt es drei große Bereiche: die finanzielle Vorsorge, Essen und Trinken und die persönliche Sicherheit. Bei der finanziellen Vorsorge geht es darum, Ihr Vermögen zu retten und dafür zu sorgen, dass Sie auch in einer Wirtschaftskrise noch ausreichend finanzielle Mittel zur Verfügung haben. Im Bereich Essen und Trinken sollten Sie versuchen, möglichst autark zu leben und so unabhängig davon zu sein, welche Lebensmittel die Geschäfte gerade anbieten und wie viel diese kosten. Zu guter Letzt sollten Sie auch an Ihre persönliche Sicherheit denken. Falls eine Krise zu einer massenhaften Verarmung der Bevölkerung führt, werden manche Menschen auch nicht vor Gewalt zurückschrecken, um sich etwas zu essen oder zu trinken zu besorgen. Und Sie als Mensch, der für die Krise vorgesorgt hat, sind dann einem erhöhten Risiko ausgesetzt. In all diesen Bereichen gibt Ihnen dieses Buch praktische Tipps und Handlungsanweisungen, Checklisten und Einkaufslisten.

Erstellen Sie also einen Krisenplan und drucken Sie ihn aus, denn auf der Festplatte Ihres Computers nützt er Ihnen nach einem Stromausfall nicht viel. Bereiten Sie sich vor und treffen Sie alle nötigen Maßnahmen, um sich und Ihre Lieben sicher durch eine Krise zu bringen. Denn wie sagte schon Friedrich von Schiller? „Der kluge Mann baut vor."

Eines sollten Sie jedoch auch bei der Krisenvorsorge nicht vergessen: Ihre Lebensfreude. Denn die Krise wird kommen, egal, ob Sie nun pessimistisch und traurig durchs Leben gehen oder es sich gut gehen lassen. Sorgen Sie vor, aber genießen Sie auch das Leben und die Zeit mit Ihren Lieben. Noch geht es uns gut, und darüber dürfen wir uns gern freuen.

1. KAPITEL:
FINANZIELLE VORSORGE

Jeden Tag erreichen uns neue Schreckensmeldungen aus der Finanzwelt: Der DAX befindet sich auf rasanter Talfahrt, die Staatsverschuldung ist immens, und immer wieder wird die Kreditwürdigkeit wichtiger Staaten herabgestuft. Dazu kommt noch die Zitterpartie um den Euro. Kein Wunder, dass viele Menschen Angst um ihr Erspartes haben. Zwar garantiert uns die Bundesregierung, dass unsere Ersparnisse sicher sind, doch so recht glauben will das niemand. Immer mehr Menschen suchen nach alternativen Möglichkeiten, ihr Geld anzulegen, und treiben damit den Goldpreis in noch nie zuvor da gewesene Höhen.

Kommt es zu einer Hyperinflation, wird jeder davon betroffen sein. Wir werden einen Teil unserer Ersparnisse verlieren, und viele Menschen werden auch mit dem Verlust ihres Arbeitsplatzes zu kämpfen haben. Unternehmen werden pleitegehen, weil sie keine zahlungskräftigen Kunden mehr haben. Auch die Sozialleistungen – von Elterngeld über Hartz IV bis hin zur Rente – werden gekürzt werden. Sprich: Wir alle werden erhebliche Einbußen hinnehmen müssen. Damit wenigstens Ihre Ersparnisse sicher sind, sollten Sie die Tipps in diesem Kapitel befolgen.

Investieren Sie in krisenfeste Geldanlagen

Als krisenfeste Geldanlagen gelten Gold und Silber sowie einige Devisen. Nicht umsonst boomt die Goldnachfrage gerade extrem, und der Goldpreis steigt rasant an. Das ist gut für alle, die ihren alten Schmuck zu schnellem Geld machen wollen, doch ungünstig, wenn Sie selbst Gold zur Geldanlage erwerben möchten. Eine hervorragende Möglichkeit, um Ihre Ersparnisse zu retten, ist der Ankauf von Gold- und Silbermünzen, am besten in kleinen Stückelungen, da Sie dann in einer Krise damit bezahlen oder sie gegen andere wichtige Gegenstände eintauschen können.

Silber – das „Gold des kleinen Mannes"

Silber war lange Zeit ein beliebtes Zahlungsmittel. Auch nach einem Währungscrash wird Silber sehr viel wert sein. Interessant ist, dass es auf der Welt wesentlich weniger Silber als Gold gibt und Silber daher eigentlich mehr wert sein müsste als Gold. Doch im Gegensatz zu Gold ist Silber kein reines Luxusgut, sondern wird zum Beispiel auch in Computern oder Handys industriell verarbeitet. Dabei macht sich die Industrie einen großen Vorteil des Silbers zunutze: Bei Zimmertemperatur ist es der beste elektrische Leiter überhaupt und wird daher auch in Lichtschaltern oder Kontakten verwendet. Die Folge: Silber gilt als Gebrauchsgut, und das macht sich auch in seinem Preis bemerkbar.

Doch in einer Krise wird auch das Silber an Wert gewinnen, vielleicht sogar mehr als das Gold, da es eben auch im täglichen Gebrauch unverzichtbar geworden ist. Diese Tendenz wurde auch im Jahr 2011 deutlich: Zu Jahresbeginn lag der Preis für eine Feinunze (31,10 Gramm) noch bei unter 30 Dollar, im Mai kletterte er auf über 45 Dollar.

Am besten kaufen Sie zunächst Münzen mit einem Gewicht von einer Feinunze. Experten mutmaßen, dass man damit im Krisenfall eine Familie eine Woche lang ernähren kann. Um circa zwei Jahre zu überleben, brauchen Sie also mehr als hundert Silbermünzen – planen Sie dabei auch einen Puffer ein.

> **GÄNGIGE SILBERMÜNZEN (1 FEINUNZE)**
>
> - Maple Leaf (Kanada)
> - Silvereagle (USA)
> - Wiener Philharmoniker (Österreich)
> - Kookaburra (Australien)
> - African Wildlife Elephant (Somalia)
> - China Panda (China)

Wollen Sie einen größeren Silbervorrat anlegen, können Sie auch auf Münzen in größeren Einheiten zurückgreifen, die weniger Platz wegnehmen. Es gibt sogar Silbermünzen von einem Kilogramm wie den australischen Kookaburra, den somalischen African Wild Elephant oder den mexikanischen Aztekenkalender. Außerdem wird Silber in Barren von bis zu fünf Kilogramm angeboten. Da für Barren jedoch eine höhere Mehrwertsteuer (19 Prozent) gilt als für Münzen (7 Prozent), kommen Letztere Sie günstiger.

Silbermünzen im Wert von 10 Euro können Sie bei jeder Bank in Deutschland erwerben. Die Münzen aus 925er-Sterlingsilber sind ein offizielles Zahlungsmittel und enthalten circa eine halbe Unze (also circa 16 Gramm) Silber. Da Banken meist nur eine begrenzte Anzahl solcher Münzen vorrätig haben, müssen Sie sie bestellen und erhalten sie dann nach etwa einer Woche. Bis zum Jahr 2010 stellte die Bundesbank eine 10-Euro-Silbermünze her, deren Wert heute über 10 Euro liegt. Deshalb verringerte die Bundesbank ab 2011 den Silbergehalt dieser Münzen. Suchen Sie also gezielt nach den älteren Silbermünzen, denn sie haben einen höheren Wert.

Gold – Edelmetall für die Ewigkeit

Gold ist seit Tausenden von Jahren ein bewährtes und begehrtes Zahlungsmittel – da können Euro, Dollar & Co. nicht mithalten. Und es ist damit zu rechnen, dass Gold auch in Krisenzeiten seinen Wert nicht verlieren wird, denn das hat uns die Weltgeschichte bereits mehrfach vor Augen geführt. Gold ist daher die sicherste Geldanlage, die Sie in Krisenzeiten tätigen können. Auch wenn die allgemeine Empfehlung lautet, sein Vermögen zu diversifizieren, so raten Experten, im Fall von Gold ruhig alles auf eine Karte zu setzen, da sich so gut wie alle anderen Formen der Geldanlage in Krisenzeiten als unsicher erwiesen haben. Legen Sie daher bis zu 50 Prozent Ihres Vermögens in Gold an und verwahren Sie die Goldmünzen selbst, wie es uns Onkel Dagobert mit seinem Geldspeicher vorgemacht hat. Dabei hat er auch für die Sicherheit seiner geliebten Taler gesorgt: Lagern Sie Ihr Gold am besten in einem Tresor und erzählen Sie nicht überall herum, dass sich größere Reichtümer in Ihrem Haushalt befinden. Gelegenheit macht bekanntlich Diebe!

Da der Preis für Gold seit Monaten ansteigt, befürchten viele, dass er irgendwann wieder zu sinken beginnt und Gold deshalb an Wert verliert. Doch wenn es zu einem rapiden Wertverfall des Euro kommt und Gold wieder zu einem stabilen Zahlungsmittel wird, ist das nicht sehr wahrscheinlich, im Gegenteil: Gold wird so begehrt sein, dass die Leute sehr viel Geld ausgeben werden, um ihr Vermögen zu retten. Empfohlen sind hier Goldmünzen von einer Feinunze (31,1 Gramm). Im Mai 2011 lag der Preis für eine Feinunze Gold noch bei knapp unter 1050 Euro, wenige Monate später war er bereits auf über 1350 Euro gestiegen.

DIE GÄNGIGSTEN GOLDMÜNZEN

> Krügerrand (Südafrika)
> Maple Leaf (Kanada)
> Wiener Philharmoniker (Österreich)
> Känguru (Australien)
> Britannia (Großbritannien)

Für größere Beträge empfehlen sich Goldbarren, die es in Größen von 50, 100 oder 1000 Gramm gibt. Ein Kilogramm Gold kostet derzeit (8.11.2011) 42.000 Euro.

Stabile Währungen – es gibt sie noch
Ist der Euro noch zu retten? Diese Frage stellen sich nicht nur die Regierungschefs der Euroländer, sondern auch immer mehr Bürger. Was passiert mit unserem Geld, wenn der Euro zusammenbricht? Eine gute Möglichkeit, seine Ersparnisse zu retten, ist, Währungen von stabileren Ländern zu kaufen. Dazu gehören zum Beispiel der Schweizer Franken oder die norwegische Krone. Sie können auch ein Konto in der Schweiz eröffnen und Ihr Geld ganz einfach dorthin überweisen. Das ist sicherer, als mit Koffern voller Bargeld durch die Lande zu fahren.

Trennen Sie sich von instabilen Kapitalanlagen

Die meisten von uns haben ihr Geld als Festgeld oder in Aktienfonds, Schiffsbeteiligungen, Schatzbriefen, Anleihen und Rentensparplänen angelegt. Doch was passiert, wenn unsere Währung zusammenbricht? Ganz richtig: Ihr Geld ist weg.

Lebensversicherungen

Versicherungsunternehmen halten einen hohen Teil der Anlagegelder in Staatsanleihen und Staatspapieren. Bei einem Staatsbankrott gehen also auch deren (und damit Ihre) Kapitalanlagen verloren. Leider können Sie sich in diesen Fällen nicht auf die Aussagen von Finanzberatern verlassen, denn sie verdienen ihr Geld mit dem Verkauf dieser Anlagemöglichkeiten. Am Verkauf von Gold- und Silbermünzen verdienen sie dagegen kaum etwas – und werden Ihnen deshalb auch nicht dazu raten.

Wenn Sie eine Kapitallebensversicherung haben, sollten Sie also ernsthaft überlegen, ob Sie weiterhin in diese einzahlen und damit riskieren, Ihr ganzes Geld zu verlieren. Kündigen Sie jetzt, so verlieren Sie zwar auch Geld, bekommen aber auch einiges wieder zurück, das Sie dann in Edelmetalle investieren können.

Aktien

Aktien sind eine sehr empfindliche Geldanlage. Schon kleinste Negativmeldungen reichen aus, um die Börse gehörig ins Trudeln zu bringen. Größtenteils sind das Panikverkäufe, denn die Anleger stoßen ihre Aktien lieber sofort ab – solange sie wenigstens noch ein bisschen was wert sind –, als ihr ganzes Geld komplett zu verlieren. Dies setzt eine Abwärtsspirale in Gang, von der sich der Aktienmarkt nur schwer wieder erholt. Auch der „Black Tuesday" von 1929, der die Weltwirtschaftskrise einläutete, beruhte auf solchen Panikverkäufen. Doch auch bei den Aktien gibt es im Krisenfall einige verhältnismäßig sichere Anlagemöglichkeiten. Rohstoffproduzenten, Rüstungskonzerne oder Energielieferanten dürften auch in einer Krise stabil bleiben oder sogar Gewinn machen. Verlierer auf dem Aktienmarkt werden dagegen Automobilhersteller, die Touristikbranche oder Produzenten von Luxusgütern sein. Auch die Apple-Aktie, in den letzten Jahren eine der großen Gewinnerinnen auf dem internationalen Börsenparkett, dürfte in einer Wirtschaftskrise kaum mehr einen Wert haben. Überlegen Sie daher gut, ob Sie Ihr Geld weiterhin in Aktien anlegen wollen, und wenn ja, entscheiden Sie sich für krisensichere Branchen.

Bundesschatzbriefe und Bankguthaben
Sehr unsichere Methoden der Geldanlage sind heute schon Bundesschatzbriefe, Anleihen und Sparbriefe. Sie setzen die Bonität des Staates voraus, doch wie wir wissen, sind viele Länder pleite oder haben zumindest immense Schulden. Da diese Papiere auf einen Nominalwert in Euro ausgestellt sind, ist klar, was im Falle einer Inflation passiert: Sie verlieren extrem an Wert. Auch wenn Banken mittlerweile einen Inflationsausgleich versprechen, ist darauf nicht viel zu geben. Sie richten sich nämlich nur nach der offiziellen Inflationsrate, die tatsächliche Inflationsrate kann jedoch um ein Vielfaches höher sein.

Das Gleiche gilt für Bankguthaben wie Sparbücher oder Sparpläne. In einer Zeit, in der viele Banken vor der Pleite stehen, müssen Sie damit rechnen, dass auch Ihre Bank eines Tages nicht mehr öffnet. Wie kommen Sie dann an Ihr Geld? Gar nicht.

Unvergängliche Werte – Wald, Immobilien & Co.

Auch in Krisenzeiten stehen Ihnen neben Bargeld, Gold oder Silber noch weitere Möglichkeiten zur Geldanlage zur Verfügung. Land oder Immobilien binden Kapital und können sich in einer Krise als nützlich erweisen – nämlich dann, wenn Sie autark leben und sich mit Lebensmitteln und Energie selbst versorgen wollen. Das gilt jedoch nur, wenn Sie genügend Kapital mitbringen, um Wald, Ackerland oder ein Häuschen schuldenfrei kaufen zu können. Bei Darlehen ist das Risiko, im Falle einer Krise die Raten nicht mehr bezahlen zu können und dann unter Umständen alles zu verlieren, zu groß. Denn auf Ihre Schulden wird Ihre Bank sicherlich nicht verzichten …

Wald und Ackerland

Holz wird in einer Krise, in der Öl und Gas knapp oder unerschwinglich werden, wieder ein wichtiger Rohstoff sein. Und auch Ackerland wird seinen Wert steigern können, denn wir können dann nicht mehr auf ein florierendes Import- und Exportsystem setzen, sondern werden uns wieder vermehrt selbst versorgen müssen – sowohl als Staat als auch im Kleinen. Kaufen Sie also Wald und Ackerland, denn beides sind krisenfeste Geldanlagen. Bauernhöfe auf dem Land sind immer noch günstig zu haben, da im Moment noch viele junge Menschen vom Land in die Stadt ziehen und ihre Höfe, die teilweise seit Jahrzehnten im Familienbesitz sind, aufgeben. Doch nirgends können Sie sich in Krisenzeiten besser selbst versorgen als auf dem Land. Hier können Sie Ihr eigenes Gemüse, Getreide und Obst anbauen, hier können Sie Hühner und Ziegen halten, um sich mit Eiern und Milch zu versorgen, und hier können Sie mithilfe einer Fotovoltaikanlage, eines Wind- oder Wasserkraftwerks Ihre eigene Energie erzeugen. Kurz gesagt: Auf dem Land können Sie eine Krise erheblich besser überstehen als in der Stadt, wo Ihnen nur sehr begrenzte Möglichkeiten zur Selbstversorgung zur Verfügung stehen.

Immobilien

Als sicheres Anlageobjekt gelten gemeinhin Immobilien. Allerdings müssen Sie in ein solides Einfamilienhaus auch sehr viel investieren. Da stellt sich die Frage: Wird die Immobilie in einigen Jahren noch diesem Wert entsprechen? Das kann Ihnen leider niemand garantieren, denn es gibt viele Gründe, die zu einem Wertverlust bei einer Immobilie führen können. Dazu gehören zum Beispiel strukturelle Veränderungen in einer Stadt, wie sie etwa nach der Schließung zahlreicher Bundeswehrstandorte in den nächsten Jahren zu erwarten sind. Auch wenn große Firmen ihre Arbeitsplätze von Deutschland ins Ausland verlagern und viele Menschen ihren Job verlieren, hat dies einen Einfluss auf die Kaufkraft der Bürger an diesem Standort – und Ihr Haus wird an Wert verlieren, weil niemand mehr genug Geld hat, um es zu dem Preis zu kaufen, den Sie dafür haben möchten. In den USA zum Beispiel haben die hohen Benzinpreise viele Menschen dazu verleitet, von den Vorstadtsiedlungen wieder zurück in die Innenstädte zu ziehen, um sich die teuren Pendelkosten zu sparen. Das wiederum hatte zur Folge, dass die Preise der Vorstadtimmobilien verfielen.

Dazu kommt noch, dass eine Immobilie zwar einen relativ hohen Wert hat, dieser aber in einem Haus oder einer Wohnung gebunden ist, das oder die nur im Ganzen verkauft werden kann. Sie können mit dem Verkauf einer Immobilie also keine kurzfristigen finanziellen Engpässe überbrücken – schon allein deshalb nicht, weil sich die wenigsten Häuser „über Nacht" verkaufen lassen. Wer seine Immobilien vermietet, muss darüber hinaus damit rechnen, dass Mieter, zum Beispiel wegen Arbeitslosigkeit, ihren Zahlungsverpflichtungen nicht nachkommen und so auch ein Teil Ihres Einkommens wegfällt. Das gilt insbesondere für Gewerbeimmobilien, denn in einer Wirtschaftskrise mit vielen Insolvenzen lassen sich solche Gebäude nur sehr schwer vermieten. Wenn schon Immobilien, dann nur, um selbst darin zu wohnen.

Immobilien sind also auch keine hundertprozentig sichere Geldanlage, doch einen Vorteil haben Sie, wenn Sie in Ihren eigenen vier Wänden leben: Sie müssen kein Geld für Miete aufbringen und brauchen daher keine Angst zu haben, auf der Straße zu sitzen, wenn das Geld knapp wird. Das setzt allerdings voraus, dass Ihr Haus oder Ihre Wohnung vollständig abbezahlt ist. Denn auch wenn es zu einem Währungszusammenbruch kommt, ist nicht zu erwarten, dass Banken auf die Rückzahlung der Kredite verzichten. In den USA hat dies zu Tausenden von Zwangsräumungen geführt: Immobilienbesitzer konnten zum Beispiel wegen Arbeitslosigkeit oder Krankheit ihre Darlehen nicht mehr zurückzahlen und wurden auf die Straße gesetzt. Vor allem die Zahl obdachloser Familien stieg daher in den USA in den letzten Jahren rapide an.

> **IMMOBILIENDARLEHEN – WIE SCHÜTZE ICH MICH?**
>
> 2011 waren die Finanzierungsmöglichkeiten für Immobilien so günstig wie kaum zuvor. Das hatte einen entsprechend großen Run auf Immobilien zur Folge – in vielen Städten ist der Markt geradezu abgegrast. Doch was bedeutet eine Wirtschaftskrise für Ihr Immobiliendarlehen? Vereinbaren Sie beim Abschluss eines Darlehens unbedingt eine Zinsfestschreibung, denn sonst führt jede Zinserhöhung sofort zu einer steigenden Belastung für Sie.

Managen Sie Ihre Finanzen

Noch ist die Krise nicht da, und niemand weiß genau, wann sie kommen wird und was genau passieren wird. Bereiten Sie sich gründlich auf die Krise vor und sichern Sie Ihre Einkommensquellen.

Wie krisensicher ist Ihr Job?

Vergangene Wirtschaftskrisen wie im Jahr 2008/09 haben gezeigt, welche Branchen besonders krisenanfällig sind. Wie sieht es mit Ihrem Arbeitsplatz aus? Wenn Sie in einer Branche arbeiten, die Nahrungsmittel oder andere Produkte des täglichen Bedarfs fertigt, sieht es noch gut für Sie aus. Auch Handwerker, medizinische Fachkräfte oder Sicherheitsdienste werden weiterhin gefragt sein. Anders sieht es aus, wenn Sie in einer Branche arbeiten, die sich auf Luxuswaren spezialisiert hat. Auch der Tourismus und die Gastronomie werden mit Einbußen rechnen müssen.

Falls Sie Angst um Ihren Arbeitsplatz haben müssen, empfiehlt es sich, ein zweites Standbein aufzubauen. Was können Sie tun, um schnell Geld zu verdienen und unabhängig von Ihrem jetzigen Arbeitgeber zu werden? Welche staatlichen Fördermöglichkeiten gibt es derzeit? Welche Geschäftsideen erfordern nur wenige Investitionen und bringen von Anfang an Geld? Auch bei der Entscheidung für ein zweites Standbein sollten Sie langfristig denken und überprüfen, wie krisenfest Ihre Geschäftsidee ist.

Gleiches gilt für alle Selbstständigen und Freiberufler. Wird Ihre Dienstleistung oder Ihr Produkt auch in der Krise noch gefragt sein? Welches sind Ihre wichtigsten Geldquellen, und wie können Sie diese weiter ausbauen? Denken Sie jetzt nicht an Expansion und lassen Sie sich auf keine Risiken ein, sondern setzen Sie lieber auf Bewährtes, das Ihnen sicheres Geld einbringt.

Schuldenfrei lebt es sich besser – erst recht in Krisenzeiten

Im November 2011 waren 6,41 Millionen Deutsche überschuldet, das entspricht etwas über neun Prozent der Bevölkerung. Durchschnittlich standen sie mit 33.700 Euro in den Miesen. Zwar hat die Zahl gegenüber dem Vorjahr leicht abgenommen, trotzdem ist ein Leben mit einer solchen Schuldenlast nicht leicht, denn man ist immer von einem oder mehreren Gläubigern abhängig. Was passiert mit diesen Menschen in einer Krise? Vielleicht erhöhen die Gläubiger die Zinsen, um ihr Vermögen zu retten, vielleicht verlieren die Schuldner ihren Job und können ihre Raten nicht mehr bezahlen – das kann zu Zwangsmaßnahmen führen. Sich in Abhängigkeit von anderen Menschen zu begeben ist nie gut. Verringern Sie Ihre Schulden daher, so gut Sie können, und leben Sie nicht über Ihre Verhältnisse – und zwar nicht nur in Krisenzeiten.

Bei Darlehen von der Bank bleibt der Nennwert Ihrer Schulden zwar auch in einer Krise zunächst gleich, dafür steigen aber die Lebenshaltungskosten rasant an. Das bedeutet, dass ein immer größerer Teil Ihres Einkommens für den normalen Lebensunterhalt benötigt wird – das Geld, das Sie zur Verfügung haben, um Ihr Darlehen zurückzuzahlen, schrumpft dagegen. Dazu kommt noch, dass in einer Wirtschaftskrise viele Unternehmen Personal abbauen, sodass die Gefahr wächst, den Arbeitsplatz zu verlieren. Auch Sonderleistungen wie Weihnachts- oder Urlaubsgeld können gestrichen werden – wiederum Geld, das Ihnen in Ihrer Kasse fehlt. Die Banken werden für Ihre Situation kein Verständnis haben, denn sie sind nur an ihrem Geschäft interessiert. Außerdem haben Sie der Bank für Ihr Darlehen Sicherheiten gegeben, auf welche die Bank zurückgreifen wird, wenn Ihre Raten ausbleiben. Im schlimmsten Fall sind Sie dann Ihr Haus los und sitzen auf der Straße. Auch aus diesem Grund sollten Sie Ihre Schulden schnellstmöglich reduzieren. Ist das nicht möglich, sollten Sie den Darlehensvertrag noch einmal gründlich studieren und überprüfen, inwieweit Sie als Schuldner persönlich haften und welche Zugriffsmöglichkeiten die Bank hat.

Spare in der Zeit, dann hast du in der Not

Damit Sie immer genügend Geld haben, sollten Sie zehn Prozent Ihres Einkommens sparen und es selbst dann nicht antasten, wenn der Elektrogroßmarkt mit einem neuen Flachbildfernseher lockt. Auch sonst sollten Sie den Gürtel etwas enger schnallen und das Geld nicht mit vollen Händen ausgeben. Wir kaufen heute so viele Dinge, die wir eigentlich nicht brauchen: modische Klamotten, technischen Schnickschnack oder Deko-Objekte für die Wohnung. Ebenfalls ein kleines Vermögen geben wir für Essen in Restaurants aus – das können wir zu Hause preiswerter haben. Sie müssen nicht wie ein Asket leben, sondern sollten einfach nur ein wenig bewusster konsumieren. Muss es unbedingt das Handy mit dem Apfel sein, oder reicht nicht ein billigeres Gerät? Und müssen Sie wirklich gleich eine neue Jeans kaufen, nur weil der Reißverschluss kaputt ist? Ihn ersetzen zu lassen kostet erheblich weniger! Durch bewussten Konsum lässt sich eine Menge Geld sparen – und dieses Geld können Sie dann für Krisenzeiten beiseitelegen, zum Beispiel in Form von Gold oder Silber.

Bargeld – nicht nur unter der Matratze

Die Oma, die ihr Geld lieber unter der Matratze versteckt, statt es einer Bank anzuvertrauen, wird gern belächelt, doch im Falle einer Bankenpleite ist sie die große Gewinnerin. Wir sind heute daran gewöhnt, beinahe alle Zahlungsvorgänge elektronisch zu regeln. Wir überweisen Geld über das Internet, zahlen mit EC- oder Kreditkarte und heben unser weniges Bargeld am Automaten ab. Hand aufs Herz: Wie viel Bargeld haben Sie im Moment in Ihrem Geldbeutel? Wahrscheinlich nicht mehr als 100 Euro, oder? Und nun rechnen Sie einmal aus, wie lange Sie davon überleben können ...

Im Falle einer Bankenpleite schließen die betroffenen Geldinstitute ganz schnell ihre Türen, und auch die Geldautomaten werden abgeschaltet. Nun ist Bargeld wieder gefragt, aber wie kommen Sie daran? Gut ist es, wenn Sie in diesem Fall einen Bargeldvorrat im Haus haben, der Ihnen etwa drei Monate lang reicht, und zwar nicht nur für Lebensmittel, sondern auch für Miete oder Strom. Lassen Sie sich das Geld von Ihrer Bank in möglichst kleinen Scheinen geben. Noch sicherer sind Sie, wenn Sie sich einen Teil dieses Geldes in einer stabilen Währung wie zum Beispiel Schweizer Franken geben lassen. Als Versteck empfiehlt sich nicht nur die gute alte Matratze. Das Gute am Papiergeld ist, dass Sie es beinahe überall unauffällig verstecken können: Konserven- oder Getränkedosen beziehungsweise Bücher sind nur einige dieser Möglichkeiten. Bewahren Sie nicht alles am selben Ort auf, sodass Einbrechern nicht Ihr gesamtes Vermögen in die Hände fällt (siehe auch Seite 20f. und 216f.).

> **IHR NOTGROSCHEN IN KRISENZEITEN**
>
> Experten empfehlen, sich folgende Zahlungsmittel direkt verfügbar zu machen:
> - Einen Monatsbedarf in Bargeld, am besten in kleineren Scheinen.
> - Je einen halben Monatsbedarf in stabilen Devisen und 10-Euro-Silbermünzen.
> - Einen Monatsbedarf in kleinen Goldmünzen und Silbermünzen mit einem Gewicht von einer Unze.

Ein Finanzplan zeigt auf, wie viel Geld Sie brauchen

Unsere heutige Finanzmisere beruht zu einem großen Teil darauf, dass zu viel auf Pump gekauft wurde – von Staaten, aber auch vom kleinen Mann. So gut wie jeder von uns hat eine Kreditkarte und gibt damit Geld aus, das er in diesem Moment eigentlich gar nicht hat. Lernen Sie wieder, mit dem Geld zurechtzukommen, das Ihnen tatsächlich zur Verfügung steht. Reizen Sie den Dispo nicht aus, auch wenn Sie unbedingt den neuen Tablet-PC „brauchen". Und planen Sie Ihre Finanzen. Wer von uns weiß denn schon, wie viel Geld er zum Leben braucht? Wir konsumieren munter vor uns hin – an manchen Monaten ist am Ende noch Geld übrig, in anderen geraten wir in den Dispo. Halten Sie mehrere Monate lang all Ihre Einnahmen und Ausgaben fest, um festzustellen, wie viel Geld Sie tatsächlich zum Leben brauchen. Vergessen Sie dabei jährliche Zahlungen wie Versicherungen nicht. Und berücksichtigen Sie auch die zehn Prozent, die Sie pro Monat für schlechte Zeiten auf die Seite legen sollten. Dann wissen Sie nicht nur, wie viel Sie verdienen müssen, um sich und Ihre Familie zu versorgen, sondern entdecken vielleicht sogar die eine oder andere Möglichkeit zu sparen.

Tauschobjekte – die neue Währung in der Krise?

Im Fall eines Währungszusammenbruchs und einer rapiden Geldentwertung werden wichtige Naturalien wertvolle Tauschobjekte sein. Kunstwerke oder Schmuck dagegen werden Sie nicht mehr zu ihrem tatsächlichen Wert verkaufen können. Besitzen Sie solche Luxusgüter, sollten Sie sie rechtzeitig verkaufen und das Geld nutzen, um Schulden zu tilgen oder Edelmetalle zu erwerben. Decken Sie sich also schon vor der Krise mit wichtigen Tauschgütern ein, die im Moment oft noch spottbillig zu haben sind. Diese Tauschgüter sollten einen Wert für möglichst viele Menschen haben und leicht zu teilen oder zu transportieren sein. In vergangenen Zeiten waren zum Beispiel Zigaretten oder Alkohol beliebte Tauschmittel, für die man so manches überlebenswichtige Gut bekommen konnte. Auch wenn beide nicht gesund sind – sie haben den Vorteil, dass sie lange haltbar und bei vielen Menschen heiß begehrt sind. Bohnenkaffee oder verschreibungspflichtige Medikamente eignen sich ebenfalls sehr gut als Tauschgüter. Im Anhang finden Sie eine Checkliste mit weiteren wichtigen Tauschgütern für den alltäglichen Gebrauch.

2. KAPITEL:
ESSEN UND TRINKEN

Ohne Nahrung und Wasser können wir nicht lange überleben. Heute sind wir in Deutschland in der glücklichen Lage, dass wir nicht groß drüber nachdenken müssen, wo unsere nächste Mahlzeit herkommt. Wir gehen auf den Markt, in den Supermarkt, in den Bioladen oder zum Discounter und kaufen ein. Hungern muss fast niemand mehr, und trinkbares Wasser kommt jederzeit aus dem Wasserhahn. Doch was tun, wenn die Nahrungsvorräte knapp werden? Wenn die Wasserversorgung nicht mehr funktioniert? Glück haben dann all diejenigen, die sich möglichst autark versorgen können: mit ihrem eigenen Obst und Gemüse, mit Fleisch und Fisch und mit Wasser aus dem eigenen Brunnen. Wie Sie möglichst unabhängig von Supermärkten und anderen Geschäften werden, erfahren Sie in diesem Kapitel.

Gesunde Ernährung in Krisenzeiten

Mit Büchern über gesunde Ernährung lassen sich ganze Meter von Bücherregalen füllen. Doch diese helfen in Krisenzeiten nicht unbedingt, da vielleicht nicht alle Nahrungsmittel in den Mengen zur

Verfügung stehen, wie wir es heute gewohnt sind. Für unsere Gesundheit ist vor allem eine ausgewogene Ernährung wichtig: Wir sollten alle Ernährungsbausteine – Eiweiß, Fett, Kohlenhydrate, Wasser, Vitamine und Mineralstoffe – im richtigen Verhältnis zu uns nehmen. Gemessen an der Gesamtkalorienzahl, sollte Eiweiß etwa 15 Prozent, Fett etwa 30 Prozent und Kohlenhydrate etwa 55 Prozent unserer Ernährung ausmachen.

Die wichtigsten Ernährungsbausteine – Eiweiß, Fett und Kohlenhydrate

Eiweiße oder Proteine bestehen aus Aminosäuren, von denen acht essenziell sind. Das bedeutet, der Körper kann sie nicht selbst produzieren, sondern muss sie über die Nahrung aufnehmen. Proteine benötigen wir, um neue Muskeln zu bilden, Körperzellen aufzubauen und unser Immunsystem zu stärken. Außerdem sind Eiweißstoffe in Enzymen und Hormonen enthalten und steuern so alle biochemischen Vorgänge im Körper. Auch für den Transport von Nährstoffen und Sauerstoff ist Eiweiß verantwortlich.

In unserem Körper haben wir nur eine einzige Art von Fetten: Triglyceride. Sie bestehen aus einem Glycerinmolekül mit drei Bindungsstellen. An diese Bindungsstellen können sich andere Fettsäuren binden, die wir über unsere Nahrung aufnehmen müssen. Dies sind gesättigte Fettsäuren, einfach ungesättigte Fettsäuren und mehrfach ungesättigte Fettsäuren. Fett ist unerlässlich bei der Regeneration von Zellen und es ist ein wichtiger Energielieferant. Die Ernährung unserer Vorfahren war nämlich noch dem Kreislauf der Jahreszeiten unterworfen: Im Sommer gab es Nahrung im Überfluss, im Winter war oft Hungern angesagt. Für unsere Vorfahren war es lebensnotwendig, Fettreserven zu speichern, von denen sie in schlechten Zeiten zehren konnten. Wer weiß: Vielleicht müssen wir dies in Krisenzeiten wieder tun?

Kohlenhydrate stellen in unserem Körper die nötigen Kraftreserven für Kampf oder Flucht zur Verfügung. Benötigt werden sie dazu vor allem von unserem Gehirn und unseren roten Blutkörperchen. Obwohl unser Körper Kohlenhydrate selbst herstellen kann, müssen wir sie ihm trotzdem auch in ausreichender Menge zur Verfügung stellen.

Einen Überblick, in welchen Nahrungsmitteln diese Ernährungsbausteine enthalten sind und wie viel wir pro Tag davon brauchen, verschafft Ihnen die folgende Tabelle.

Nährstoff	Täglicher Bedarf	Enthalten in
Eiweiß	60–70 g	Tierisches Eiweiß: Fleisch, Fisch, Eier, Milch, Käse; pflanzliches Eiweiß: Soja, Hülsenfrüchte, Pilze, Sojakeimlinge, Sprossen, Nüsse
Fett	ca. 1 g pro kg Körpergewicht	Fleisch, Milchprodukte, Butter, Olivenöl, Rapsöl, Leinöl, Sonnenblumenöl, Fisch, Nüsse
Kohlenhydrate	ca. 320 g	Gemüse, Obst, Brot, Kartoffeln, Nudeln, Reis, Zucker

Mineralstoffe

Mineralstoffe erfüllen in unserem Körper viele verschiedene Funktionen. So sind sie zum Beispiel Bestandteil von Hormonen, wie Jod beim Schilddrüsenhormon. Eisen ist Bestandteil des Blutfarbstoffs Hämoglobin, der den Sauerstoff über die Lunge im Körper verteilt. Wer unter Eisenmangel leidet, kann daher weniger Sauerstoff in seiner Lunge binden. Die Folge: Auch der Körper wird weniger gut mit Sauerstoff versorgt. Magnesium ist Bestandteil von über 300 Enzymen und spielt daher eine wichtige Rolle bei einer Vielzahl von Abläufen in unserem Körper. Von großer Bedeutung für unseren Stoffwechsel ist Zink. Es steuert unter anderem den Kohlenhydratstoffwechsel in unserem Körper, reguliert den Säure-Basen-Haushalt, fördert die Wundheilung und stärkt das Immunsystem.

Name	Tagesbedarf	Wirkung	Vorkommen
Calcium	800–1000 mg	Blutgerinnung, Stabilität von Knochen und Zähnen, Nerven und Muskelzellen	Milch, Milchprodukte, Mandeln, Grünkohl, härteres Trinkwasser, Haselnüsse, Brokkoli
Chlorid	830 mg	Regulierung des Wasser- und Säure-Basen-Haushalts	Salz (Koch- und Meersalz), Schinken, Kassler
Chrom	30–100 µg	Kohlenhydratstoffwechsel, Fettsäureabbau	Nüsse, Kartoffeln, Gemüse, Obst, Hefe, Vollkornprodukte, Honig, Kalbsleber
Eisen	10–15 mg	Blutbildung, Bildung von Hämoglobin, Sauerstoffversorgung im Blut	Fleisch, Nüsse, Hülsenfrüchte, Kohl, Eigelb, Leber, Karotten, Spinat, Sojaflocken
Fluor	1,5–4 mg	Stabilität von Knochen und Zähnen, Wundheilung, Mundbakterien, Sehfunktion	Fisch, Innereien, Getreide, Mineralwasser, schwarzer Tee
Jod	ca. 200 µg	Schilddrüsenfunktion, Regulation von Stoffwechsel und Körpertemperatur	jodiertes Speisesalz, Algen, Seefisch

Name	Tagesbedarf	Wirkung	Vorkommen
Kalium	2000 mg	Regulierung des Wasserhaushalts der Zellen, Proteinaufbau, Kohlenhydratverwertung, Unterstützung der Herzfunktion	Gemüse, Kartoffeln, Bananen, Pflaumen, Aprikosen, Milchprodukte, Fisch, Fleisch, getrocknete Früchte
Kupfer	1–11,5 mg	Stoffwechsel, Immunsystem, Eisentransport	Vollkornprodukte, Kartoffeln, Bohnen, Pilze, Erbsen, Obst
Magnesium	350 mg	Muskeln und Knochen, gegen Krämpfe, Unruhe und Stress, Adrenalinfreisetzung, Energiebereitstellung, senkt den Cholesterinspiegel	Nüsse, Haferflocken, Gemüse, Getreide, Bananen, Milch, Mineralwasser, Sonnenblumenkerne
Mangan	2–5 mg	Stoffwechselprozesse, Sexualhormone	Nüsse, Vollkornprodukte, Bananen, schwarzer Tee
Molybdän	50–100 µg	Fett-, Kohlenhydrat- und Eiweißstoffwechsel	Vollkornprodukte, Hülsenfrüchte, Blumenkohl, Knoblauch
Natrium	550 mg	Regulierung des Wasserhaushalts, Blutdruck, Aufnahme von Zucker und Aminosäuren	Fleisch, Schinken, Hartkäse, Spinat, Karotten
Phosphor	800–1300 mg	Knochen und Zähne, Energiegewinnung und -verwertung	Brot, Weizen, Fleisch, Kartoffeln, Milch
Selen	0,05–0,2 mg	Gewebeelastizität, Stoffwechsel, Knochen und Zähne	Fleisch, Fisch, Leber, Milch, Eier, Nüsse

Name	Tagesbedarf	Wirkung	Vorkommen
Silicium	30-70 µg	Erhaltung von Bindegewebe, Knorpel, Knochen, Haare, Zähne, Nägel	Gurken, Tomaten, grüne Bohnen, Petersilie, Kieselerde, Vollkornreis, Hirse, Gerste
Zink	15 mg	Immunsystem, Haut- und Bindegewebe, Insulinspeicherung	Leber, Innereien, Getreide, Hülsenfrüchte, Meeresfrüchte, Milchprodukte, Käse

Vitamine

Vitamine sind organische Verbindungen, die lebenswichtig für eine ganze Reihe von Vorgängen in unserem Körper sind. Der Körper kann Vitamine jedoch nicht selbst bilden, deshalb müssen wir sie ihm über die Nahrung zuführen. Unter anderem sorgen Vitamine dafür, dass unser Stoffwechsel funktioniert. Sie sind dafür zuständig, dass Kohlenhydrate, Mineralstoffe und Eiweiße verwertet werden können, und stärken unser Immunsystem. Außerdem sind sie unverzichtbar für den Aufbau von Zellen. Knochen, Zähnen und Blutkörperchen.

Name	Chemische Bezeichnung	Tagesbedarf	Wirkung	Vorkommen
Vitamin A	Retinol	0,8-1 mg	Sehkraft, Zellwachstum, Erneuerung der Haut	Leber, Milchfette, Fisch, als Provitamin in vielen Pflanzen
Vitamin B_1	Thiamin	1,3-1,8 mg	Kohlenhydratstoffwechsel, Schilddrüsenfunktion, Nerven	Erbsen, Haferflocken, Schweinefleisch

Name	Chemische Bezeichnung	Tagesbedarf	Wirkung	Vorkommen
Vitamin B_2	Riboflavin	1,8–2,0 mg	Verwertung von Einweißen, Fetten und Kohlenhydraten, Haut und Nägel	Vollkornprodukte, Schweinfleisch, grünes Blattgemüse
Vitamin B_3	Niacin	15–20 mg	Merkfähigkeit, Konzentration, gegen Migräne	Fisch, mageres Fleisch, Hefe
Vitamin B_5	Pantothensäure	8–10 mg	Wundheilung, Abwehrkräfte	Gemüse, Weizenkeime, Leber
Vitamin B_6	Pyridoxin	1,6–2,1 mg	Eiweißstoffwechsel, gegen Nervenschädigung	Kartoffeln, Kiwis, Leber
Vitamin B_7	Biotin	0,25 mg	gut für Haut, Haare, Nägel	Blumenkohl, Leber
Vitamin B_{11}	Folsäure	0,16–0,40 mg	gut für die Haut, gegen Missbildung bei Embryos	Weizenkeime, Kürbis, Leber
Vitamin B_{12}	Cobalamin	3 µg	Bildung von roten Blutkörperchen, Appetit, Nerven	Fisch, Algen, Milch, Leber
Vitamin C	Ascorbinsäure	100 mg	Schutz vor Infektionen, Radikalenfänger, Stärkung des Bindegewebes	Paprika, Sanddorn, Kiwis, Hagebutten, Zitrusfrüchte, Acerola-Kirsche
Vitamin D	Calciferol	5 µg	Förderung der Calciumaufnahme	Fischprodukte, Milch, wird vom Körper bei UV-Einfluss hergestellt

Name	Chemische Bezeichnung	Tagesbedarf	Wirkung	Vorkommen
Vitamin E	Tocopherole	10–15 mg	Zellerneuerung, Hemmung von Entzündungen, Stärkung des Immunsystems	Blattgemüse, Vollkornprodukte, pflanzliche Öle
Vitamin K	Phyllochinon, Menachinon, Farnochinon	0,001–2,0 mg	Bildung verschiedener Blutgerinnungsfaktoren	Leber, Eier, Grünkohl

Einfache Gerichte kochen

Heute sind wir daran gewöhnt, dass uns Essen immer zur Verfügung steht. Selbst mitten in der Nacht müssen wir einfach nur zur nächsten Tankstelle fahren, wenn uns der Hunger plagt, oder der Pizzaservice liefert uns leckere Speisen direkt nach Hause. In Krisenzeiten können wir nicht mehr damit rechnen, dass wir jederzeit all das essen können, wonach uns gerade der Sinn steht. Bestimmte Nahrungsmittel werden vielleicht knapp, oder die Energie reicht nicht immer aus, um aufwendige Speisen zuzubereiten. Doch regelmäßiges Essen ist wichtig – nicht nur, um den Körper mit den lebenswichtigen Nährstoffen zu versorgen, sondern auch aus psychologischen Gründen: Der Gedanke an ein (gutes) Essen hilft uns dabei, so manche Strapazen auf uns zu nehmen, und motiviert uns zum Durchhalten. Achten Sie daher auch in Krisenzeiten auf regelmäßige Mahlzeiten und versuchen Sie, das Beste aus den Zutaten zu machen, die Ihnen zur Verfügung stehen. Ein paar Rezepte, die Sie mithilfe einiger weniger, einfacher Zutaten zubereiten können, finden Sie auf den folgenden Seiten.

Tütensuppen

Tütensuppen kosten nicht viel und sind sehr lange haltbar – schaffen Sie sich hier also rechtzeitig einen Vorrat davon an. Wenn Sie mehr Wasser zugeben, als auf der Packung steht, können Sie größere Mengen an Suppe produzieren. Der Nährstoffgehalt der einzelnen Portionen ist dann allerdings nicht mehr so hoch.

Gemüsesuppe

In einer Gemüsesuppe können Sie Reste von Gemüsegerichten verwenden. Für vier Portionen brauchen Sie 1 Zwiebel, 1 Esslöffel Mehl, 1,5 Liter Gemüsebrühe, 750 Gramm Gemüse (zum Beispiel Erbsen, Karotten, Bohnen, Kohl oder Kohlrabi) sowie etwas Öl. Schneiden Sie die Zwiebel in Würfel und schwitzen Sie sie mit dem Öl glasig an. Nehmen Sie den Topf vom Herd und streuen Sie das Mehl langsam und unter ständigem Rühren ein. Geben Sie dann die Gemüsebrühe nach und nach zu, ebenfalls unter ständigem Rühren. Das gewaschene und klein geschnittene Gemüse in den Topf geben und das Ganze so lange kochen, bis das Gemüse weich und die Suppe sämig ist.

Grießsuppe

Für vier Portionen brauchen Sie 50 Gramm Butter, 100 Gramm Grieß, 1,5 Liter Fleischbrühe und 2 Esslöffel gehackte Petersilie. Bringen Sie die Butter zum Schmelzen und rühren Sie den Grieß ein. Mit der Fleischbrühe ablöschen und etwa 30 Minuten köcheln lassen. Vor dem Servieren mit der Petersilie bestreuen.

Mehlsuppe

Für vier Portionen benötigen Sie 500 Milliliter Milch, etwas Salz, 40 Gramm Mehl, 20 Gramm Butter, 1 Eigelb. Verdünnen Sie die Milch mit 250 Milliliter Wasser und bringen Sie das Ganze mit etwas Salz zum Kochen. Rühren Sie dann das Mehl mit 250 Milliter Wasser an und geben Sie es in die kochende Milch. Nach 10 Minuten Kochzeit die Butter zugeben und die Suppe mit dem verquirlten Eigelb abziehen.

Pfannkuchen (Eierkuchen)
Für vier Portionen brauchen Sie 400 Gramm Mehl, 3 Eier, 750 Milliliter Milch sowie etwas Öl. Vermischen Sie das Mehl mit den Eiern und der Milch zu einem glatten Teig und lassen Sie ihn 30 Minuten lang an einem kühlen Ort ruhen. Nach dem Ruhen noch einmal gut verrühren. Erhitzen Sie das Öl in einer Pfanne und backen Sie den Teig portionsweise zu goldgelben Pfannkuchen.

Rührei
Für vier Portionen brauchen Sie 8 Eier, 100 Milliliter Milch, 4 Esslöffel Mehl, Salz, klein gehackten Schnittlauch und Öl für die Pfanne. Geben Sie die Eier in eine Rührschüssel und fügen Sie Milch und Mehl zu. Schnittlauch und Salz zugeben und gut vermischen. Erhitzen Sie das Öl in der Pfanne und gießen Sie den Teig dazu. Den Teig immer wieder vom Boden lösen, bis alles fest geworden ist.

Spiegelei
Für vier Portionen brauchen Sie 4 bis 8 Eier sowie Öl für die Pfanne. Erhitzen Sie das Öl in der Pfanne und schlagen Sie die Eier dazu. So lange backen, bis das Eiweiß zu einer festen Masse geronnen ist.

Bratkartoffeln
Für vier Portionen brauchen Sie 8 mittelgroße Kartoffeln, 4 Esslöffel Öl und etwas Salz. Schälen Sie die Kartoffeln, schneiden Sie sie in Würfel mit einer Kantenlänge von circa 2 Zentimeter und kochen Sie sie circa 18 Minuten lang. Dann erhitzen Sie das Öl in

der Pfanne, geben die Kartoffelwürfel hinein und braten sie in circa 5 Minuten goldbraun. Vor dem Servieren salzen.

Reisbratlinge

Für vier Portionen brauchen Sie 400 Gramm Reis, 2 Eier, gehackte Petersilie oder Schnittlauch, etwas Salz und 2 Esslöffel Öl. Kochen Sie den Reis und vermischen Sie ihn mit den Eiern, den Kräutern und ein wenig Salz. Stechen Sie mit einem Löffel Bratlinge aus dem Reis aus. Das Öl in der Pfanne erhitzen, die Bratlinge hineingeben und von beiden Seiten goldbraun braten.

Kartoffelpuffer

Für vier Portionen brauchen Sie 12 Kartoffeln, 1 Zwiebel, 1 oder 2 Eier, 1 Esslöffel Mehl, etwas Salz und Öl. Schälen Sie die Kartoffeln und die Zwiebeln und reiben Sie beides fein. Anschließend geben Sie die Eier, Mehl und Salz dazu und verrühren alles gut. Dann in einer Pfanne Öl erhitzen, etwa 10 cm große Teigkleckse hineingeben und von beiden Seiten goldbraun braten. Dazu passt Apfelmus.

Apfelmus

Für vier Portionen brauchen Sie 5 Äpfel, 100 Gramm Zucker, 500 Milliliter Milch und 2 Esslöffel Honig. Schälen Sie die Äpfel, schneiden Sie sie in kleine Würfel und erhitzen Sie sie in einem Topf. Etwa 30 Minuten kochen lassen, bis die Äpfel flüssig sind, und dabei häufig umrühren, damit die Äpfel nicht am Topfboden kleben bleiben. Nach 5 Minuten geben Sie den Zucker zu, nach circa 20 Minuten den Honig. Die Milch geben Sie nach und nach zu, damit das Apfelmus geschmeidig bleibt. Vom Herd nehmen, in den Kühlschrank stellen und mindestens 5 Stunden abkühlen lassen.

Grüne Bohnen/Karotten

Für vier Portionen brauchen Sie etwa 2 Kilogramm Bohnen, außerdem Öl für den Topf. Die Bohnen abschneiden und in Fäden abziehen, dann waschen und brechen. Öl in den Topf geben, Bohnen dazugeben und beides unter vorsichtiger Wasserzugabe dünsten. Auf die gleiche Weise können Sie auch Karotten dünsten – pro Person benötigen Sie etwa 500 Gramm Karotten.

Fische braten

Pro Person brauchen Sie etwa 200 Gramm Fisch. Außerdem benötigen Sie für vier Portionen Salz und Pfeffer, 2 Eier, 3 Esslöffel Mehl und 2 Esslöffel Öl. Schneiden Sie den Fisch in Stücke und würzen Sie ihn mit Salz und Pfeffer. Verquirlen Sie die Eier. Wenden Sie dann den Fisch zuerst in Mehl, dann im Ei. Erhitzen Sie das Öl in der Pfanne und braten Sie den Fisch von jeder Seite circa 3 Minuten.

Gulasch

Für vier Portionen brauchen Sie 500 Gramm Fleisch vom Rind, Schwein, Kalb oder Hammel, 750 Gramm Zwiebeln, Salz und Pfeffer sowie Öl oder Margarine. Schneiden Sie das Fleisch in mundgerechte Stücke und braten Sie es in der Margarine oder im Öl an. Die Zwiebel ebenfalls in Stücke schneiden und zugeben. In einem anderen Topf Wasser zum Kochen bringen. Wenn die Zwiebeln braun sind, salzen und pfeffern Sie das Gulasch. Geben Sie nun nach und nach das kochende Wasser zu, bis es fast verkocht ist. Dann geben Sie weiter so viel Wasser zu, wie Sie Soße haben möchten, und lassen das Gulasch etwa 2 Stunden leicht köcheln. Dazu schmecken Nudeln, Reis, Spätzle oder Salzkartoffeln.

Hackbraten

Für vier Portionen brauchen Sie 500 Gramm Hackfleisch (vom Schwein, vom Rind oder gemischt), je 1/2 rote, grüne und gelbe

Paprikaschote, 1 Tomate, 50 Gramm Mais, 1 kleine Zwiebel, 1 Ei und 1 aufgeweichtes Brötchen. Schneiden Sie alle Zutaten klein, vermischen Sie das Hackfleisch mit dem Ei und dem aufgeweichten Brötchen und würzen Sie es mit Pfeffer und Salz. Dann mischen Sie das klein geschnittene Gemüse unter, formen das Ganze zu einem Brotlaib und schlagen ihn in Alufolie ein. Bei 180 Grad 1 Stunde lang backen. Alternativ können Sie die Masse auch zu flachen Scheiben formen und in der Pfanne in heißem Fett braten.

Schnitzel
Pro Person brauchen Sie 1 Schnitzel. Außerdem benötigen Sie für vier Portionen Salz und Pfeffer, 2 Eier, 3 Esslöffel Mehl und 2 Esslöffel Öl. Würzen Sie die Schnitzel mit Salz und Pfeffer und verquirlen Sie die Eier. Wenden Sie dann die Schnitzel zuerst in Mehl, dann im Ei. Erhitzen Sie das Öl in der Pfanne und braten Sie die Schnitzel von jeder Seite, bis sie goldbraun sind.

Petersiliensoße
Für vier Portionen brauchen Sie 2 Esslöffel Mehl, 40 Gramm Butter, 40 Gramm fein gehackte Petersilie, 350 Milliliter Fleisch- oder Gemüsebrühe, 1 Eigelb, Salz und Pfeffer. Schwitzen Sie das Mehl in der schäumenden Butter leicht an und geben Sie dann die Petersilie dazu. Mit heißer Brühe auffüllen, etwas abkühlen lassen und mit dem Eigelb legieren. Mit Salz und Pfeffer würzen.

Béchamelsoße
Für vier Portionen brauchen Sie 70 Gramm Butter, 40 Gramm gewürfelte Zwiebeln, 80 Gramm Mehl, 500 Milliliter Milch, Salz und Paprikapulver. Schmelzen Sie die Butter und schwitzen Sie die Zwiebelwürfel farblos an. Mehl anstäuben und ebenfalls anschwitzen, aber achten Sie darauf, dass es nicht braun wird. Gießen Sie die Milch dazu. Unter ständigem Rühren aufkochen und

mindestens 15 Minuten köcheln lassen, mit Salz und Paprikapulver würzen.

Löwenzahnsalat

Für vier Portionen brauchen Sie 500 Gramm Löwenzahnblätter, 6 Esslöffel Essig, 4 Esslöffel Öl, 2 Esslöffel Wasser und einige Spritzer Zitronensaft. Waschen Sie den Löwenzahn und zerteilen Sie ihn in mundgerechte Stücke. Bereiten Sie aus Essig, Öl, Wasser und Zitronensaft ein Dressing und geben Sie es über die Löwenzahnblättern.

Kartoffelsalat

Für vier Portionen brauchen Sie etwa 2,5 Kilogramm Kartoffeln, 1 Zwiebel, 1 Bund Schnittlauch, 2 Esslöffel Essig, 3 1/2 Esslöffel Öl sowie Salz und Pfeffer. Kochen Sie die Kartoffeln, bis sie gar sind, dann abziehen und in Scheiben schneiden. Schneiden Sie die Zwiebel in feine Würfel und den Schnittlauch in feine Röllchen. Zusammen mit Essig und Öl zu den Kartoffeln geben und mit Salz und Pfeffer würzen. Zugedeckt ziehen lassen, gelegentlich umrühren.

Milchreis

Für vier Portionen brauchen Sie 150 Gramm Reis, 300 Milliliter Wasser, 1/2 Esslöffel Butter oder Margarine, 1 Teelöffel Salz und 600 Milliliter Milch. Nach Belieben Zucker und/oder Zimt. Geben Sie den Reis, das Wasser, die Butter und das Salz in einen Topf. Aufkochen und dann mit geschlossenem Deckel circa 10 Minuten auf kleiner Flamme köcheln. Dann rühren Sie die Milch hinein und kochen das Ganze noch einmal richtig auf. Wenn vorhanden, können Sie Zucker und Zimt zugeben. Nehmen Sie dann den Topf vom Herd und lassen Sie den Reis mindestens $1^{1}/_{2}$ Stunden mit geschlossenem Deckel quellen.

Brombeermarmelade
Für drei Gläser brauchen Sie 500 Gramm frische Brombeeren, 250 Gramm Gelierzucker und 1 Spritzer Zitronensaft. Die Brombeeren waschen, abtropfen lassen und in kleine Stücke schneiden. Dann geben Sie sie in einen hohen Topf und vermischen sie mit den Gelierzucker und dem Zitronensaft. Bringen Sie das Ganze bei starker Hitze und unter ständigem Rühren zum Kochen. Wenn die Masse sprudelnd kocht, noch 4 Minuten weiterkochen lassen, dabei ständig umrühren. Danach füllen Sie die Marmelade sofort in heiß ausgespülte Gläser. Verschließen Sie die Gläser und stellen Sie sie für 10 Minuten auf den Deckel. Danach abkühlen lassen und kühl lagern.

Nusskuchen
Einen Nusskuchen können Sie aus 250 Gramm Puderzucker, 5 Eiern und 250 Gramm gemahlenen Haselnüssen backen. Rühren Sie die Eier mit dem Puderzucker circa 10 Minuten schaumig. Danach geben Sie die Haselnüsse zu und vermischen alles noch einmal gut. Füllen Sie den Teig in eine mit Backpapier ausgelegte Kastenform und backen Sie den Kuchen im vorgeheizten Backofen bei 160 Grad circa 45 Minuten.

Nahrungsmittel selbst herstellen

Bei Versorgungsengpässen sind all diejenigen gut dran, die ihre Nahrung selbst herstellen können, zum Beispiel weil sie wissen, wie man Brot backt oder Essig produziert. Zwar brauchen Sie auch dafür Zutaten, doch viele davon wachsen im eigenen Garten. Von anderen Dingen, wie zum Beispiel Backpulver oder Mehl, können Sie sich große Vorräte anlegen, denn diese Produkte sind lange haltbar.

Babynahrung

Wenn die Nahrungsmittel knapp sind, sollten Babys so lange wie möglich gestillt werden, denn so bekommen sie alles, was sie brauchen. Feste Babynahrung lässt sich aus 3 Teilen Getreide (am besten Reis oder Mais) und 1 Teil Bohnen herstellen. Kochen Sie das Getreide und die Bohnen weich und pürieren oder zerquetschen Sie sie.

Brot und Gebäck

Brot und Gebäck können Sie ganz einfach selbst herstellen, wenn Sie Hefe und Mehl haben. Aufgrund des Zeit- und Energieaufwands ist Backen in Notzeiten jedoch ein echter Luxus.

Ein Brot, das Sie leicht selbst backen können, ist Roggenbrot. Für einen Laib benötigen Sie 500 Gramm Roggenmehl, 1 Päckchen Backpulver, 1 Teelöffel Salz, 1 Teelöffel Kümmel und 375 Milliliter Wasser. Sieben Sie drei Viertel des Mehls zusammen mit dem Backpulver in eine Schüssel und verrühren Sie es mit dem Wasser, dem Salz und dem Kümmel. Dann kneten Sie das restliche Mehl dazu und formen den Teig zu einem Brot (rund oder länglich). Legen Sie den Brotlaib auf ein Backblech und bestreichen Sie ihn mit Wasser. Backen Sie das Brot bei 200 Grad circa 50 bis 60 Minuten.

Ebenfalls ein sehr einfaches Backrezept ist Damper, ein australisches Buschbrot, das im Outback über offenem Feuer gebacken wird (oder auch in der heißen Asche des Lagerfeuers). Dazu benötigen Sie 1 Kilogramm Mehl, 5 Teelöffel Backpulver, 1 1/2 Teelöffel Salz, 1 Esslöffel Zucker, 200 Milliliter Milch und 200 Milliliter Wasser. Sieben Sie Mehl, Backpulver und Salz in eine Schüssel und geben Sie den Zucker dazu. Dann bilden Sie eine Mulde, gießen die Flüssigkeiten hinein und verrühren das Ganze zu einem Teig. Diesen Teig formen Sie auf dem Backblech zum einem runden Laib, pinseln ihn mit Milch ein und bestäuben ihn mit Mehl. Dann schneiden Sie ihn mit einem Messer kreuzförmig ein. Backen Sie das Brot bei circa 200 Grad 45 Minuten, bis die Kruste goldbraun ist. Dass das Brot fertig ist, erkennen Sie daran, dass es sich hohl anhört, wenn Sie mit dem Fingerknöchel auf den Boden klopfen.

Brötchen (oder Semmeln) können Sie ebenfalls gut selbst backen. Für acht bis zehn Brötchen benötigen Sie 500 Gramm Weizenmehl, 1 Würfel Hefe, 340 Milliliter lauwarmes Wasser, 1 Teelöffel Zucker, 2 Teelöffel Salz und 3 Esslöffel Olivenöl. Verrühren Sie Mehl und Salz in einer Schüssel. Lösen Sie die Hefe im lauwarmen Wasser auf und rühren Sie den Zucker unter. Drücken Sie dann eine Vertiefung in das Mehl und geben Sie das Olivenöl auf den Rand. Gießen Sie das Hefe-Zucker-Gemisch in die Mulde und kneten Sie alles zu einem gleichmäßigen Teig. Diesen Teig lassen Sie dann circa 45 Minuten gehen. Kneten Sie ihn dann noch einmal gut durch und formen Sie Brötchen daraus. Geben Sie die Brötchen auf ein Backblech und lassen Sie sie bei 50 Grad circa 10 Minuten gehen. Dann bestreichen Sie die Brötchen mit Wasser und backen sie bei 230 Grad im Ofen, bis sie leicht braun werden.

> **KEIN BACKPULVER IM HAUS?**
>
> **Als Ersatz für Backpulver können Sie 3 bis 4 Esslöffel Kognac oder Rum verwenden.**

Flüssighefe können Sie aus Kartoffeln herstellen. Dazu benötigen Sie 1 Kartoffel, 1 Esslöffel Hopfen, 1 Esslöffel Zucker, 1 Esslöffel Mehl und 2 Rosinen. Schneiden Sie die Kartoffel mitsamt Schale in Viertel und kochen Sie sie zusammen mit dem Hopfen. Den Absud heben Sie auf. Pürieren Sie die Kartoffelstücke und den Hopfen zusammen mit Zucker und Mehl und geben Sie die Rosinen zu. Dann mit dem Absud übergießen und alles in eine Flasche füllen. Verschließen Sie die Flasche gut und stellen Sie sie an einen warmen Ort.

Butter
Um Butter herzustellen, müssen Sie die Vollmilch zunächst entrahmen – entweder mit einer Zentrifuge oder per Hand, indem Sie die Milch in flache Gefäße geben und nach 18 bis 24 Stunden den Rahm mit dem Löffel abschöpfen. Dann geben Sie den Rahm in ein Butterfass oder ein anderes geeignetes Gefäß und verbuttern ihn durch Quirlen, Schlagen oder Stampfen. Die obenauf schwimmenden Butterstückchen drücken Sie zusammen und kneten sie mit Wasser durch. So lassen sich aus 2 Liter Rahm etwa 750 Gramm Butter gewinnen. Die Flüssigkeit im Buttergefäß können Sie trinken – sie ist nichts anderes als Buttermilch.

Essig
Essig würzt nicht nur Speisen, sondern ist auch in vielen anderen Bereichen nützlich. Er kann als Heilmittel angewendet werden, hilft bei der Konservierung von Nahrungsmitteln, entfernt Flecken und ist sogar ein natürliches Deo, denn er bekämpft den Schweißgeruch. Und das Beste ist: Sie können ihn ganz einfach selbst herstellen. Dazu brauchen Sie Fallobst. Entfernen Sie alle faulen Stellen von dem Obst, geben Sie es in einen Tontopf und übergießen Sie es mit warmem Wasser. Dann geben Sie 2 Esslöffel Zucker zu und stellen den Topf in die Sonne oder an einen anderen warmen Ort. Um den Essig vor Insekten zu schützen, sollten Sie ihn mit einem Sieb zudecken – der Topf muss aber gut belüftet werden. Nach circa 3 Wochen hat sich der Inhalt des Topfes in Essig verwandelt.

Getreide
Getreide wird zum Backen verwendet, doch dazu braucht man viel Zeit und Energie, die Sie in Krisenzeiten vielleicht nicht unbedingt haben. Alternativ können Sie Getreide kochen oder rösten. Für das Rösten geben Sie eine dünne Lage Weizen oder Mais in eine Pfanne und rösten die Körner so lange, bis sie aufspringen. Bei Mais ergibt das Popcorn – setzen Sie also einen Deckel auf die Pfanne. Um Getreide zu kochen, schroten Sie es, geben es dann in kochendes Salzwasser und bringen es erneut zum Aufkochen. Danach 15 bis 20 Minuten köcheln lassen.

Joghurt
Wer Joghurt selbst herstellen möchte, steht vor der Frage, was zuerst da war: das Huhn oder das Ei. Um Joghurt herzustellen, braucht man nämlich Joghurt, den Sie entweder aus einem gekauften Joghurt oder aus einem früheren eigenen Joghurtansatz nehmen können. Außerdem benötigen Sie 1 Liter Milch. Erhitzen Sie die Milch bis kurz unter den Siedepunkt und lassen Sie sie im Wasserbad auf etwa 37 Grad abkühlen. Rühren Sie dann 2 Esslöffel Naturjoghurt ein und füllen Sie den Joghurt in Gläser ab. Diese müssen nun 2 bis 3 Tage bei einer konstant warmen Temperatur von circa 38 Grad stehen. Dies können Sie zum Beispiel erreichen, indem Sie den Joghurt in Thermoskannen füllen.

Käse
Auch für die Käseherstellung brauchen Sie zunächst einmal Milch. Pasteurisieren Sie die Milch, indem Sie sie circa 15 bis 30 Sekunden lang auf eine Temperatur von 75 Grad erhitzen, und geben Sie der Milch dann Magermilch oder Rahm zu – je nachdem, welchen Fettgehalt Ihr Käse haben soll. Danach geben Sie Milchsäure oder Lab – ein Enzym aus dem Magen von Kälbern – zu dem Gemisch und warten, bis die Masse fest wird. Dies kann zwischen 30 Mi-

nuten und mehreren Stunden dauern. Schneiden Sie die Masse dann mit einer Käseharfe in Stücke, sodass sich die Molke absetzt. Die einzelnen Stücke geben Sie nun in Formen und entfernen die restliche Molke durch Pressen und Wenden. Danach müssen Sie den Käse reifen lassen, am besten im Keller. Je nach Sorte kann dies bis zu 1 Jahr dauern, eventuell müssen Sie den Käse während dieser Zeit auch wenden, salzen oder waschen. Erst wenn der Käse reif ist, wird er in Salzlake gebadet, damit sich die Rinde bilden kann.

Milch

Die Milchproduktion übernehmen zwar Kühe, Schafe oder Ziegen für Sie – allerdings müssen Sie wissen, wie Sie die Milch aus den Tieren herausbekommen. Sie müssen die Tiere also melken, und zwar regelmäßig, denn sonst kann der Milchüberdruck für die Tiere sehr schmerzhaft werden und sogar zu Gefäßrissen und damit dem Tod der Tiere führen. Bei Ziegen reicht es, wenn Sie die Tiere einmal pro Tag melken, bei Kühen müssen Sie morgens und abends melken. Tun Sie das möglichst immer zur selben Zeit, denn sonst werden die Tiere unruhig. Beim Melken umfassen Sie die Zitzen mit der vollen Hand. Schließen Sie die Finger reihenweise von oben nach unten und drücken Sie so die Milch nach unten heraus. Den meisten Menschen gelingt das nicht auf Anhieb, und vielleicht müssen auch Sie erst ein wenig üben. Gehen Sie dabei behutsam vor und zerren Sie nicht am Euter herum, denn das tut den Tieren weh. Melken Sie das Euter stets komplett leer. So erhalten Sie Rohmilch, die Sie sofort trinken können. Der Geschmack wird Ihnen vielleicht trotzdem ungewohnt vorkommen, denn die Milch, die wir im Handel bekommen, ist pasteurisiert – sie wird kurz erhitzt, um Mikroorganismen abzutöten und länger haltbar zu bleiben.

Wurst

Wenn Sie geschlachtet haben, können Sie das Fleisch durch Trocknen, Pökeln oder Räuchern haltbar machen oder es zu Wurst verarbeiten. Dabei gibt es zwei Möglichkeiten: entweder Wurst, die sofort verzehrt wird, oder Dauerwurst, die Sie durch Pökeln, Räuchern oder Trocknen haltbar machen.

Die Herstellung von Wurst ist nicht besonders kompliziert: Als Grundlage dient meist Rind- oder Schweinefleisch, viele Menschen mögen aber auch Geflügelwurst. Die meisten Würste bestehen je zur Hälfte aus magerem Fleisch und Speck, wie Schulter- oder Bauchspeck. Dazu kommen Gewürze wie Paprika, Thymian, Kümmel oder Majoran. Drehen Sie das Fleisch durch den Fleischwolf, vermischen Sie es mit Kräutern und Gewürzen und füllen Sie es mithilfe einer Wurstmaschine oder durch einen Trichter in Naturdärme, die Sie beim Metzger bekommen. Dann drehen Sie die Würste in der gewünschten Länge ab.

Eine beliebte Wurst ist zum Beispiel der Landjäger. Er besteht aus Schweine- und Rindfleisch sowie aus Rückenspeck. Würzen Sie das Fleisch mit Kümmel, Senfkörnern, Zucker, Pfeffer und Salz und füllen Sie es dann in Därme. Seine typische kantige Form erhält der Landjäger, indem Sie die fertige Wurst zwischen zwei Brettern pressen – genauso gut schmeckt sie aber natürlich in runder Form. Anschließend wird die Wurst kalt geräuchert.

Salami besteht aus grob zerkleinertem Schweine- und Rindfleisch sowie Speck und Gewürzen wie Peperoni oder Knoblauch. Dieser Fleischmasse wird eine Starterkultur mit Milchsäurebakterien zugegeben. Dann müssen Sie die Salami mehrere Wochen reifen lassen. In dieser Zeit setzt eine Fermentation ein, die der Salami ihren typischen Geschmack verleiht. Danach wird die Salami mehrere Wochen an der Luft getrocknet.

Von den Indianern Nordamerikas stammt das Rezept für Pemmikan, einer Mischung aus Dörrfleisch und Fett, die nicht nur sehr nahrhaft, sondern auch lange haltbar ist. Dazu benötigen Sie 200 Gramm Fleisch, zum Beispiel vom Rind oder Schwein, 50 Gramm Rinder- oder Schweinetalg und Gewürze nach Geschmack. Zunächst müssen Sie das Fleisch in dünne Streifen schneiden, am besten quer zu den Muskelfasern, und es dann trocknen lassen und pulverisieren (zum Beispiel im Mörser). Den Talg gewinnen Sie, indem Sie das Fett vom Fleisch ablösen und es in kleine Würfel schneiden. Diese Würfel lassen Sie in der Pfanne aus (Vorsicht: Das Fett darf nicht kochen) und mischen sie dann mit dem pulverisierten Trockenfleisch. Das Verhältnis ist dabei immer 1 Teil Talg auf 3 Teile Fleisch. So erhalten Sie etwa 90 Gramm Pemmikan. Sie können nach Belieben Gewürze zugeben.

Quark

Um Quark herzustellen, brauchen Sie erst einmal frische Vollmilch. Lassen Sie diese an einem warmen Ort stehen, bis sie dick wird. Dann füllen Sie die dick gewordene Milch in einen Leinenbeutel und lassen sie circa 9 Stunden abtropfen. Heben Sie die abtropfende Flüssigkeit auf – das ist Molke. Im Beutel bleibt nun ein fester Rückstand zurück: Quark. Diesen Quark können Sie – eventuell auch vermischt mit Schnittlauch – als Brotaufstrich verwenden oder ihn weiter zu Käse verarbeiten.

Sauerteig

Ein Sauerteig ist die Grundlage für viele Brotsorten und anderes Gebäck. Für eine Portion brauchen Sie 350 Gramm Roggenmehl, 1 Packung Trockenhefe und 500 Milliliter lauwarmes Wasser. Geben Sie 250 Gramm Mehl in eine Schüssel und vermischen Sie es mit der Trockenhefe. Dann rühren Sie das Wasser unter. Decken Sie den Teig mit einem Baumwolltuch ab und lagern Sie ihn bei Zimmertemperatur. Nach 2 Tagen rühren Sie das restliche Mehl unter und lassen den Teig dann 1 weiteren Tag ruhen.

Hefeteig

Hefeteig ist die Grundlage für Brot und Gebäck (Hefezopf), aber auch für die allseits beliebte Pizza. Für zwei Bleche Pizza benötigen Sie 1 Kilogramm Mehl, 200 Gramm Zucker, 250 Gramm Margarine oder Butter, 1 Prise Salz, 1 Würfel Hefe und Milch nach Bedarf. Geben Sie das Mehl in eine Schüssel und formen Sie in der Mitte eine Mulde. Geben Sie Zucker, Margarine und das Salz rundherum auf den Rand. Vermischen Sie die Hefe mit etwas Zucker und etwas lauwarmer Milch oder Wasser und füllen Sie das Gemisch in die Teigmulde. Verkneten Sie die Hefemasse mit einem Drittel des Mehls. Decken Sie die Schüssel mit einem Tuch ab und lassen Sie den Teig 20 Minuten an einem warmen Platz gehen. Dann vermischen Sie ihn mit dem übrigen Mehl und dem restlichen Zucker und lassen ihn noch einmal 60 Minuten gehen.

Kochstellen selbst anlegen

Um eine Suppe zu kochen, Brot zu backen oder einen leckeren Braten zuzubereiten, brauchen Sie einen Herd und/oder einen Backofen – und diese funktionieren mit Strom oder Gas. Was also tun, wenn infolge einer Naturkatastrophe oder einer Sonneneruption die Strom- und Gasversorgung nicht mehr so funktioniert, wie wir das gewohnt sind? Dann können Sie Ihre Mahlzeiten über dem offenen Feuer zubereiten oder sich selbst einen Kochherd und einen Backofen bauen, die mit Feuer beheizt werden.

So bauen Sie einen Kochherd

Einen einfachen Kochherd können Sie selbst bauen, indem Sie in einer stufenförmigen Grube seitlich ein Feuerloch mit einem unterirdischen waagerechten Rauchkanal anlegen. Etwa in der Mitte des Rauchkanals legen Sie ein Loch an, in das ein Kochtopf passt, und stellen den Topf so hinein, dass er einige Zentimeter in den Rauchkanal hineinragt. Einen Schornstein bauen Sie zum Beispiel aus ineinandergesteckten Konservendosen ohne Boden und Deckel. Das Feuer können Sie regulieren, indem Sie einen flachen Stein vor das Feuerloch stellen und so kontrollieren, wie viel Luft zum Feuer gelangt.

So bauen Sie einen Backofen
Für einen mit Feuer betriebenen Backofen legen Sie an einer Böschung oder in einer Grube ein Feuerloch an und leiten den Rauch um eine Backröhre, die Sie aus Ziegeln, Steinen, Beton- oder Blechtafeln bauen. Die Öffnungen des Feuerlochs und der Backröhre decken Sie mit einem flachen Stein oder einem Blech ab. Aus Konservendosen ohne Boden oder aus einem Blechrohr fertigen Sie ein Rauchabzugsrohr. In die Backröhre geben Sie Steine, um die Backbleche aufzustellen. Sorgen Sie für eine gleichmäßige Wärmezufuhr, indem Sie das Feuer regelmäßig mit dem gleichen Brennstoff schüren.

Selbstversorgung aus dem eigenen Garten

In Zeiten, in denen immer wieder Lebensmittelskandale die Nachrichten beherrschen, wächst bei vielen Menschen der Wunsch, bei der Versorgung mit Nahrungsmitteln unabhängig von Supermärkten und anderen Geschäften zu sein und genau zu wissen, woher die Lebensmittel stammen. In einer Krise, in der entweder die finanziellen Mittel knapp sind oder es Engpässe in der Lebensmittelversorgung gibt, haben Menschen, die sich mit den wichtigsten Nahrungsmitteln selbst versorgen können, einen großen Vorteil. Allerdings lebt nicht jeder auf dem Land und nicht jeder hat die Möglichkeit, wirklich vollkommen autark zu werden, sein eigenes

Getreide, Gemüse und Obst anzubauen und Nutztiere wie Kühe, Hühner oder Schafe zu halten. Wer sich für das Thema Selbstversorgung interessiert, erhält im Anhang Literaturtipps zu diesem Thema. Die wichtigsten Überlegungen und Punkte finden Sie auf den folgenden Seiten zusammengefasst.

Wie viel Land brauchen Sie, um sich und Ihre Familie zu versorgen?

Wie viel Land Sie benötigen, um beispielsweise eine vierköpfige Familie zu ernähren, lässt sich pauschal nicht beantworten, denn dabei spielen viele verschiedene Faktoren eine Rolle, zum Beispiel wie ertragreich der Boden ist, was Sie anbauen möchten und ob Sie eventuelle Überschüsse einlagern wollen. Und selbst wenn Sie alles noch so gut geplant und ausgeführt haben, kann Ihnen immer noch das Wetter einen Strich durch die Rechnung machen und die Ernte im schlimmsten Fall ruinieren. Wenn Sie kein Getreide anbauen wollen, sondern sich lediglich mit Salat, einigen Gemüsesorten, Kräutern und Obst versorgen möchten, kann ein Garten von 100 Quadratmetern schon ausreichen. Wer in der Stadt wohnt, kann sogar auf dem Balkon Tomaten, Erbsen oder Kartoffeln in Kübel pflanzen, Kräuter ziehen oder Zwergäpfel oder -kirschen im Blumentopf anbauen.

Die Gartenplanung

Am Anfang einer jeden Unternehmung steht eine gründliche Planung – ein Selbstversorgergarten ist hier keine Ausnahme. Überlegen Sie zunächst, was Sie in Ihrem Garten anbauen wollen. Auf Ihrer Liste sollten dabei Obst- und Gemüsesorten stehen, welche die ganze Familie gern mag und die Sie auch gut auf Ihrem Grundstück oder auf Ihrem Balkon anbauen können. Kartoffeln zum Beispiel haben zwar einen hervorragenden Nährwert, brauchen aber auch viel Platz. Vor allem die Aussaat sollten Sie detailliert planen, denn so können Sie mehrere Pflanzen in einem Beet aussäen, die dann nacheinander reif werden.

Gemüse anbauen

Welche Gemüsesorten Sie in Ihrem Garten anbauen, hängt natürlich in erster Linie von Ihren persönlichen Vorlieben ab. Daneben spielen aber auch die Bedingungen in Ihrem Garten eine Rolle. Fällt genug Sonne in Ihren Garten? Wie ist der Boden beschaffen? Hier können Sie noch ein wenig nachhelfen und zum Beispiel mit Bäumen oder Sträuchern für Schatten sorgen oder dem Boden mit Dünger auf die Sprünge helfen. Doch gegen das allgemeine Klima an Ihrem Wohnort können Sie nichts unternehmen, sprich: Im warmen Freiburg fühlen sich andere Pflanzen wohl als auf einem Gebirgshang bei Garmisch-Partenkirchen. Auch Überlegungen wie der Aufwand für den Eigenanbau und die Lagerbarkeit von Gemüsesorten spielen hier eine Rolle. Es nützt Ihnen nichts, wenn Sie plötzlich 500 Tomaten haben, die nicht lange haltbar sind. Karotten dagegen können Sie in Sandkisten oder Erdmieten durchaus mehrere Monate aufbewahren. Gerade für den Anfang sollten Sie sich auf einige wenige Arten spezialisieren, damit Sie sich nicht gleich überfordern – sowohl was Ihre Kenntnisse als Gärtner als auch Ihr Zeitbudget betrifft. Beginnen Sie mit den klassischen Gemüsesorten, wie zum Beispiel Salat, Karotten, Gurken oder Tomaten.

Aussaat und Ernte

Einen Überblick über die Aussaat und Erntezeit verschiedener gängiger Gemüsesorten verschafft Ihnen der folgende Saatkalender.

Gemüse	Anzucht	Aussaat ins Freiland	Keimdauer (Tage)	Ernte
Blumenkohl	Mitte März bis Ende Juni	Mitte April bis Ende Juli	8-12	Juni bis Oktober
Buschbohnen		Mitte Mai bis Ende Juni	8-10	Juli bis September
Endivien	Anfang Mai bis Mitte Juli	Mitte Juni bis Mitte Juli	8-10	September bis November
Erbsen		April bis Mai	8-10	Juli bis August
Feldsalat	Anfang Juni bis Anfang September	Mitte Juni bis Mitte August	10-12	August bis Oktober
Fenchel	Anfang März bis Anfang Juli	Mitte Juni bis Mitte Juli	14-21	November bis März
Frühlingszwiebeln		Mitte Februar bis Mitte April	12-15	Juli bis August
Gurken (Freiland)	Mitte April bis Mitte Mai	Mitte Mai bis Mitte Juni	10-12	Juli bis September
Karotten/Möhren		Mitte März bis Mitte Juni	20	Juli bis Oktober
Kohlrabi	Anfang April bis Mitte Juni	Anfang Mai bis Mitte Juli	5-8	Juli bis September
Kopfsalat	Anfang März bis Mitte Juli	Mitte April bis Mitte August	6-10	April bis September
Kürbis	Mitte April bis Mitte Mai	Mitte Mai bis Mitte Juni	8-12	Juli bis September
Paprika	Anfang Februar bis Mitte März	Mitte Mai bis Mitte Juni	8-10	Juli bis Oktober

Gemüse	Anzucht	Aussaat ins Freiland	Keimdauer (Tage)	Ernte
Radieschen		Anfang März bis Mitte August	8–10	April bis September
Rosenkohl	Anfang April bis Ende Mai	Mitte Mai bis Mitte Juli	5–8	Oktober bis Dezember
Spargel		Mitte April	10–15	April bis Juni
Spinat		März bis Mitte April, Mitte August bis Mitte September	10–14	März, Mai bis Juni, Oktober
Stangenbohnen		Mitte Mai bis Mitte Juni	8–10	Juli bis Oktober
Staudensellerie	Anfang März bis Ende April	Anfang bis Ende Juni	15–20	August bis November
Tomaten	Mitte März bis Ende April	Mitte Mai bis Mitte Juni	10–15	Juli bis Oktober
Zwiebeln (Herbst)		September bis Mitte Oktober	12–15	Juli bis August
Zwiebeln (Steckzwiebeln)		Anfang März bis Ende April	14–20	Juli bis September

Anbau einzelner Gemüsesorten

Kartoffeln sind sehr gesund und enthalten viel Vitamin C – wer genügend Kartoffeln hat, kann sich mit einfachen Mitteln sehr gesund ernähren. Kartoffeln benötigen viel Platz und bevorzugen einen sauren Boden. Graben Sie im Herbst und im Frühjahr tief um und ziehen Sie dabei gleich Furchen in den Boden. In diese geben Sie zunächst Kompost, dann die Saatkartoffeln.

> **WICHTIG FÜR DEN KARTOFFELANBAU**
>
> Kartoffeln werden nicht aus Samen gezogen, sondern aus Saatkartoffeln. Dies sind Frühkartoffeln, die ab Mitte März vorgekeimt werden. Um Saatkartoffeln zu ziehen, füllen Sie flache Obstkisten mit Sand und legen Kartoffeln mit dem Nabe nach unten auf den Sand. Dann decken Sie sie mit etwas Erde ab und stellen die Kiste bei etwa 15 Grad an einen hellen Ort. Nach circa 4 Wochen können Sie die Saatkartoffeln dann ins Freie setzen.

Da schon der geringste Frost die Pflanzen schädigt, sollten Sie die Hauptsaat frühestens im späten Frühjahr in den Boden geben. Frühkartoffeln lassen Sie vorkeimen, indem Sie sie bei 5 bis 10 Grad Wärme ans Licht legen. Dann stecken Sie sie im Abstand von 30 Zentimetern etwa 8 Zentimeter tief in die Erde. Die Reihen sollten etwa 50 Zentimeter auseinanderliegen. Bei der Hauptsaat gilt ein Abstand von 45 Zentimetern zwischen den einzelnen Kartoffeln und den einzelnen Reihen, die Kartoffeln kommen circa 13 Zentimeter tief in den Boden. Wichtig ist in beiden Fällen, dass die Keime nach oben zeigen. Je nach Sorte können die Kartoffeln nach 90 bis 180 Tagen geerntet werden. Wenn sich die Blüten öffnen, können Sie mit der Ernte beginnen. Graben Sie die Kartoffeln mit einer Grabgabel aus, legen Sie sie ein paar Stunden in die Sonnen und lagern Sie sie dann dunkel. Verwenden dürfen Sie nur die ausgewachsenen Knollen – die übrigen Pflanzenteile sind giftig.

Bohnen benötigen einen leichten, wasserdurchlässigen Boden. Da sie sehr kälteempfindlich sind, säen Sie sie am besten erst Mitte Mai aus. Setzen Sie die Pflanzen in einem Abstand von 15 Zentimetern etwa 5 Zentimeter tief in die Erde. Eventuell müssen Sie die Pflanzen auch abstützen. Die reifen Bohnen können Sie fortlaufend ernten und trocknen.

In Bezug auf den Boden ist **Kopfsalat** eine anspruchslose Pflanze, bevorzugt jedoch schattige Standorte. Fügen Sie dem Boden Kompost zu und säen Sie den Sommersalat zu Frühjahrsbeginn in Reihen mit einem Abstand von circa 45 Zentimetern. Wintersalat wird im späten Sommer gesät und mit Folien geschützt. Bei beiden Salatarten brauchen die einzelnen Pflanzen etwa 30 Zentimeter Abstand voneinander. Ernten Sie den Salat am besten morgens, denn dann sind die Blätter am knackigsten.

> **GUTE NACHBARN FÜR DEN KOPFSALAT**
>
> **In einer Mischkultur fühlt sich ein Kopfsalat neben Erbsen, Gurken, Karotten, Radieschen, Tomaten, Zwiebeln, Buschbohnen und Roter Bete wohl. Mit Petersilie und Sellerie verträgt er sich dagegen nicht.**

Karotten schmecken nicht nur lecker, sondern enthalten auch viel Vitamin A. Sie brauchen einen sehr leichten, lockeren Boden, saure Böden mögen sie nicht. Die Aussaat erfolgt zwischen Ende März und Mitte Juni. Säen Sie die Karotten flach und dünn, in einem Abstand von circa 5 bis 8 Zentimetern, und drücken Sie sie leicht an. In einer Mischkultur von Karotten und Zwiebeln profitieren beide Pflanzen: Die Zwiebel schützt die Karotte vor der Möhrenfliege, umgekehrt ist sie selbst vor der Zwiebelfliege sicher. Ernten Sie die Karotten vor dem ersten Frost, und zwar zunächst nur jede zweite Pflanze, damit die verbliebenen Pflanzen Platz haben, um sich weiterzuentwickeln. Lagern Sie sie dann ungewaschen im Sand in einem kühlen Keller.

Erbsen säen Sie im Spätwinter unter dem Dach aus und setzen sie ins Freie, wenn keine Frostgefahr mehr besteht. Bis in den Frühsommer können Sie alle paar Wochen Folgesaaten legen. Höhere Sorten müssen Sie eventuell abstützen. Ernten können Sie Ihre Erbsen ab Juni bis in den September hinein.

Kürbisse säen Sie zunächst drinnen in Einzeltöpfe. Mitte Mai, wenn keine Frostgefahr mehr besteht, können Sie sie dann ins Freie setzen. Sie benötigen allerdings viel Platz, doch diesen kann man schaffen, wenn man sie an einem Spalier klettern oder von einem Hochbeet herabhängen lässt. Schützen Sie die Kürbisse vor dem Verfaulen, indem Sie Stroh um sie herumlegen. Sommerkürbisse sollten Sie regelmäßig ernten, denn wenn sie zu groß werden, verlieren sie an Geschmack. Winterkürbisse halten sich in einem frostfreien Schuppen mehrere Monate lang.

Für eine oder zwei Reihen **Radieschen** ist auch im kleinsten Garten Platz. Sie mögen einen lockeren Boden und viel Sonne und werden zwischen März und August in 1 Zentimeter tiefen Rillen in einem Abstand von 15 Zentimetern gesät. Radieschen wachsen sehr schnell – bereits nach circa 4 Wochen können Sie die ersten ernten. Lassen Sie sie aber nicht zu groß werden, denn sonst werden sie scharf und holzig. Am besten sofort verzehren, denn sie halten sich nicht lange.

Spinat ist ebenfalls sehr einfach anzubauen. Es gibt ihn als einjährige und mehrjährige Pflanzen. Legen Sie die Folgesaaten etwa 2 bis 3 Zentimeter tief in Reihen mit einem Abstand von 30 Zentimetern. Die beste Zeit dafür ist entweder das Frühjahr oder der Spätsommer zwischen Mitte August und Mitte September. Spinat gedeiht gut in einer Mischkultur mit Karotten, Radieschen, Tomaten oder Buschbohnen. Um den Spinat zu ernten, schneiden Sie ihn ganz einfach mit der Schere ab. Sie können ihn entweder roh essen oder blanchieren und einfrieren.

Gurken brauchen einen lockeren Boden. Säen Sie sie drinnen im April aus und setzen Sie sie dann ab Mitte Mai, nach den Eisheiligen, ins Freie. Sie können Sie bis zum ersten Frost fortlaufend ernten und entweder frisch essen oder einlegen.

Tomaten benötigen viel Wärme, kälter als 12 Grad sollte es nicht mehr werden. Zunächst werden sie in kleinen Töpfen ausgesät, ab Mitte April können sie dann ins Gewächshaus, ab Mitte Mai auch ins Freiland gesetzt werden. Wenn Sie die Tomaten im Freiland ziehen wollen, braucht jede Pflanze einen Tomatenstab. Zwicken Sie außerdem die Seitentriebe ab, denn eine Pflanze sollte nicht mehr als fünf Triebe entwickeln. Tomaten brauchen etwa 50 bis 90 Tage, bis sie reif sind. Oft hängen sogar noch Ende Oktober unreife Früchte an den Pflanzen. Diese können Sie trotzdem pflücken. In Zeitungspapier eingewickelt, reifen sie an einem kühlen, dunklen Ort noch nach.

GUTE NACHBARN FÜR DIE TOMATE

In einer Mischkultur gedeihen Tomaten in der Nähe von Karotten, Radieschen, Salat, Spinat und Zwiebeln. Erbsen, Gurken, Rotkohl und Rote Bete mögen sie dagegen gar nicht.

Zwiebeln fühlen sich in einem leichten Lehmboden wohl, sauren Boden mögen sie gar nicht. Außerdem bevorzugen sie sonnige Standorte. Gute Nachbarn für die Zwiebel sind unter anderem Gurken, Karotten, Salat und Tomaten. Mit Erbsen, Bohnen und Kohl vertragen sie sich nicht. Bei der Aussaat haben Sie zwei Möglichkeiten: Sie können entweder zu Beginn des Frühjahrs säen oder erst im Sommer – wenn Sie sich für die zweite Möglichkeit entscheiden, lassen Sie die Pflanzen bis zum Frühjahr im Beet. Säen Sie die Zwiebeln in Reihen von etwa 30 Zentimeter Abstand, der Abstand zwischen den einzelnen Pflanzen sollte etwa 10 Zentimeter betragen. Bedecken Sie die Saat mit Erde. Knicken Sie die Spitzen des Zwiebellauchs ab, wenn sie zu welken beginnen, denn so bringen Sie die Knolle zur Reifung. Einige Tage später können Sie dann die Knolle herausziehen und sie auf den Boden in die Sonne legen. Dann lagern Sie die Zwiebeln in einem kühlen, gut belüfteten Raum.

PFLANZEN FÜR DEN STADTGARTEN

In der Stadt können Sie in einem kleinen Garten oder sogar auf dem Balkon einige Obst- und Gemüsesorten ziehen. Viele Pflanzen gedeihen in Kübeln und fühlen sich daher auch auf einem Balkon wohl. Gute Pflanzen für den Stadtgarten sind unkomplizierte Salate wie Rucola oder Feldsalat, Karotten, Zwiebeln, Radieschen, Spinat, Tomaten, Kräuter oder Beeren. Um Platz zu sparen, können Sie die Pflanzen in einer Ampel oder in einem Hochbeet anbauen. Auch ein Schrebergarten kann in der Stadt eine wunderbare Alternative sein – allerdings sind die Wartelisten oft sehr lang.

Anbau einzelner Getreidesorten

Getreide selbst anzubauen ist eine mühselige Arbeit, vor allem wenn einem keine modernen Maschinen zur Verfügung stehen. Außerdem brauchen Sie dazu große Flächen. Wenn Sie Getreide jedoch lediglich als Futter für Kaninchen oder andere Kleintiere anbauen möchten, reichen Ihnen dazu schon einige Quadratmeter im eigenen Garten.

Hafer wächst auch in feuchten und kalten Gegenden und mag schwere, saure Böden. Er wird im Frühjahr gesät. Ernten Sie den Hafer, wenn das Haferstroh noch leicht grün ist, stellen Sie ihn dann in Garben zusammen und lassen Sie ihn so noch 3 Wochen auf dem Feld stehen, damit er trocknen kann. Dann muss der Hafer gedroschen werden – es sei denn, Sie wollen ihn an Tiere verfüttern.

Weizen benötigt einen schweren Boden, am besten Lehm oder Ton. In gemäßigtem Klima können Sie ihn im Herbst säen, denn so kann die Saat noch kräftig austreiben und wächst dann im Frühjahr schnell. In Gegenden mit kalten Wintern säen Sie allerdings besser im Frühjahr, auch wenn die Ernte dann erst später fällig und weniger ertragreich ist. Für 1 Hektar Weizen brauchen Sie ungefähr 200 bis 250 Kilogramm Saatgut. Pflügen Sie nur flach, damit die Saat nicht ausgeschwemmt wird. Danach ist die Egge an der Reihe, und Sie können säen. Anschließend wird noch mehrere Male mit der Egge gearbeitet, bis die Saat etwa 15 Zentimeter hoch ist – das lockert nicht nur die Oberfläche, sondern vernichtet auch das Unkraut.

Roggen gedeiht gut in kühlen und trockenen Gegenden und bevorzugt leichte, sandige Böden. Er ist wesentlich anspruchsloser als andere Getreidesorten. Mähen Sie ihn erst, wenn er ganz trocken ist, denn die Körner streuen nicht leicht aus.

Mais dürfen Sie erst 2 Wochen nach dem letzten Frost aussäen, etwa ab Mitte April. Säen Sie ihn circa 2 Zentimeter tief in Reihen mit einem Abstand von 35 bis 75 Zentimetern aus – pro Quadratmeter Boden sollten etwa acht bis neun Pflanzen stehen. Die Erntezeit richtet sich danach, was Sie mit dem Mais anfangen wollen: Wollen Sie ihn mahlen, dann ernten Sie ihn, wenn er reif ist. Früher sollten Sie ihn ernten, wenn Sie die Maiskolben kochen möchten.

Obst aus dem eigenen Garten

Wer Obst und Gemüse im eigenen Garten anbaut, weiß nicht nur genau, woher die Früchte stammen, sondern spart damit auch die weiten Transportwege, die das Obst sonst auf seiner Reise in die

Supermärkte zurücklegt. Was Sie nicht gleich nach der Ernte verzehren, können Sie einlagern oder konservieren und haben so noch lange Zeit etwas vom Ertrag Ihres Gartens. Mit einem kleinen Stadtgarten stoßen Sie hier allerdings bald an Ihre Grenzen, denn Hochstammbäume wie zum Beispiel Birnen benötigen sehr viel Platz. Doch auch für kleine Gärten gibt es Alternativen: Beschränken Sie sich in diesen Fällen auf Beerensträucher oder Spalierobst. Selbst auf dem Balkon können Sie noch Beerensträucher oder Zwergobst in Kübeln ziehen.

Wenn Sie genügend Platz für einen eigenen Obstgarten haben, sollten Sie ihn in Etagen anlegen, damit sich die Pflanzen nicht gegenseitig die Sonne wegnehmen. Gepflanzt werden Obstbäume in der Regel zwischen Oktober und März, wenn sich die Pflanzen in der Winterruhe befinden. Damit Sie auch langfristig etwas von Ihren Obstbäumen haben, müssen sie regelmäßig beschnitten werden. Dies können Sie entweder im Winter oder im Hochsommer tun. Im Winter entfernen Sie krankes und abgestorbenes Holz, auch im Sommer lichten Sie die Baumkrone aus, sodass die Früchte mehr Licht bekommen. Außerdem müssen Sie die Bäume regelmäßig auf Schädlinge überprüfen und diese, wenn nötig, bekämpfen.

Äpfel gehören zu den wichtigsten Obstarten und sind in unseren Breiten seit Jahrtausenden heimisch. Wir kennen heute eine Vielzahl von Sorten, die alle ihre ureigenen Eigenschaften mitbringen. Regionale Apfelsorten haben den Vorteil, dass sie perfekt an unser Klima und unsere Umweltbedingungen angepasst sind und daher meist relativ problemlos gedeihen. Je nach Sorte können die Äpfel zwischen Juli und Oktober geerntet werden. Wenn Sie Ihre Apfelsorten geschickt wählen, haben Sie so mehrere Monate im Jahr frische Äpfel. Dazu kommt noch, dass sich einige Sorten, wie zum Beispiel Elstar, sehr lange lagern lassen – so haben Sie auch über den Winter immer frische Äpfel parat. Die meisten Äpfel bevorzugen einen sonnigen bis halbschattigen Standort und einen gut durchlässigen Boden. Je nach Wuchsform sollten die einzelnen Bäume 2,5 bis 5 Meter auseinander stehen. Der Ertrag hängt bei Apfelbäumen neben der Sorte und den Standortbedingungen auch von der Baumform ab. Bei einem Apfelbaum mit einem Hoch- oder Halbstamm können Sie mit 80 bis 160 Kilogramm rechnen, bei einem Zwergbusch fallen immerhin auch noch rund 20 Kilogramm an.

Birnen sind ebenfalls sehr beliebt und leicht im Garten zu ziehen. Hier unterscheidet man zwischen Dessertbirnen, die am besten frisch verzehrt werden, und Koch- oder Lagerbirnen, die noch in unreifem Zustand geerntet werden und sich gut lagern oder konservieren lassen. Birnen sind ein wenig anspruchsvoller als Äpfel und brauchen mehr Wärme. In Gegenden mit einem rauen Klima sollten Sie sie daher geschützt an einer Mauer ziehen, zum Beispiel an einem Spalier. Da Birnbäume sehr hoch werden, ist die Ernte der Früchte nicht ganz einfach. Deshalb werden heute hauptsächlich kleiner wachsende Baumformen kultiviert. Bei guten Standortbedingungen wird Sie ein Buschbaum mit 20 bis 40 Kilogramm Birnen beschenken. Am Spalier können Sie immerhin noch mit 5 bis 10 Kilogramm rechnen.

SELBSTBEFRUCHTUNG ODER NICHT?

Apfel- und Birnbäume sowie viele Pflaumenbäume sind in der Regel nicht selbstbefruchtend. Das heißt, ein einzelner Apfel- oder Birnbaum bringt keine zuverlässigen Erträge. Daher müssen Sie in der Nähe eine Befruchtersorte pflanzen, die ungefähr gleichzeitig blüht. Welche Sorten das sind, wird man Ihnen im Gartencenter oder in der Baumschule sagen können.

Kirschen wachsen ebenfalls gut im eigenen Garten. Dabei unterscheidet man zwischen Süßkirschen, die entweder roh gegessen oder in Kuchen oder Süßspeisen verwendet werden, und Sauerkirschen, die zu Marmelade oder Gelee verarbeitet oder eingemacht werden können. Die ursprünglichen Kirschbäume wurden sehr hoch, sodass sich die Ernte oft schwierig gestaltete. Heute werden Kirschen meist als kleinere Busch- oder Säulenbäume gezüchtet. Sie bevorzugen einen sonnigen und windgeschützten Standort und einen nährstoffreichen, leicht sauren Boden. Buschbäume sollten einen Abstand von 3 bis 5 Metern haben. Zu Frühjahrsbeginn und im Sommer nach der Ernte müssen sie beschnitten werden. Damit Sie auch etwas von Ihren Kirschen abbekommen, sollten Sie die Bäume mit Netzen vor Vögeln schützen, denn die Früchte sind nicht nur bei Menschen beliebt. Süßkirschen können Sie ab Ende Juni ernten, Sauerkirschen sind rund einen Monat später reif. Beide Kirschsorten müssen sofort verzehrt oder verarbeitet werden, denn sie sind sonst nicht lange haltbar. Ein Buschbaum mit Süßkirschen bringt Ihnen 15 bis 40 Kilogramm Früchte, ein Säulenbaum 2,5 bis 5 Kilogramm. Bei Sauerkirschen liegen die Erträge rund ein Drittel niedriger.

Pflaumenbäume (und Zwetschgenbäume) sind etwas robuster als Kirschen und gedeihen auch in rauem Klima gut. Eine Gefahr sind allerdings Spätfröste, denn Pflaumenbäume blühen schon sehr früh im April. Bei plötzlichen Kälteeinbrüchen müssen sie daher geschützt werden, zum Beispiel mit Vliesen. Statt der früheren Hochstämme werden heute zumeist kompaktere Buschbäume gezogen, die etwa 3 Meter hoch werden, aber trotzdem hohe Erträge bringen. Je nach Sorte werden die Früchte zwischen Juli und Oktober reif und werden vollreif geerntet. Da oft nicht alle Früchte eines Baumes zur gleichen Zeit reif werden, müssen Sie die Bäume mehrmals durchpflücken. Verarbeiten oder verzehren Sie die Pflaumen schnell, denn sie sind nicht lange haltbar. Je nach Sorte sind sie zum Frischverzehr oder für Marmelade beziehungsweise zum Konservieren durch Einmachen oder Dörren geeignet. Ein Buschbaum beschenkt Sie mit 15 bis 25 Kilogramm Pflaumen.

Erdbeeren sind das einzige Beerenobst, das nicht mehrere Jahre hintereinander geerntet werden kann. Hier müssen Sie die Pflanzen nach zwei Jahren durch neue ersetzen und dabei am besten auch den Standort wechseln. Erdbeeren bevorzugen einen durchlässigen, leicht sauren Boden und werden im Juli und August in Abständen von circa 45 Zentimetern in Reihen, die circa 75 Zentimeter auseinanderliegen, gesetzt. Reif sind die Früchte dann ab Ende Juni. Verzehren Sie die Erdbeeren frisch oder verarbeiten Sie sie zu Marmelade. Gute Erdbeersorten bringen einen Ertrag von rund 500 Gramm pro Pflanze.

Johannisbeeren gibt es in Weiß, Rot oder Schwarz, wobei die weißen Sorten am süßesten sind. Alle Johannisbeeren bevorzugen halbschattige bis schattige Standorte und einen durchlässigen, neutralen Boden. Pflanzen Sie die einzelnen Büsche in einem Abstand von 1,5 Metern. Die Früchte sind ab Ende Juni reif, späte Sorten können Sie auch noch im August ernten. Da bei Schwarzen Johannisbeeren die Beeren nicht gleichzeitig reifen, müssen sie einzeln gepflückt werden, bei Roten und Weißen Johannisbeeren können Sie dagegen die ganze Rispe ernten. Pro Busch können Sie mit einem Ertrag von 4 Kilogramm rechnen.

Himbeeren bevorzugen einen sonnigen bis halbschattigen, windgeschützten Standort und fühlen sich in feuchtem, leicht saurem Boden wohl. Sie werden in einem Abstand von 45 Zentimetern in Reihen mit einem Abstand von 2 Metern gepflanzt und müssen mit an Pfählen befestigten Drähten gestützt werden. Bei Himbeeren unterscheidet man zwischen einmal tragenden Sommerhimbeeren, zweimal tragenden Beeren und Herbsthimbeeren. Sommerhimbeeren sind ab Ende Juni reif und können bis in den August hinein geerntet werden, Herbsthimbeeren reifen dagegen erst im September. Ob die Beeren reif sind, erkennen Sie daran, dass sie sich leicht vom Zapfen lösen lassen. Himbeeren sind allerdings nicht lange haltbar und sollten daher schnell gegessen, eingefroren oder zu Marmelade beziehungsweise Gelee verarbeitet werden. Sommerhimbeeren sollten Sie nach der Ernte bodeneben zurückschneiden, bei Herbsthimbeeren tun Sie dies im folgenden Februar. Bei Sommerhimbeeren liefert eine Reihe von 1 Meter Länge etwa 2 bis 3 Kilogramm Früchte, bei Herbsthimbeeren fällt der Ertrag etwas geringer aus.

> **BEERENOBST ALS EINFASSUNG FÜR BEETE**
>
> Um Platz in Ihrem Garten zu sparen, können Sie Beerenobst wie Himbeeren, Johannisbeeren oder Stachelbeeren auch um Ihr Gemüsebeet herumpflanzen. Da die Beerensträucher meist nicht besonders dicht wachsen, gelangt trotzdem noch genug Sonne zu Ihrem Gemüse.

Mit ihrem gleichzeitig süßen und herben Geschmack sind **Stachelbeeren** nicht jedermanns Sache. Deshalb werden sie nur selten frisch gegessen, sondern lieber zu Marmelade, Kompott oder Gelee verarbeitet. Die einzige Ausnahme sind die süßen Dessert-Stachelbeeren. Stachelbeeren gedeihen am besten an einem halbschattigen, windgeschützten Standort und brauchen einen durchlässigen, leicht sauren Boden. Die einzelnen Büsche sollten etwa 1,5 Meter voneinander entfernt stehen. Die gelben, rotvioletten oder grünen behaarten Früchte sind ab Juni reif. Pro Busch können Sie mit einem Ertrag von etwa 4 Kilogramm rechnen.

Nüsse sind zwar eigentlich kein Obst, aber da sie an Bäumen wachsen, stehen sie auch gern im Obstgarten. Sie enthalten viele wichtige Nährstoffe und können nicht nur zwischendurch geknabbert werden, sondern verleihen auch Kuchen und anderen Gerichten einen besonderen Geschmack. Am einfachsten im heimischen Garten anzubauen sind die robusten **Haselnüsse**. Wenn Sie die Sträucher regelmäßig zurückschneiden und dadurch klein halten, finden sie auch in kleineren Gärten noch gut Platz. Haselnüsse mögen sonnige bis halbschattige Standorte und einen schwach sauren Boden. Obwohl sie sich selbst befruchten können, brauchen Sie mindestens zwei Sträucher unterschiedlicher Sorten, wenn Sie ergiebige Erträge erzielen wollen. Ab Ende August sind die Nüsse reif – ernten Sie sie so früh wie möglich, damit Ihnen Eichhörnchen oder Vögel nicht zuvorkommen. Ein Haselnussstrauch bringt Ihnen einen Ertrag von rund 10 Kilogramm.

Walnussbäume können bis zu 30 Meter hoch werden, wachsen jedoch am Anfang sehr langsam, sodass sie durchaus auch im Garten angepflanzt werden können. Sie mögen sonnige bis halbschattige geschützte Standorte und einen schwach sauren Boden. Da die jungen Pflanzen keinen Frost vertragen, gedeihen Walnüsse nur in mildem Klima. Ein weiteres Problem ist, dass ihre Blätter viel Gerbsäure enthalten. Daher wachsen unter Walnussbäumen kaum andere Pflanzen – das sollten Sie bei Ihrer Gartenplanung berücksichtigen. Die Nüsse sind ab September/Oktober reif und können einfach vom Boden aufgesammelt werden. Ein Walnussbaum bringt einen Ertrag von etwa 25 Kilogramm.

Der eigene Kräutergarten

Wer sich in Krisenzeiten selbst versorgen will, kann Kräuter ziehen – entweder im eigenen Kräutergarten oder in Töpfen auf dem Balkon. So haben Sie die Kräuter, die Sie für die Küche oder als Heilpflanzen brauchen, gleich zur Hand – und diese sind absolut frisch und stammen aus einem von Ihnen selbst kontrollierten Anbau. Auch seltene Kräuter haben Sie dann direkt vor der Haustür.

Und die beste Nachricht: Kräuter selbst anzubauen ist gar nicht schwer.

Welche Kräuter sollten Sie nun aber anbauen? Nun, in erster Linie natürlich diejenigen, die Ihnen schmecken und die Sie häufig verwenden. Darüber hinaus gibt es typische „Anfängerkräuter", die eigentlich überall gedeihen. Dazu zählen unter anderem Thymian, Dill, Schnittlauch und Bohnenkraut. Kräuter, die sich leicht konservieren lassen, können Sie gut auch in größeren Mengen anbauen.

Doch nicht nur was Sie anbauen, ist wichtig, sondern auch wo Sie die Kräuter anbauen, spielt eine Rolle. Einige Kräuter können Sie in Töpfen oder Pflanzgefäßen auf dem Balkon oder sogar auf dem Fensterbrett ziehen. Im Topf werden die Pflanzen nicht so groß wie im Beet. Achten Sie auch darauf, dass Sie wuchernde Kräuter, wie Liebstöckel, Sauerampfer und Minze, oder Zwergsträucher, wie Salbei, Lorbeer und Rosmarin, in eigene Töpfe setzen.

Wer ein Kräuterbeet anlegen möchte, sollte seinen Garten erst einmal genau unter die Lupe nehmen. Unter anderem sollten Sie dabei die folgenden Faktoren berücksichtigen:

> Nach welcher Himmelsrichtung ist Ihr Garten ausgerichtet?
> Wie viel Licht fällt auf den geplanten Standort? Ideal sind etwa 5 bis 6 Stunden Sonneneinstrahlung pro Tag.
> Wie locker ist der Boden und wie viele Nährstoffe enthält er?
> Welche anderen Pflanzen wachsen im Garten? Manche Pflanzen vertragen sich nicht miteinander, zum Beispiel Salbei und Sellerie.
> Ist der geplante Standort windgeschützt?

Je nach Beschaffenheit Ihres Gartens kann es sich empfehlen, ein Hauptbeet und zwei Nebenbeete – für Pflanzen, die ganz bestimmte Bedingungen brauchen – anzulegen. Eine beliebte Form des Kräutergartens ist eine Kräuterspirale: ein spiralenförmig angelegter Erdhügel, der von einer kleinen Steinmauer eingefasst wird. Eine Kräuterspirale hat den Vorteil, dass sie auch die Höhe nutzt – Sie können also mehr Kräuter auf kleinem Raum anpflanzen, da sich durch die hügelartige Form unterschiedliche Lebensräume ergeben. So finden am Fuße des Hügels feuchtigkeitsliebende Pflanzen wie Schnittlauch, Bärlauch oder Petersilie Platz, da die Feuchtigkeit naturgemäß nach unten sickert. Je weiter es in die Höhe geht, desto trockener und sonniger wird ein Standort. An die Spitze gehören Kräuter, die viel Sonne benötigen, wie zum Beispiel Thymian. Auch an der sonnigen Südseite wachsen sonnenhungrige Pflanzen, darunter Kamille, Basilikum, Rosmarin, Salbei und Lavendel. Die schattige Nordseite dagegen ist für Sauerampfer, Estragon, Minze oder Kresse geeignet. Wählen Sie den Platz für Ihre Kräuterspirale sorgfältig, denn damit sonnenhungrige Pflanzen gedeihen, brauchen sie sehr viel Sonne. Den Schatten für die Kräuter, die keine direkte Sonneneinstrahlung mögen, werfen dann andere Kräuter in der Spirale. Ein kleiner Teich am nördlichen Ende der Spirale sieht nicht nur hübsch aus, sondern bietet auch einen idealen Lebensraum für Brunnenkresse – und Frösche, die Ihnen bei der Schädlingsbekämpfung helfen.

Tierhaltung

Wer sich ganz und gar selbst versorgen will, möchte meist auch Nutztiere halten, denn sie liefern nicht nur Milch, Eier oder Fleisch, sondern auch Wolle, Leder oder Daunen für Kleidung. Und sie können Ihnen sogar bei der Arbeit helfen, indem sie zum Beispiel Karren ziehen. In der Stadt ist für die Haltung von Tieren nur wenig Platz, doch für ein paar Hühner oder einen Kaninchenstall reicht es fast immer. Möchten Sie Enten, Gänse, Ziegen, Schweine, Schafe, Rinder oder Pferde halten, benötigen Sie hingegen ausreichend Wasser und Weideland, am besten auf einem eigenen Hof.

TIERHALTUNG – DARAUF SOLLTEN SIE ACHTEN

> Warum wollen Sie Tiere halten (Fleisch, Eier, Wolle ...)?
> Wie viel Platz steht Ihnen zur Verfügung?
> Welche Kosten fallen an? Zu den Kosten für die Anschaffung der Tiere kommen noch Kosten für Zäune, Futtermittel, Stall und Tierarzt.
> Können Sie die Tiere artgerecht halten?
> Haben Sie die richtigen Kenntnisse, um mit den Tieren umzugehen? Bei Schafen müssen Sie wissen, wie diese geschoren werden, bei Kühen müssen Sie melken können usw.
> Haben Sie genug Zeit, um sich um die Tiere zu kümmern?
> Ist immer jemand da, der sich um die Tiere kümmern kann?

Schafe werden heutzutage nicht mehr unbedingt wegen der Wolle gehalten, sondern vor allem wegen ihrer Milch, die sehr viel gehaltvoller ist als Kuhmilch. Als Lieferanten für Fleisch kommen dagegen nur Lämmer infrage. Außerdem sind Schafe sehr robust und unempfindlich gegenüber Kälte und Nässe sowie ideale „Rasenmäher". Sie halten das Gras kurz und schützen offene Flächen vor der Verwaldung. Da Schafe Herdentiere sind, empfiehlt sich die Haltung von mindestens fünf Tieren. Ob ein Bock dabei sein sollte, hängt auch davon ab, ob Sie regelmäßig Nachwuchs möchten. Bei der Entscheidung für eine Schafsrasse (weltweit gibt es ungefähr 800) spielt eine Rolle, wozu Sie die Schafe halten wollen. Manche Schafe liefern viel Wolle, andere wiederum sind als Milchtiere am besten geeignet. Darüber hinaus gibt es auch Züchtungen, die nicht geschoren werden müssen.

Ziegen sind anspruchslos und pflegeleicht und daher bei Selbstversorgern besonders beliebt – vor allem wegen ihrer Milch, denn sie brauchen sehr viel weniger Platz als Kühe. Wer den Geschmack frischer Ziegenmilch nicht mag, kann sie zu Käse oder Quark weiterverarbeiten. Denken Sie aber daran, dass Ziegen – wie auch Kühe – regelmäßig gemolken werden müssen. Wenn Sie dies einmal nicht selbst erledigen können, müssen Sie unbedingt Ersatz finden. Als Fleischlieferanten kommen vor allem die jungen Tiere bis zu einem Alter von einem Jahr infrage. Ziegen sind weniger robust als Schafe und brauchen auch im Sommer auf der Weide einen trockenen Unterstand. Rechnen Sie dabei mit 1 bis 2 Quadratmetern pro Tier und trennen Sie zwischen Fress- und Liegebereichen. Außerdem benötigen Ziegen einen ständigen Zugang zu frischem Wasser. Wie bei den Schafen spielt auch bei der Entscheidung für eine Ziegenrasse der Zweck, den Sie mit der Ziegenhaltung verfolgen, eine wichtige Rolle. Gute Milchziegen sind zum Beispiel die Thüringer Waldziege, die Appenzeller Ziege und die Toggenburger Ziege, die bis zu 850 Liter Milch pro Jahr liefern können.

Schweine werden wegen ihres Fleisches gehalten. Da sie den größten Teil des Tages im Liegen verbringen, brauchen sie unbedingt einen Stall oder zumindest einen Unterstand, damit sie es schön sauber und trocken haben. Dieser sollte groß genug für einen getrennten Kot- und Liegebereich sein. Wenn Sie Schweinen Freilauf geben wollen, sollten Sie bedenken, dass Schweine den Boden umgraben und verwüsten. Daher empfiehlt es sich, die Tiere jeden Tag nur einige Stunden ins Freie zu lassen. Das hat noch einen weiteren Vorteil: Die Schweine bewegen sich weniger und erreichen so schneller ihr Schlachtgewicht. Die Ernährung der Schweine ist unkompliziert, denn sie sind Allesfresser und fressen Obst und Gemüse genauso gern wie frisches Gras. Ihnen Küchenabfälle zu geben ist jedoch verboten. Die klassischen Schweinerassen für den Selbstversorger sind Deutsche Landrasse und das Deutsche Edelschwein. Sie sind allerdings auch sehr überzüchtet und daher anfällig für Krankheiten. Eine unempfindliche Rasse ist das Ungarische Wollschwein, das unter bestimmten Bedingungen ganzjährig im Freien gehalten werden kann.

Rinder spielen für Selbstversorger nur eine geringe Rolle, denn Schafe und Ziegen sind die besseren und unkomplizierteren Milchlieferanten. Für Rinder braucht man große Weideflächen, die nun einmal nicht jedem Selbstversorger zur Verfügung stehen. Außerdem liefern Rinder große Mengen an Milch und Fleisch – eine einzige Kuh reicht bereits aus, um eine Familie mit Milch, Butter, Käse & Co. zu versorgen. Allerdings muss eine Kuh jedes Jahr ein Kalb zur Welt bringen, damit ihr Milchfluss nicht versiegt – Sie brauchen also auch einen Stier irgendwo in der Nähe. Kühe sollten am besten in einem Offenstall gehalten werden, doch dafür reicht der Platz oftmals nicht. Deshalb werden gerade kleine Herden immer noch häufig angekettet. Achten Sie dabei jedoch darauf, dass jede Kuh ausreichend Platz zur Verfügung hat, um sich hinzulegen. Auch täglicher Auslauf – im Sommer auch mit Weidegang – ist für diese Tiere unerlässlich. Für welche Rinderrasse Sie sich entscheiden, hängt davon ab, ob Sie die Tiere wegen ihrer Milch oder wegen ihres Fleisches halten wollen. Die Haltung von reinen Milchrindern ist jedoch sehr kompliziert, da die Tiere sehr krankheitsanfällig sind und sehr viel Futter brauchen. Für Selbstversorger empfehlen sich daher die sogenannten Zweinutzungsrassen, die sowohl gute Fleisch- als auch gute Milchlieferanten sind. Dazu gehören unter anderem das Braunvieh oder das Fleckvieh.

Pferde werden heute in den meisten Fällen von Reitern und Reiterinnen als Hobby gehalten, als Nutztiere spielen sie keine Rolle mehr. Doch das kann sich schnell ändern, wenn in einer Krise das Benzin unerschwinglich wird und sich niemand mehr ein Auto leisten kann. Dann eignen sich Pferde zum einen als Fortbewegungsmittel, zum anderen können sie auch Lasten transportieren – entweder auf dem Rücken oder in Karren. Pferde sind Bewegungstiere und brauchen viel Auslauf im Freien. Die Nächte können sie in getrennten Boxen verbringen, die mindestens 35 Quadratmeter groß sein sollten, tagsüber sollte ein Pferd ins Freie können und sich dort auf Weidefläche frei bewegen können. Pferde sind Herdentiere und haben ein ausgeprägtes Sozialgefüge. Daher brauchen sie den Kontakt zu Artgenossen und sollten niemals einzeln gehalten werden. Für welches Pferd Sie sich entscheiden, hängt auch davon ab, wozu Sie es brauchen. Soll es Arbeiten verrichten, altmodisch vor Egge oder Pflug gespannt werden oder Lasten tragen, sind Sie mit einem kräftigen Kaltblüter besser dran als mit einem zierlichen Araber. Gute Reitpferde – und robuste Tiere – sind die auch in Deutschland beliebten Islandpferde. Da sie nicht sehr groß werden, sind sie allerdings nicht sehr kräftig. Trotzdem verrichteten sie in ihrer Heimat Island, wo es keine anderen Pferde gibt, jahrhundertelang erfolgreich ihre Arbeit.

Hühner dürfen auf keinem Selbstversorgerhof fehlen und sind auch sehr unkompliziert in ihrer Haltung. Füttern muss man sie nicht, denn sie suchen selbst nach Samenkörnern, Würmern und Insekten. Wie groß Ihr Hühnerstall ist, richtet sich vor allem danach, wie viele Hühner Sie halten wollen. Pro Quadratmeter sollten es höchstens drei Tiere sein. Außerdem brauchen die Hühner Stangen zum Schlafen, hier benötigt jedes Huhn circa 30 Zentimeter Platz. Damit die Hühner Eier legen, brauchen sie außerdem Licht – im Winter, wenn die Tiere nicht regelmäßig nach draußen können, nimmt ihre Legeleistung daher deutlich ab. Deshalb sollte Ihr Hühnerstall unbedingt Fenster haben. Eventuell können Sie in der dunklen Jahreszeit auch mit einer UV-Lampe nachhelfen. Um den Hühnern Auslauf zu geben, brauchen Sie eigentlich nur die Stalltür zu öffnen, denn in der Regel bleiben die Tiere in der Nähe ihres Stalls. Bei einer großen Anzahl an Hühnern kann dies jedoch auch Probleme verursachen, denn die Tiere könnten Ihren Gemüsegarten plündern oder Sie mit ihren „Hinterlassenschaften" nerven. Eine gute Lösung ist hier ein eingezäunter Auslauf, den Sie auch oben mit einem Maschendraht bedecken sollten – nicht um die Hühner an der Flucht zu hindern, sondern um sie vor Raubvögeln zu schützen. Bei der Größe des Auslaufs ist ebenfalls die Zahl der Hühner maßgeblich, pro Huhn rechnet man hier mit 10 Quadratmetern. Auch wenn sich das Federvieh sein Fressen selbst sucht, isst es gern Körner wie Weizen oder geschroteten Mais. Wenn Ihre Hühner Eier legen sollen, brauchen sie außerdem viel Eiweiß und Kalzium, die Sie ihnen mit speziellem Legemehl geben können. Ob Sie sich einen Hahn anschaffen, hängt von Ihrem Schlafverhalten – und dem Ihrer Nachbarn – ab. Wenn Sie gern mit den Hühnern aufstehen, können Sie sich noch vor Morgengrauen vom Krähen Ihres Hahns wecken lassen. Wer gern länger schläft, sollte auf den Schreihals lieber verzichten – Eier legen die Hühner auch ohne ihn. Wie Kühe werden auch Hühnerrassen für bestimmte Zwecke gezüchtet: als Eierleger und als Fleischlieferanten. Auch hier sind die Zweinutzungstiere eine gute Wahl – es sei denn, Sie wollen Hühner züchten. Beliebte und robuste Rassen sind zum Beispiel das Augsburger Huhn, das Altsteirer Huhn oder das Deutsche Sperberhuhn.

Kaninchen werden schon seit Jahrhunderten zur Selbstversorgung gehalten. Sie brauchen nicht viel Platz, sind relativ anspruchslos und vermehren sich im wahrsten Sinne des Wortes wie die Karnickel. Allerdings sollte man Kaninchen heute nicht mehr, wie früher üblich, einzeln in kleinen Ställen halten, denn das ist nicht artgerecht. Stattdessen sollten Sie sie wie Hühner in Bodenhaltung züchten und den Tieren genügend Unterschlupfmöglichkeiten zur Verfügung stellen. Trennen Sie dabei die säugenden Muttertiere von den Masttieren. Kaninchen brauchen eine ausgewogene Ernährung und sollten neben Heu und Getreide auch Grünfutter und Gemüse bekommen. Trinkwasser ist ebenfalls wichtig. Am liebsten suchen die Kaninchen jedoch auf der grünen Wiese nach Grashalmen und Kräutern und sollten daher unbedingt ins Freie dürfen. Achten Sie dabei jedoch besonders auf die Ausbruchssicherheit des Auslaufs: Der Zaun sollte mindestens 1 Meter hoch sein und 50 Zentimeter tief in die Erde hineinragen, damit sich die Tiere nicht unten durchgraben. Um Ihre Kaninchen vor Raubvögeln zu schützen, sollten Sie das Freigehege oben abdecken.

Schlachten

Egal, ob Sie nun ein Kaninchen in freier Wildbahn gefangen haben oder Schweine zum Verzehr halten, irgendwann wird der Tag kommen, an dem Sie das Tier schlachten müssen. Unsere Vorfahren haben jahrhundertelang selbst geschlachtet, doch heute regelt eine ganze Reihe von Vorschriften die Schlachtung von Tieren. Sie dürfen zum Beispiel nicht selbst Hand anlegen, sondern müssen einen Metzger ins Haus bestellen, da nur Personen mit Fachkenntnissen Wirbeltiere töten dürfen. Schweine und Rinder müssen außerdem vor der Schlachtung von einem Amtstierarzt inspiziert werden, und auch nach der Schlachtung muss das Fleisch noch einmal untersucht werden. Inwieweit diese Gesetze nach einer Krise, die zu einem Zusammenbruch der gesellschaftlichen Strukturen geführt hat, noch durchgesetzt werden, bleibt abzuwarten.

Müssen Sie bei einem Tier doch einmal selbst Hand anlegen – zum Beispiel weil kein Metzger zur Verfügung steht oder Sie das Tier selbst gejagt haben –, sollten Sie dabei einige Dinge beachten. Lassen Sie das Tier möglichst wenig leiden. Geben Sie ihm den Gnadenschuss (in den Kopf oder ins Herz) oder schneiden Sie ihm die Kehle durch. Ein Huhn können Sie töten, indem Sie beide Beine mit der linken Hand festhalten und dann mit der rechten Hand den Kopf umfassen, sodass der Hals zwischen Zeige- und Mittelfinger liegt. Strecken Sie dann den Hals nach unten, sodass sich der Kopf nach hinten biegt, und ziehen Sie so lange, bis der Hals gebrochen ist. Dann hängen Sie das Huhn an den Füßen auf und rupfen es. Nach dem Rupfen machen Sie einen Schnitt zwischen Kloake und Bürzel und ziehen dem Tier dadurch die Innereien heraus.

Kaninchen und andere Säugetiere hängen Sie mit einem Seil an den Hinterläufen mit dem Kopf nach unten auf, zum Beispiel an einen stabilen Ast. Schneiden Sie ihm dann die Kehle durch und fangen Sie das Blut in einem Gefäß auf. Tierblut liefert viel Salz und andere Nährstoffe. Kochen Sie es gut, dann können Sie es im Notfall trinken.

Als Nächstes müssen Sie dem Tier das Fell abziehen. Schneiden Sie dazu das Fell oberhalb der Füße an, jedoch ohne ins Fleisch zu schneiden. Dann heben Sie die Haut vom Fleisch ab, stecken die Messerklinge dazwischen und schneiden die Haut bis zum After auf. Dann ziehen Sie die Haut von den Füßen bis zum After ab. Bei kleineren Tieren können Sie so die Haut in einem Rutsch bis zum Kopf abziehen, bei größeren Tieren durchtrennen Sie die Haut vom After bis zur Kehle und machen über den Vorderfüßen noch einen weiteren Schnitt.

Nun müssen Sie das Tier noch ausnehmen. Schneiden Sie dazu vom After aus den Bauch des Tieres bis zum Hals auf, aber achten Sie darauf, dass Sie die Eingeweide, vor allem Galle und Harnblase, nicht anschneiden. Dann zerschneiden Sie die Luftröhre und ziehen von dort aus die Eingeweide aus der Bauchhöhle.

Vögel müssen Sie außerdem noch rupfen, bevor sie in den Kochtopf wandern können. Bei Hühnern geht das leichter, wenn Sie sie vorher überbrühen. Wassergeflügel dagegen lässt sich trocken besser rupfen.

Pflanzliche Nahrung aus der Wildnis

Wenn die Nahrungsmittelvorräte aufgebraucht sind, müssen Sie sich auf andere Weise etwas zu essen besorgen. Die Natur hat dabei viel mehr zu bieten, als Sie zunächst vielleicht denken. Zahlreiche Tiere und Pflanzen sind essbar – doch Sie müssen wissen, welche das sind. Bei einem Atomunfall oder einem Atomwaffeneinsatz müssen Sie zusätzlich bedenken, dass Nahrungsmittel aus der Natur durch Strahlung belastet sind.

Grundregeln für die Nahrungssuche

Wenn es wirklich ums Überleben geht, dürfen Sie nicht zimperlich oder wählerisch sein, denn sonst werden Sie bald verhungern. Sie müssen essen, was Sie kriegen können, auch wenn Ihnen Insekten oder Pflanzen wenig appetitlich erscheinen. Gute Eiweißlieferanten sind zum Beispiel Insekten, die Sie oft im Überfluss finden und meist sogar roh verzehren können. Der Ekel lässt sich jedoch leichter überwinden, wenn Sie die Tiere kochen oder braten. Erheblich schwerer als Insekten sind Säugetiere oder Vögel zu fangen, auch haben wir hier oft mehr Skrupel, diese Tiere zu töten. Doch wenn es ums Überleben geht, müssen Sie diese Hemmungen überwinden. Pflanzen werden Sie erheblich leichter finden als tierische Nahrung, doch manchen Pflanzen oder zumindest Teile davon sind giftig. Generell gilt: Junge Blätter und Triebe sowie reife Früchte und Samen sind meist sicherer und besser verträglich.

NAHRUNGSMITTEL SORGFÄLTIG RATIONIEREN

Wir sind heute gewohnt zu essen, sobald wir auch nur den geringsten Hunger verspüren. Deshalb meinen wir, ständig essen zu müssen. Doch der Mensch ist in der Lage, lange Zeit ohne oder mit nur sehr wenig Nahrung auszukommen, wie die Kulturen beweisen, die regelmäßig fasten. Maßgeblich ist, dass Sie mit den wichtigsten Nährstoffen versorgt werden. Rationieren Sie Ihre Vorräte in einer Notlage daher sorgfältig und hoffen Sie nicht zu früh auf Nachschub oder Rettung.

Pflanzliche Nahrungsmittel

Viele Pflanzen sind essbar, doch müssen Sie diese erst einmal identifizieren. Vögel und andere Tiere sind hier keine Anhaltspunkte, denn sie vertragen viele Nahrungsmittel, die uns schaden können. Besorgen Sie sich deshalb lieber rechtzeitig ein gutes Bestimmungsbuch, in dem die Merkmale der Pflanzen sowie eventuell essbare Teile beschrieben sind. Die meisten Nährstoffe stecken bei Pflanzen in Wurzeln, Knollen, Sprossen, Keimen, Früchten, Mark und Rinde – Blätter dagegen sind meist eher nährstoffarm.

Bei **Kiefern** können Sie zum Beispiel die Samen der Zapfen essen, die ähnlich wie Nüsse schmecken. Ihre Nadeln können Sie zu einem Tee aufkochen. **Flechten** schmecken zwar nicht sonderlich gut, sind aber ungefährlich. Kochen Sie sie weich oder bereiten Sie daraus eine Suppe. Wenn Sie in der Nähe des Meeres leben, haben Sie eine ergiebige Nahrungsquelle direkt vor der Haustür: **Algen** und **Seetang** können ohne Weiteres gegessen werden, sollten allerdings erst gewaschen und dann gekocht werden. **Nüsse** enthalten viel Eiweiß, das für den Menschen lebenswichtig ist, und nur sehr wenige Nussarten sind giftig. Auch **Farne**, die in unseren Breiten wachsen, sind in der Regel ungiftig, nur die reifen Pflanzen des Adlerfarnkrauts *(Pteridium aquilinum)* sind schädlich. Auf Nummer sicher gehen Sie, wenn Sie sich an junges Farnkraut halten, dessen Wedel noch eng aufgerollt sind.

GENIESSBARKEITSTEST

Bevor Sie eine Pflanze essen, sollten Sie vorsichtig überprüfen, ob sie auch genießbar ist. Das kann durchaus einige Zeit in Anspruch nehmen, beginnen Sie also frühzeitig damit und beherzigen Sie die folgenden Tipps. Grundsätzlich gilt: Dieser Test ist nur für Notfälle geeignet. Wenden Sie ihn nur bei Pflanzen an, die Sie bereits grob einordnen können!

> Einzeln testen: In einer Gruppe sollte stets nur eine einzige Person eine Pflanze testen. Auch die verschiedenen Pflanzenteile – Blätter, Stängel, Wurzeln, Früchte oder Samen – sollten Sie nur einzeln testen.
> An erster Stelle steht der Geruchstest: Riecht eine Pflanze nach Mandel oder Pfirsich, kann das auf Blausäure hinweisen. Finger weg!
> An nächster Stelle folgt der Hauttest: Zerdrücken Sie die Pflanze und reiben Sie sie auf weicher Haut, zum Beispiel auf der Innenseite der Arme. Zeigt Ihre Haut eine Reaktion, zum Beispiel einen Ausschlag, eine Schwellung oder ein Jucken? Warten Sie mindestens eine Stunde lang ab.
> Nun ist der Mund an der Reihe. Geben Sie eine geringe Menge auf die Lippen, die Zungenspitze und die Mundwinkel. Kauen Sie ein wenig, aber schlucken Sie nichts hinunter. Warten Sie nach jeder Aktion mindestens zehn Sekunden. Wenn Sie dann keine Taubheit, kein Stechen oder Brennen verspüren, gehen Sie zur nächsten Aktion über. Auch wenn die Pflanze sehr sauer, bitter oder sonst irgendwie abstoßend schmeckt, sollten Sie besser auf den Verzehr verzichten.
> Zu guter Letzt kommt das Schlucken. Kauen Sie eine geringe Menge und schlucken Sie sie hinunter. Warten Sie dann mindestens drei bis vier Stunden – erst wenn sich dann keine Reaktion (zum Beispiel Übelkeit, Krämpfe, Durchfall) zeigt, können Sie davon ausgehen, dass die Pflanze für den Verzehr geeignet ist. In allen anderen Fällen sollten Sie sich erbrechen, um sie so schnell wie möglich wieder auszuscheiden.

> Achtung: Kochen kann die chemische Zusammensetzung von Pflanzen verändern. Gekochte Pflanzen müssen Sie daher erneut nach diesem Schema testen. Außerdem gilt dieser Test nicht für Pilze – bei ihnen treten die Vergiftungserscheinungen oft erst viel später auf. Für Hilfe ist es dann häufig schon zu spät.

Achten Sie bei **Gräsern, Getreide** und anderen **Körnerfrüchten** darauf, ob sie schwarze Stellen haben oder gar ganz schwarz sind, denn dann besteht die Gefahr einer Mutterkornvergiftung, die zu Atemlähmungen und Kreislaufversagen führen und somit tödlich sein kann. Pilze sollten Sie nur dann essen, wenn Sie sie wirklich zweifelsfrei identifizieren können, denn sie sind oft giftig. Außerdem kostet das Sammeln und Zubereiten viel Zeit – bei einem vergleichsweise geringen Nährwert.

Welche Pflanzen sind essbar?
Gut für den Verzehr geeignet sind in unseren Breiten die folgenden Pflanzen.

Verwendung	Pflanze	Zubereitung
Blattgemüse	Blaue Luzerne, Hederich, Kohl- und Gänsedistel, Melde, Sumpfdotterblume, Weiße Taubnessel, Wiesenklee	Möglichst junge Pflanzen verwenden; 2 bis 3 Minuten dünsten
Früchte/Samen	Brombeere, Buchecker, Esskastanie, Hasel- und Walnuss, Heidelbeere, Preiselbeere, Sanddornbeere, Sonnenblumenkerne, Walderdbeere	Roh verzehren

Verwendung	Pflanze	Zubereitung
Gewürze	Anis (Früchte), Fenchel (Früchte), Meerrettich (Wurzeln), Minze (Blätter), Thymian (Kraut), Wacholder (Beere)	Nicht mitkochen, sondern erst kurz vor dem Verzehr ins Essen geben
Salat	Brennnessel, Brunnenkresse, Gänseblümchen, Huflattich, Löwenzahn, Sauerampfer, Taubnessel	Junge Kräuter ohne Blüten verwenden
Spross- und Stängelgemüse	Brunnenkresse, Huflattich, Öldistel, Rohrkolben, Schilf, Seebinse, Taubnessel	Möglichst junge Stängelteile ernten; kurz kochen oder dünsten
Suppen	Flechten	Einweichen, trocknen und pulverisieren; dann kochen, bis das Pulver geleeartig fest wird
	Eicheln, Kastanien	Schälen, trocknen, zerreiben oder zermahlen; Eicheln etwa 2 Stunden kochen, um die Gerbstoffe zu entfernen; Kastanien können auch in der Schale geröstet werden
	Baumrinde, z. B. von Birke, Buche, Kiefer, Linde, Pappel, Weide	Weiche, unmittelbar am Holz sitzende Innenrinde verwenden; trocknen, zerreiben, kurz mit Wasser auslaugen, um die Gerbstoffe zu entfernen
	Wurzeln, z. B. Löwenzahn, Wegwarte	Waschen, putzen und das weiße Innere kochen
	Kräuter, z.B. von Brennnessel, Huflattich, Löwenzahn, Sauerampfer, Spitzwegerich	Blätter und junge zarte Sprossen verwenden; in kochendes Wasser geben und 10 bis 15 Minuten kochen

Verwendung	Pflanze	Zubereitung
Tee	Blätter, z. B. von Birke, Brennnessel, Brombeere, Himbeere, Kirsche, Pfefferminze, Preiselbeere, Schlehe	Junge Pflanzen pflücken und trocknen; etwa 3 Finger Trockenkraut auf 250 Milliliter Wasser geben, kurz aufkochen und 1 bis 2 Minuten ziehen lassen
	Blüten, z. B. von Akazie, Holunder, Linde	
	Früchte, z. B. Hagebutte	

Fleisch aus der Natur

Bei Tieren – vor allem bei Säugetieren und Vögeln – haben wir oft Skrupel, sie zu töten. Dazu kommt, dass heute viele Menschen Vegetarier sind und aus den unterschiedlichsten Gründen komplett auf Fleisch, Geflügel und Fisch verzichten. Doch in einer Überlebenssituation müssen wir solche Skrupel über Bord werfen. Wir müssen essen, was wir kriegen können, wenn wir nicht verhungern wollen, und das kann uns zunächst einmal viel Überwindung kosten. Außerdem sind wir gewohnt, unser Fleisch beim Metzger in handlichen, perfekt vorbereiteten Portionen zu bekommen. Die harte Realität des Jagens, Tötens und Ausnehmens eines Tieres ist für viele schwer zu ertragen, doch wenn wir um das eigene Überleben kämpfen, kann sich das schnell ändern ...

> **FLEISCH VON TIEREN – DAS SOLLTEN SIE BEACHTEN**
>
> Essen Sie keinesfalls Tiere, die Sie bereits tot vorfinden, sondern ausschließlich frisch erlegte oder geschlachtete Tiere. Auch Tiere, die krank aussehen oder ihre natürliche Scheu vor dem Menschen verloren haben (Tollwutgefahr), sollten Sie nicht essen. Verzehren Sie niemals den Kopf der Tiere, auch bei Innereien sollten Sie vorsichtig sein. Bei Insekten gilt die Faustregel: Kein Tier mit mehr als sechs Beinen essen!

Fährtenlesen und Anpirschen

Viele Tiere haben feste Gewohnheiten, bewegen sich auf bestimmten Pfaden fort und suchen immer wieder die gleichen Orte auf, um Nahrung zu suchen oder zu trinken. Untersuchen Sie den Boden sorgfältig auf Spuren und versuchen Sie herauszufinden, wo sich Tiere aufhalten könnten – das ist der ideale Ort für einen Hinterhalt. In unseren Breiten halten viele Tiere einen Winterschlaf. Wenn Sie erst einmal den Bau eines solchen Tieres gefunden haben, ist es verhältnismäßig leicht zu erlegen. Generell sind Pflanzenfresser wie Rehe gegenüber Fleischfressern wie Fuchs oder Dachs zu bevorzugen, denn Fleischfresser schmecken oft nicht gut und können Trichinen enthalten und uns so sogar krank machen. Kochen Sie Fleischfresser daher immer besonders gründlich, mindestens 2 Stunden lang. Auch Frösche (Froschschenkel) und Eidechsen sind essbar. Entfernen Sie jedoch die Haut, denn einige von ihnen sondern über Drüsen einen giftigen Schleim ab.

Schlingen und Fallen

Wenn Sie einen Draht, ein Seil, ein Kabel oder eine Schnur haben, können Sie Tiere mithilfe von Schlingen fangen. Stellen Sie mit einem Überhandknoten eine kleine zuziehbare Schlinge her und befestigen Sie das freie Ende der Schnur an einem Pfosten, Pfahl oder Baumstamm, damit es nicht weggezogen werden kann. Mit kleinen Zweigen halten Sie die Schlinge offen. Durchmesser und Höhe der Schlinge sollten der Größe Ihres potenziellen Beutetiers angepasst sein – für ein Reh brauchen Sie eine größere und höher befestigte Schlinge als für einen Hasen. Bei einer Schnappfalle befestigen Sie die Schlinge an einem biegsamen Ast. Löst ein Tier die Falle aus, schnellt die Schlinge nach oben, zieht sich zusammen und hält so das Tier fest.

Bei einer Baum- oder Steinfalle wird das Beutetier von einem schweren Gegenstand wie einem Baum oder Stein erschlagen. Bei den einfachsten Fallen ist eine Schnur mit einem Abzug verbunden, der durch das Tier ausgelöst wird. Dadurch fällt der Baum oder Stein mit großem Schwung herab und tötet das Tier.

Die besten Orte für solche Fallen sind Stellen, an denen der natürliche Pfad der Tiere eingeengt wird, zum Beispiel durch Bäume oder Felsen. In beiden Fällen locken Sie das Tier mit einem Köder an. Wer Tiere mithilfe von Fallen fangen möchte, muss viel Geduld mitbringen, denn Tieren fällt sofort auf, wenn etwas in ihrer gewohnten Umgebung verändert wurde. Daher müssen sie überlistet werden. Auch haben Tiere sehr empfindliche Nasen und nehmen deshalb leicht Ihre Witterung auf. Dem können Sie vorbeugen, indem Sie Ihre Hände mit Sand, Schlamm oder Mist einreiben, bevor Sie das Material der Falle berühren. Trotzdem wird Ihr „Duft" noch einige Zeit im Fallengebiet wahrzunehmen sein. Lassen Sie nach dem Aufstellen der Falle das Gebiet möglichst in Ruhe und sehen Sie nicht jede halbe Stunde nach, ob sich bereits ein Tier in Ihrer Falle befindet. Streuen Sie außerdem Blätter oder Sand über Ihre Fußspuren. Auch den Köder sollten Sie möglichst nicht mit bloßen Händen berühren.

Jagen

Weit schwieriger, als Tiere mithilfe von Fallen zu erbeuten, ist, Tiere zu jagen, vor allem wenn Sie keine normalen Jagdwaffen, sprich Schusswaffen, besitzen.

Mit einem Katapult können Sie kleineres Wild und Vögel erlegen. Basteln Sie es aus einer v-förmigen Astgabel und einem elastischen Material – hier genügt schon elastische Kleidung. Einen scharfen Speer können Sie entweder selbst schnitzen oder herstellen, indem Sie ein Messer oder ein scharfes Metallstück an einem Ast befestigen. Diesen Speer können Sie auch zum Fischen benutzen. Werfen Sie ihn aus kauernder Stellung, denn wenn Sie aufstehen, alarmieren Sie das Tier.

Auch Pfeil und Bogen lassen sich leicht selbst herstellen und haben zudem den Vorteil, dass sie über große Entfernung töten können – vorausgesetzt, Sie treffen Ihr Ziel. Um einen Bogen herzustellen, brauchen Sie elastisches Holz, zum Beispiel von einer jungen Fichte oder einer Zeder. Kerben Sie die Enden des Holzes mit einem Messer ein, damit sie die Bespannung aufnehmen können. Dann befestigen Sie eine dünne, kräftige Schnur an beiden Enden des Bogens, sodass diese gut gespannt ist. Die Befestigung umwickeln Sie mit einer weiteren Schnur, damit Ihr Bogen Ihre Kraft auch aushält. Für die Pfeile brauchen Sie gerade Holzstücke wie zum Beispiel Äste. Kerben Sie ein Ende ein, damit Sie dort die Saite hineinlegen können. Zusätzlich befestigen Sie dort Stabilisatoren, wie zum Beispiel Federn, harte Blätter oder Tuch. Das andere Ende spitzen Sie an oder befestigen eine eigene Spitze daran.

Wenn Sie die passenden Waffen haben, können Sie auf die Jagd gehen. Versuchen Sie auch hier wieder, Tierpfade, Futterstellen oder Wasserlöcher zu finden, und verstecken Sie sich in deren Nähe. Schleichen Sie sich gegen den Wind an und bewegen Sie sich sehr langsam. Die besten Zeiten für die Jagd sind der Tagesanbruch oder die Nacht, denn dann sind die Tiere am aktivsten.

Fischen

Fische enthalten viel Eiweiß, außerdem Fett, Vitamine und Mineralien und sind daher ein sehr gesundes Nahrungsmittel. Dazu kommt noch, dass in unseren Breiten alle Süßwasser- und die meisten Meeresfische essbar sind, wobei manche natürlich besser schmecken als andere. Die einfachste Methode, um einen Fisch zu fangen, ist das Angeln mit Schnur und Haken. Haben Sie keinen fertigen Angelhaken, so können Sie ihn leicht selbst basteln, zum Beispiel aus einem Schlüsselring, einer Sicherheitsnadel, aus Draht, Nägeln oder Dornen oder Holz. Wichtig ist, dass der Angelhaken eine Spitze hat. Auch eine Angelrute ist nützlich, denn so können Sie die Schnur auch über eine größere Entfernung auswerfen. Zudem werfen Sie damit keinen Schatten auf die Wasseroberfläche, den Fische wahrnehmen können. Zu mehr Erfolg verhelfen Ihnen Blinker, die Sie zum Beispiel aus Plastik, Federn, Knöpfen oder Metallstücken herstellen können.

Auch mit der besten Ausrüstung kann es jedoch sehr lange dauern, bis ein Fisch anbeißt – und Sie können in dieser Zeit nichts anderes tun. Daher sind Fischfallen eine gute Alternative, denn Sie können sie nach dem Aufstellen allein lassen und in der Zwischenzeit andere Dinge erledigen. Eine einfache Fischfalle können Sie mithilfe einer Plastikflasche herstellen. Schneiden Sie den Flaschenhals ab und drücken Sie ihn in die Flasche hinein, sodass Fische zwar durch den Flaschenhals hinein-, aber nicht mehr hinausschwimmen können. Auch in eine Socke, die Sie mit Draht offen halten, können Fische nur hineinschwimmen, da sie sich darin nicht umdrehen können. In beiden Fällen sollten Sie Köder wie zum Beispiel Tierinnereien in die Falle geben, um die Fische anzulocken.

Große Fische, die an der Oberfläche schwimmen, können Sie mit einer Harpune oder einem Speer erlegen. Dabei müssen Sie jedoch sehr schnell sein. Dazu kommt noch, dass Wasser das Licht bricht und Sie daher oft danebenstechen. Zielen Sie auf einen Punkt unterhalb des Fisches – so haben Sie die größten Chancen, ihn auch tatsächlich zu erwischen.

Eine weitere Fischfangmethode ist, mehrere Haken an Leinen in die Strömung zu hängen, am besten mit verschiedener Länge, sodass Sie Fische in unterschiedlichen Tiefen erreichen.

Ein Boot eröffnet zusätzliche Möglichkeiten zum Fischfang. Zum einen können Sie damit weiter auf einen See oder gar aufs Meer hinausfahren und so in fischreichere Regionen vordringen. Zum anderen scheint der Schatten eines Bootes Fische anzuziehen, die es dann stundenlang umkreisen. Auch haben Sie mit einem Boot die Möglichkeit, mit einem Netz auf Fischfang zu gehen. Sie können es entweder auf der Wasseroberfläche auslegen oder in die Tiefe hinunterlassen und so mehrere Fische auf einmal fangen.

Kochen, braten oder grillen Sie Fische unbedingt – nur im äußersten Notfall sollten Sie sie roh essen.

EIN NETZ SELBST HERSTELLEN

Für ein selbst gemachtes Netz brauchen Sie eine Schnur oder Garn, das jedoch nicht zu dünn sein sollte. Spannen Sie ein Seil zwischen zwei Pfosten oder Bäumen und binden Sie daran einzelne Fäden mit Ankerstichen fest. Unten spannen Sie ebenfalls ein Seil. Knüpfen Sie dann die nebeneinander hängenden Fäden mit Überhandknoten zusammen. Wenn das Netz fertig ist, werden die Doppelfäden am unteren Seil mit einem Webeleinstek befestigt. Auf die gleiche Weise lässt sich übrigens auch eine Hängematte herstellen.

Haben Sie einen Fisch an der Angel oder im Netz, müssen Sie ihn „nur noch" töten und ausnehmen. Betäuben Sie den Fisch durch einen kräftigen Schlag auf den Kopf und durchtrennen Sie dann das Rückgrat hinter dem Kopf. Falls nötig, den Fisch mit dem Messer entschuppen, und zwar vom Schwanz aus, gegen den Strich. Kopf und Flossen abtrennen und den Fisch am Bauch entlang aufschneiden. Dann entnehmen Sie die Innereien und das Rückgrat.

Insekten und Meerestiere
Insekten sind hervorragende Nahrungsmittel, denn sie enthalten jede Menge Eiweiß und sind meist auch in großer Menge vorhanden. Doch sie zu essen kostet große Überwindung, denn wir sind es einfach nicht gewohnt und finden Insekten häufig „eklig".

Zudem gibt es viele giftige Insekten, deren Verzehr uns Schaden zufügen kann. Generell verzichten sollten Sie daher auf Spinnen und Hundertfüßer. Skorpione dagegen sind essbar, wenn Sie vorher den Schwanz mit dem giftigen Stachel entfernen. Auch leuchtend bunte Insekten und Schnecken sind oft giftig – meiden Sie also auch diese. Die meisten Insekten und Wirbellosen können Sie roh essen, doch gekocht sehen sie „appetitlicher" aus, und die Hemmschwelle ist nicht ganz so groß. Entfernen Sie Flügel, Stacheln, Beine, Haare (bei Raupen) und die harten Gehäuse bei Käfern. Kochen Sie die Insekten oder rösten Sie sie über dem Feuer. Auch Würmer können Sie rösten, kochen oder braten. Heuschrecken und Grashüpfer gelten bei vielen Naturvölkern als Delikatesse. Trocknen Sie sie und zerreiben Sie sie zu einem Brei. Sehr nahrhaft sind Weinbergschnecken – nicht umsonst gelten sie als Delikatesse. Waschen Sie die Schnecken und sieden Sie sie 10 Minuten in kochendem Wasser. Dann lassen Sie die Schnecken abkühlen, nehmen die Körper aus den Schalen heraus und sieden sie noch einmal 2 Stunden in Salzwasser.

Anlocken können Sie viele Insekten mit einer einfachen Grubenfalle. Geben Sie Honig, Früchte oder andere süße Substanzen in einen Behälter, den sie in eine Grube stellen, und bedecken Sie den Behälter mit einem Stein oder einem Brett.

In der Nähe des Meeres steht Ihnen darüber hinaus ein reicher Vorrat an Schalentieren, Krabben und Krebsen zur Verfügung. Sie finden sie dicht an der Flutlinie – ein „V" beim Zurücklaufen des Wassers verrät Ihnen, wo. Graben Sie dann im Sand und ziehen Sie die Tiere heraus. Auch mit Salz oder Essig können Sie Schalentiere oder Würmer an die Oberfläche locken. Kochen Sie Schalentiere kurz nach dem Fang. Schnecken müssen auf jeden Fall gekocht werden und dürfen nicht gebraten oder gegrillt werden. Werfen Sie sie in kochendes Wasser und kochen Sie sie mindestens 1 Stunde lang. Bei Krebsen entfernen Sie Kiemen und Magen. Das meiste Fleisch befindet sich bei ihnen in den Scheren. Quallen und Seeanemonen sollten Sie meiden, denn sie können giftig sein.

Nahrungsmittel haltbar machen

Bei vielen Konservierungsmethoden, darunter das Einfrieren, ist eine funktionierende Stromversorgung Voraussetzung. Da dies zum Beispiel nach einer Sonneneruption kritisch werden kann, werden im Folgenden einige alternative Verfahren vorgestellt.

Grundsätzliche Tipps zur Lagerung von Lebensmitteln

Lebensmittel sollten immer möglichst kühl, trocken und lichtgeschützt gelagert werden. Trotzdem können sie verderben oder von Schimmel befallen werden. Verschimmelte Lebensmittel sollten Sie wegwerfen, Gleiches gilt für ausgebeulte oder aufgeblähte Konservendosen – hier besteht die Gefahr einer Vergiftung durch Botulinumtoxin, die zum Tod führen kann.

Frische Fische erkennen Sie an ihren hellroten Kiemen und daran, dass sie zu Boden sinken, wenn Sie sie ins Wasser werfen. Sind die Kiemen grau oder schwimmt der Fisch auch in totem Zustand, dann ist er nicht mehr frisch.

Trocknen

Pilze, Kräuter sowie viele Obst- und Gemüsesorten können Sie trocknen, denn dadurch entziehen Sie Bakterien, Hefen und anderen Pilzen ihre Lebensgrundlage, die Feuchtigkeit. So werden die Nahrungsmittel haltbarer und schmecken oft sogar intensiver. Zum Trocknen brauchen Sie Wärme und eine ausreichende Luftzufuhr, damit das austretende Wasser entweichen kann. Ein idealer Ort zum Trocknen von Kräutern ist zum Beispiel ein luftiger Dachboden. Obst und Gemüse können Sie bei leicht geöffneter Ofentür und einer Temperatur von 45 bis 55 Grad im Backofen trocknen. Je mehr Flüssigkeit ein Nahrungsmittel enthält, desto länger muss es getrocknet werden. Kräuter binden Sie zum Trocknen zu Sträußen, kleineres Obst und Gemüse können Sie im Ganzen trocknen lassen, größere müssen Sie zerteilen. Wenden Sie das Trockengut häufig, vor allem wenn es in der Sonne trocknet – sonst kann sich Schimmel bilden. Dass ein Nahrungsmittel trocken genug ist, erkennen Sie an verschiedenen Zeichen: Erbsen, Mais und Bohnen werden hart, Obst bekommt eine ledrige Konsistenz, und Gemüse und Kräuter rascheln, wenn Sie sie anfassen. Verpacken Sie Ihre getrockneten Lebensmittel luftdicht, zum Beispiel in einem Schraubglas, und bewahren Sie sie an einem kühlen und dunklen Ort auf – so bleiben sie jahrelang haltbar.

Um Fleisch zu trocknen, schneiden Sie es in fingerdicke Streifen und trocknen es einige Tage luftig in der Sonne.

SOLARDÖRRSCHRANK MARKE EIGENBAU

Ihre Lebensmittel können Sie wunderbar in einem Solardörrschrank trocknen, der durch die Kraft der Sonne betrieben wird. Stellen Sie ihn einfach um, wenn die Sonne weiterwandert, damit er genügend Sonnenstrahlen abbekommt. Um einen Solardörrschrank zu bauen, brauchen Sie einen alten Küchenschrank, den Sie innen weiß streichen. In seine Oberseite bauen Sie eine verstellbare Öffnung, über die sich die Luftzirkulation regulieren lässt. In den Boden des Schrankes bohren Sie mehrere Löcher, durch die die warme Luft einströmen kann. Im Schrank selbst liegt das Dörrgut auf mehreren Gittern, die ebenfalls die Luft gut zirkulieren lassen. Dann brauchen Sie noch einen flachen Kasten, zum Beispiel eine Schublade, in die Sie ein schwarzes Blech legen, das die Sonnenstrahlen aufnimmt. Oben verschließen Sie diesen Kasten mit einer Glasscheibe, die etwas kürzer als der Kasten ist, sodass am oberen Ende ein Schlitz bleibt. Dann stellen Sie diesen Kasten schräg unter die Dörrkammer. Die Luft im Kasten wird nun durch die Sonneneinstrahlung erwärmt und zieht nach oben in den Dörrkasten.

Dörren

Obst und Gemüse können Sie dörren. Dazu putzen und waschen Sie das Gemüse und schneiden es klein: in Streifen, Scheiben oder Hälften. Kirschen und kleine Beeren können Sie ganz lassen. Das Gemüse kochen Sie kurz vor, lassen das Kochwasser gut abtropfen und trocknen dann das Gemüse in der prallen Sonne auf Papier. Oder Sie lassen es – so wie auch das Obst – im Backofen trocknen. Achten Sie darauf, dass die Ofentür dabei immer einen Spalt offen ist, damit die Feuchtigkeit entweichen kann.

Dörrgut	Dörrzeit	Temperatur
Äpfel	4–6 Stunden	80–90 °C
Beeren	4–6 Stunden	50–60 °C
Birnen	5–7 Stunden	80–90 °C
Bohnen	3–4 Stunden	60–70 °C
Karotten	3–4 Stunden	65–70 °C
Kirschen	7–9 Stunden	60–70 °C
Kohlrabi	3–4 Stunden	60–65 °C
Pfirsiche	12–15 Stunden	60–70 °C
Pflaumen, Zwetschgen	12–15 Stunden	65–70 °C
Pilze	3–4 Stunden	45–50 °C
Sellerieknollen	3–4 Stunden	60–65 °C
Zwiebeln	3–4 Stunden	50–55 °C

Einmachen

Frische Früchte können Sie auch einkochen und zu Marmelade oder Gelee verarbeiten. Für eine Marmelade waschen Sie die Früchte, entfernen Stiele und Kerne, geben Zucker zu (als Faustregel gilt ein Verhältnis von 1:1 von Früchten zu Zucker) und lassen das Ganze etwa 1 Stunde lang köcheln. Wenn Ihnen die Gelierprobe sagt, dass die Marmelade fertig ist, geben Sie sie noch heiß in saubere Gläser, verschließen diese luftdicht und stellen sie etwa 3 Minuten auf den Kopf.

Um ein Gelee zuzubereiten, waschen Sie die Früchte – am besten geeignet sind Kirschen, Johannisbeeren, Blaubeeren, Brombeeren, Stachelbeeren, Holunder oder Preiselbeeren – und kochen sie mit wenig Wasser, um ihnen den Saft zu entziehen. Dann geben Sie den Topfinhalt auf ein Tuch, sodass der Saft ablaufen kann. Mischen Sie dann 1 Teil Saft mit 1 Teil Zucker und bringen Sie das Gemisch zum Kochen, bis der Saft geliert. Dann füllen Sie das Gelee in trockene, heiße Gefäße und binden diese sofort mit Kunststofffolie oder Pergamentpapier zu. Trocken und kühl lagern.

> **DIE GELIERPROBE**
>
> Geben Sie einen Klecks der kochenden Masse auf einen trockenen, kalten Teller und lassen Sie ihn abkühlen. Dann halten Sie den Teller schräg: Läuft die Masse den Teller hinab, müssen Sie die Marmelade noch ein wenig weiterkochen lassen. Bleibt der Klecks haften, ist sie fertig.

Einwecken

Obst, Gemüse und Fleisch können Sie einwecken. Dazu brauchen Sie Einweckgläser, die Sie zunächst einmal sterilisieren müssen. Legen Sie sie 5 Minuten in kochendes Wasser und füllen Sie dann Obst, Gemüse oder Fleisch ein. Oben sollte noch ein Zwischenraum von circa 2 Zentimetern bleiben. Legen Sie die Gummiringe nass auf und verschließen Sie den Deckel des Einweckglases mit Klammern. Dann stellen Sie die Gläser in einen Einkochtopf oder in einen anderen großen Topf, auf dessen Boden Sie ein Küchengitter stellen, und füllen ihn mit heißem Wasser. Lassen Sie die Temperatur innerhalb 1 Stunde auf 60 Grad ansteigen. Beerenfrüchte kochen Sie dann 10 Minuten lang bei 80 Grad ein, Steinfrüchte 15 Minuten bei 85 Grad und Fleisch 75 Minuten bei 100 Grad. Danach nehmen Sie die Gläser mit einer Zange aus dem

Topf und lassen sie abkühlen. Nehmen Sie die Klammern ab und überprüfen Sie, ob die Gläser auch gut verschlossen sind. Lagern Sie die Gläser kühl und dunkel.

Während Sie beinahe jede Obstsorte einwecken können, müssen Sie bei Gemüse vorsichtiger sein, denn nicht jedes Gemüse ist dafür geeignet. Gut einwecken lassen sich Tomaten, Erbsen, Bohnen und Spargel. Wollen Sie Fleisch einwecken, sollten Sie es vorher gut durchkochen. Füllen Sie den Sud mit in die Einweckgläser.

Einmieten

Einmieten können Sie Wurzelgemüse wie Karotten, Kohlrabi, Rettich oder Rüben. Graben Sie dazu eine circa 1 Meter tiefe Grube, in die kein Grundwasser eindringen kann, und legen Sie zum Schutz vor Mäusen feinmaschigen Draht auf den Boden. Geben Sie dann Sand oder Kies auf den Grubenboden, darüber eine dünne Schicht Laub oder Stroh. Darauf legen Sie das Gemüse, dann folgt wieder Laub oder Stroh, dann wieder Gemüse … Zum Schluss streuen Sie wieder Erde mit etwas Sand vermischt darauf. Lassen Sie ein wenig Stroh zur Entlüftung herausragen. Vor allem Karotten können Sie auch gut in Sandkisten lagern. Füllen Sie dazu eine Wanne oder eine Holzkiste mit feuchtem Sand und stecken Sie die Karotten schräg hinein, sodass nur noch das Grün herausragt. Die Kiste sollte bei circa 3 Grad und hoher Luftfeuchtigkeit ruhen.

Pökeln

Um Fleisch zu pökeln, reiben Sie es mit trockenem Salz ein. Pro Kilogramm Fleisch brauchen Sie dazu 150 Gramm Salz. Schichten Sie es in ein Fass oder einen Steintopf, sodass es möglichst dicht und ohne Zwischenräume aufeinanderliegt. Zuoberst kommt noch einmal eine dicke Salzschicht. Verschließen Sie das Gefäß, beschweren Sie den Deckel und geben Sie eine Plastik- oder Zellophanfolie darüber. Fisch und Fleisch müssen circa 2 bis 3 Stunden pökeln, Schinken braucht 3 bis 4 Tage. Dann herausnehmen und kühl und trocken lagern. Alternativ können Sie Fleisch auch in einer Salzlake pökeln. Dazu lösen Sie 1,5 Kilogramm Salz in 5 Liter Wasser auf und legen das Fleisch hinein.

Räuchern

Fisch und Fleisch können Sie durch Räuchern haltbar machen. Dazu brauchen Sie eine Räucherkammer, die Sie ohne großen Aufwand aus einem alten Metallfass selbst bauen können. Wichtig ist, dass Ihre Räucherkammer einen Deckel oder eine Tür hat, durch die das zu räuchernde Gut in den Ofen gelegt wird und die während des Räuchervorgangs möglichst nicht geöffnet wird. Außerdem muss die Tonne so hoch sein, dass das Fleisch nicht gegart, sondern nur geräuchert wird. Im Inneren der Tonne bringen Sie einen Rost an, auf den Sie das Räuchergut legen können. Alternativ können Sie es an einer Stange aufhängen. Unten befindet sich eine Feuerstelle. Diese kann entweder in der Tonne selbst liegen oder außerhalb – dann wird der Rauch über ein Rohr in die Tonne geleitet. Im Boden oder Zwischenboden müssen sich Löcher oder Schlitze befinden, damit die heiße Luft einziehen kann. Oben wird der Rauch wieder aus der Tonne ausgeleitet. Am besten als Feuermaterial geeignet sind Buchenspäne oder Buchensägemehl. Wenn Buche nicht zur Verfügung steht, können Sie auch anderes Laubholz verwenden.

Nahrungsmittel	Räucherzeit
Blut- und Leberwurst	3-48 Stunden
Dauerwurst	2-3 Tage
Speck, Schinken und Rauchfleisch	3-8 Tage
Fisch	5-7 Stunden

Schinken und Speck legen Sie zur Vorbereitung auf das Räuchern 10 bis 12 Tage in eine Pökellake aus 800 Milliliter abgekochtem Wasser, 200 Gramm Kochsalz und 5 Gramm Salpeter ein. Nach dem Herausnehmen gut trocknen lassen, dann räuchern. Fische abschuppen, ausnehmen, auf Drahtstangen spießen, mit etwas Kochsalz einreiben und dann räuchern.

Die Lagerung wichtiger Grundnahrungsmittel
Brot und Gebäck lagern Sie trocken und kühl, Knäckebrot und Zwieback dagegen trocken und warm. Wenn Sie Brot, Brötchen oder Gebäck länger aufheben wollen, müssen Sie sie völlig durchtrocknen, zum Beispiel im Ofen oder auf der Herdplatte. Vor dem Essen weichen Sie das Brot dann wieder ein, damit es genießbar wird.

Getreide ist in Form von Körnern länger haltbar als gemahlen. Bevor es gelagert werden kann, muss Getreide 2 bis 3 Wochen getrocknet werden, am besten auf einem Holzboden ausgebreitet. Kontrollieren Sie vor dem Einlagern, ob die Körner von Mutterkornpilzen befallen sind. Vermeiden Sie Temperaturschwankungen, indem Sie die Gefäße auf Holz und nicht direkt auf den Erdboden stellen. Auch von Feuchtigkeit sollten Sie Getreide fernhalten und es zum Beispiel nicht in der Nähe der Wäscheleine aufbewahren. Viele kleine Gefäße sind besser als ein großes. Das gilt auch für die Lagerung vieler anderer Lebensmittel, denn wenn ein Gefäß von Schimmel oder Schädlingen befallen ist, hält sich der Schaden so noch in Grenzen. Weizen kann auf diese Weise 15 bis 20 Jahre eingelagert werden, Gerste 10 Jahre, Roggen 4 bis 6 Jahre und Hafer immerhin auch noch 3 bis 5 Jahre.

Mehl, Reis oder Nudeln sollten Sie ebenfalls trocken in luftdichten Gefäßen aufbewahren. Kontrollieren Sie diese Lebensmittel regelmäßig auf Mehlmotten. Brauner Vollkornreis hält sich etwa 2 bis 4 Jahre lang, weißer Reis sogar 10 bis 12 Jahre.

Butter heben Sie kühl und dunkel auf. **Eier** werden etwas länger haltbar, wenn Sie sie etwa 4 bis 5 Sekunden mit einem Netz oder einer Strumpfhose in kochendes Wasser tauchen, sofort wieder herausnehmen und mit kaltem Wasser abschrecken. Dadurch gerinnt das Häutchen unter der Schale und wird luftdicht. Bis zu 12 Monate haltbar werden Eier, wenn Sie sie frisch in Kalkmilch einlegen und ein wenig Salz dazugeben. Die Kalkmilch muss die Eier etwa 10 Zentimeter hoch bedecken. Schließen Sie den Behälter und bewahren Sie ihn an einem kühlen Ort auf.

> **KALKMILCH HERSTELLEN**
>
> Um Kalkmilch herzustellen, brauchen Sie 1 Kilogramm gebrannten Kalk (Vorsicht: ätzend!) und 2 Liter Wasser. Vermischen Sie beides und lassen Sie diese Masse zu einem Brei erstarren. Geben Sie reichlich Wasser zu und verrühren Sie das Ganze so lange, bis Sie eine Flüssigkeit erhalten, die an Milchsuppe erinnert.

Kühlung von Lebensmitteln

Ohne eine durchgehende Stromversorgung wird es schwierig, Lebensmittel kontinuierlich kühl zu halten – vor allem im Sommer. An Einfrieren ist dann gar nicht mehr zu denken. Lebensmittel, die kühl gehalten werden sollen, können Sie wasserdicht verpackt in kühlen Gewässern, zum Beispiel in einem Bach, lagern. Auch wenn Sie Gefäße mit nassen Tüchern umwickeln und in Zugluft stellen, kann dies die Temperatur um einige Grad senken. Butter und Fette können Sie in Butterkühlern kühlen, wie es auch unsere Vorfahren gemacht haben. Geben Sie die Butter in eine Glasschüssel und stellen Sie sie in ein mit Wasser gefülltes Tongefäß. Im porösen Ton verdunstet das Wasser und erzeugt so Kühle.

Eine gute Alternative ist auch ein Erdkeller, den Sie selbst anlegen können. Dort bleiben die Vorräte im Sommer kühl, im Winter bleibt der Keller frostfrei. Vor allem wenn Sie selbst Obst und Gemüse anbauen, werden Sie die Vorteile eines Erdkellers zu schätzen wissen, denn im Kühlschrank haben Sie keinen Platz, um all Ihr Obst oder Gemüse zu lagern. Der ideale Standort für einen Erdkeller ist ein schattiger Ort, am besten an einer Nordseite. Da Sie in die Tiefe graben müssen, müssen Sie vorab klären, wie hoch der Grundwasserspiegel ist, denn das kann zu einem Problem für Ihr Bauvorhaben werden. Denken Sie auch daran, dass Ihr Erdkeller eine schwere Erdschicht tragen muss. Lassen Sie sich hier von einem Statiker beraten, damit Ihr Keller nicht einstürzt.

Um einen Erdkeller zu bauen, haben Sie verschiedene Möglichkeiten. Sie können ihn ganz traditionell in der Form eines Ziegelgewölbes bauen, jedoch sind hier komplizierte Statikberechnungen nötig, die Sie einem Fachmann überlassen sollten. Sie können jedoch auch eine Betonröhre in der Erde verschwinden lassen oder einen kompletten Kellerraum aus Kunststoff kaufen, den Sie dann nur noch eingraben müssen. Da sich über dem Keller eine dicke Erdschicht befindet, erwärmt er sich im Sommer kaum und friert im Winter nicht ein. So bleibt die Temperatur im Keller das ganze Jahr über weitgehend konstant, auch die Luftfeuchtigkeit ändert sich kaum.

Ideal ist es, wenn Sie Ihren Keller in einen Hang hineingraben können, denn so können Sie ihn ebenerdig betreten und zum Beispiel auch einen Schubkarren voll Gemüse hineinschieben. Doch im Normalfall wird Ihr Keller in der ebenen Erde liegen – dann werden Sie ihn über Stufen erreichen und Ihre Vorräte tragen müssen.

Was tun bei Hunger?

Trotz aller Planung und bester Vorsorge kann es in Krisenzeiten passieren, dass Sie nur wenig Nahrungsmittel bekommen oder finden können. Wenn wir nur ein paar Stunden nichts zu essen haben, greift unser Körper bereits auf seine Nahrungsmitteldepots zu. Als Erstes geht er dabei die Kohlenhydratreserven an, danach sind die Fettpolster an der Reihe. Sie haben dann zwar Hunger, weil Ihr Magen nichts zu tun hat, werden aber trotzdem ausreichend ernährt. Außerdem sind Sie – obwohl Sie sich vielleicht ganz anders fühlen – jetzt sehr leistungsfähig, denn Ihr Körper bekommt alles, was er braucht, muss aber keine Energie für die Verdauung aufwenden. Wenn Sie hungern, sollten Sie also vor allem die ersten Tage dazu nutzen, sich neue Nahrungsvorräte zu beschaffen.

Ist das Fett vollständig aufgebraucht, werden die Eiweißvorräte des Körpers angegriffen – vor allem in den Muskeln und Sehnen. Dies bedeutet eine ernsthafte Schwächung des Körpers. Spätestens jetzt brauchen Sie unbedingt wieder etwas zu essen.

Wie lange ein Mensch ohne Nahrung überleben kann, hängt stark von seiner körperlichen Verfassung ab. Wer ein paar Kilo zu viel auf den Rippen hat, kann länger durchhalten als Menschen, die von Haus aus schon sehr schlank sind. Ohne Nahrung können Menschen etwa 10 Tage lang überleben, vorausgesetzt, sie haben genug zu trinken.

Drohen Ihre Nahrungsmittel knapp zu werden, so verschaffen Sie sich zunächst einen Überblick über die Reserven, die Ihnen noch zur Verfügung stehen. Schätzen Sie außerdem ab, wie lange es noch dauern wird, bis Sie wieder Nachschub bekommen. Dann teilen Sie Ihre Nahrung in Drittel: Zwei Drittel veranschlagen Sie für die erste Hälfte der Zeit bis zur Rettung, ein Drittel für die zweite Hälfte. Essen Sie regelmäßig und knabbern Sie nicht zwischendurch. Gönnen Sie sich, falls möglich, zwei Mahlzeiten pro Tag, von denen eine warm sein sollte. Kauen Sie alle Nahrungsmittel gründlich und essen Sie nicht so lange, bis Sie satt sind – das Sättigungsgefühl stellt sich nämlich erst einige Zeit nach dem Essen ein.

Haben Sie genug Wasser, so können Sie viele Tage ohne Nahrung leben. Trinken Sie mehr als sonst, damit der Bauch voll ist und das Hungergefühl verschwindet. Wasser kann unseren Körper sogar besser ernähren als mageres Fleisch, zum Beispiel von Kaninchen. Die Verdauung dieses Fleisches kostet unseren Körper nämlich viel Energie, und es enthält kaum Nährstoffe. Außerdem kann mageres Fleisch Verdauungsbeschwerden und Durchfall auslösen und unseren Körper so zusätzlich schwächen. Wer dagegen kein oder nur wenig Wasser hat, sollte auch nur wenig essen. Zur Verdauung benötigt der Körper nämlich Wasser, Essen erhöht somit also den Durst.

Wasser – überlebensnotwendig

Wasser ist für den Körper noch wichtiger als Nahrung. Unter normalen Umständen benötigen wir etwa 2 bis 4 Liter Wasser pro Tag. Den Befehl zur Wasseraufnahme gibt uns das Durstgefühl, doch leider kann ein Überschuss an Wasser im Körper nicht gespeichert werden, sondern wird als Urin wieder ausgeschieden. Wenn wir zu wenig Wasser zu uns nehmen, trocknen wir aus (Dehydrierung). Wir geben weniger Urin ab, und dessen Farbe ändert sich: Statt klar und hellgelb wird der Urin orangebraun – ein Zeichen für eine erhöhte Konzentration von Salz und anderen Stoffen. Weitere Symptome einer Austrocknung sind Schwindel, Lethargie und zunehmende Verwirrung.

Befürchten Sie, dass Ihnen das Wasser ausgeht, so verlassen Sie sich nicht darauf, dass Sie rechtzeitig gerettet werden oder neues

Wasser finden, sondern rationieren Sie Ihre Wasservorräte streng. Vermeiden Sie alles, was zu einer erhöhten Wasserausscheidung führt – also zum Beispiel anstrengende Arbeiten, salzige oder scharfe Speisen oder Rauchen. Auch durch das Atmen geht Wasser verloren – daher sollten Sie Ihre körperlichen Aktivitäten auf ein Minimum beschränken, um nicht noch mehr Körperflüssigkeit zu verlieren. Sprechen Sie möglichst wenig und atmen Sie durch die Nase, denn dabei geht weniger Flüssigkeit verloren als bei der Atmung durch den Mund.

Gehen Sie sparsam mit Wasser um
In Deutschland haben wir – im Gegensatz zu vielen anderen Ländern – bisher das Glück, dass uns das Wasser in scheinbar unbegrenzter Menge zur Verfügung steht. Trotzdem sollten Sie mit dem kühlen Nass sparsam umgehen, und zwar nicht nur in Krisenzeiten. Duschen Sie, statt zu baden, und stellen Sie während des Einseifens das Wasser ab. Gleiches gilt auch für den Wasserhahn, während Sie sich die Zähne putzen. Bei der Toilettenspülung können Sie die Wassermenge mit Spartasten dosieren.

Regenwasser nutzbar machen
Regenwasser können Sie immer trinken, außer nach einem starken Vulkanausbruch, einem Flächenbrand oder einer Atomkatastrophe. Versuchen Sie, bei Regen mit allen Mitteln das Wasser zu sammeln, und bewahren Sie es in passenden Behältern auf. Im Winter stehen Ihnen mit Eis und Schnee zusätzliche Wasserquellen zur Verfügung. Eis schmilzt hier leichter als Schnee, doch lassen Sie Schnee und Eis nicht im Mund schmelzen, sondern lieber in einem Behälter. Im Mund entzieht das Schmelzen Ihrem Körper nämlich Energie, die Sie an anderer Stelle dringend brauchen. Wenn Sie keinen Brennstoff zum Schmelzen zur Verfügung haben, pressen Sie den Schnee zu festen Schneebällen und geben ihn in

einen wasserdichten Behälter. Diesen können Sie entweder in die Sonne stellen oder ihn nahe am Körper tragen, sodass der Schnee schmilzt.

Auch das Wasser, mit dem Sie Ihre Toilette spülen, den Boden putzen oder Ihre Pflanzen gießen, können Sie direkt von oben einsammeln – entweder in einer Wassertonne oder in einer Zisterne.

Wasserquellen finden
Nicht nur Menschen brauchen Wasser, auch Tiere können ohne Flüssigkeit nicht überleben. Suchen Sie also nach Tierspuren oder folgen Sie dem Flug der Vögel, um Wasserquellen aufzuspüren. Bei Vögeln können Sie auch an der Formation erkennen, ob diese vielleicht zu einer Wasserquelle unterwegs sind: Auf dem Weg zum Wasser fliegen sie meist schnell und in enger Formation, auf dem Rückweg dagegen etwas lockerer. Da Wasser immer nach unten fließt, können Tierspuren, die in tieferes Gelände führen, darauf hindeuten, dass sich in der Nähe eine Wasserstelle befindet – vor allem wenn auch noch Spuren aus mehreren Richtungen zusammenlaufen. Auch bestimmte Pflanzensorten wie üppiges Gras, Schilf oder Sumpfdotterblumen deuten auf einen feuchten Boden hin.

Nutzen Sie bei der Suche nach Wasser alle Möglichkeiten, die Sie haben. Klettern Sie auf Bäume oder auf Felsen, um einen besseren Überblick über eine Landschaft zu bekommen. Auch in scheinbar ausgetrockneten Flussbetten können Sie noch Wasser finden, wenn Sie in die Tiefe graben. Gute Indizien für Wasser sind Bäume oder andere Pflanzen. Auch wenn das Flussbett eine scharfe Biegung macht, sollten Sie zu graben beginnen. Im Gebirge ist Wasser häufig am Fuß von Felsen oder in Felsspalten zu finden.

Wenn Sie das Wasser aus Quellen, Bächen, Flüssen oder Seen nutzen möchten, brauchen Sie eine behördliche Genehmigung. Außerdem muss das Gesundheitsamt die Qualität des Wassers prüfen. Einzelheiten dazu finden Sie im Wasserhaushaltsgesetz Ihres Bundeslands.

Wasser finden mithilfe von Radiästhesie
Seit Jahrhunderten wird Wasser durch Radiästhesie aufgespürt. Grundlage für diese Methode ist die Annahme, dass Wasser eine bisher nicht erklärte „Strahlung" aussendet, die dann mithilfe einer Wünschelrute wahrgenommen werden kann. Eine solche Wünschelrute kann aus Holz, Metall oder Kunststoff bestehen. Sie können sie jedoch auch aus einer y-förmigen Astgabel, am besten von einer Weide, einer Buche oder einem Haselnussstrauch, selbst herstellen. Die beiden Griffe sollten mindestens 30 bis 40 Zentimeter lang sein, das Suchende mindestens 2 Zentimeter.

Gehen Sie nur bei schönem Wetter und trockenem Boden auf Wassersuche. Tragen Sie dabei kein Metall bei sich und waschen Sie sich vor dem Gebrauch der Rute die Hände. Danach die Hände gut abtrocknen und nichts und niemanden mehr berühren. Halten Sie nun die Wünschelrute waagerecht vor den Körper, sodass Ober- und Unterarm einen rechten Winkel bilden und die Handrücken nach unten weisen. Oberkörper und Kopf sollten möglichst gerade sein. Drehen Sie sich langsam im Kreis und fragen Sie mental, ob es in der Nähe Wasser gibt. Schlägt die Rute aus (das heißt, sie bewegt sich nach oben oder unten), gehen Sie in diese Richtung, bis Ihnen die Rute ein neues Zeichen gibt. Stehen Sie auf der Ader, hebt sich die Rute in Fließrichtung. Wer sich näher mit diesem Thema beschäftigen will, findet in der Literatur einige Hinweise.

Wasser trinkbar machen – Entkeimung
Leider ist es in unseren Breiten nicht unbedingt ratsam, das Wasser aus Flüssen oder Quellen zu trinken, da sie durch den Menschen verunreinigt wurden. In einer Überlebenssituation spielen die Spu-

ren von Schwermetallen und Chemikalien jedoch keine Rolle – es sei denn, das Gewässer wurde durch eine chemische Katastrophe oder eine Atomkatastrophe verseucht. In den meisten Fällen gefährden allerdings menschliche und tierische Fäkalien unsere Gesundheit. Bevor Sie das Wasser trinken können, müssen Sie es also erst noch entkeimen, zum Beispiel mit Entkeimungstabletten.

Grundsätzlich sollten Sie Wasser immer so nahe bei seiner Quelle entnehmen wie nur möglich. Achten Sie darauf, dass sich flussaufwärts keine Tränken von Tieren, Bade- oder Waschplätze befinden. Mit einem tragbaren Wasserfilter können Sie große Parasiten wie Amöben und Giardien, winzige Dünndarmparasiten, entfernen. Auch die Zahl an Bakterien und Viren lässt sich damit reduzieren. Zur Not können Sie auch einen Kaffeefilter oder ein Stofftaschentuch verwenden, um zumindest Sand und Schlamm herauszufiltern. Zusätzlich sollten Sie aber immer noch Wasser-Entkeimungstabletten verwenden, die Jod oder Chlor enthalten.

Wasser destillieren

Mit einem Destillierapparat können Sie Meerwasser und anderes fragwürdiges Wasser trinkbar machen. Dieser Destillierapparat lässt sich ganz einfach selbst bauen, denn dazu benötigen Sie nur einen Behälter und Plastikfolie. Graben Sie ein circa 40 Zentimeter tiefes Loch mit einem Durchmesser von circa 50 Zentimetern und stellen Sie den Behälter hinein. Dann decken Sie das Loch mit Plastikfolie ab und legen einen großen Stein in die Mitte der Folie, sodass sie sich zum Behälter hin senkt. Nun schütten Sie die zu destillierende Flüssigkeit in das Loch. Sie verdampft, kondensiert und wird über die Plastikfolie in den Behälter geleitet.

Auch Pflanzen geben Wasser ab, das Sie ebenfalls destillieren können. Binden Sie dazu eine Plastiktüte um einen Zweig mit vielen Blättern – das abgegebene Wasser wird sich an der Tüte sammeln.

Wasser abkochen

Egal, wie Sie Ihr Wasser gewonnen haben: Bevor Sie es trinken, sollten Sie es auf jeden Fall abkochen. Lassen Sie das Wasser mindestens zehn Minuten lang sieden und gießen Sie es danach mehrmals um, um es wieder mit Sauerstoff anzureichern. Dann innerhalb von 24 Stunden trinken.

Katadyn-Wasserfilter

Im Outdoor-Fachhandel und im Internet sind Wasserfilter erhältlich, mit denen sich aus nahezu jedem Wasser Trinkwasser machen lässt. Damit können Sie Ihre Trinkwasserversorgung auf Jahre sicherstellen. Die Pocket-Variante kostet etwa 250 Euro.

Trinkwasser nach ABC-Unfällen

Gegen chemische und radioaktive Verunreinigungen helfen leider auch keine Entkeimungstabletten. Allerdings können diese Verunreinigungen mit Filtern oder Destillation beseitigt werden. Oberflächenwasser aus Flüssen, Teichen oder Seen ist nach einem Atomunfall radioaktiv verseucht, kann aber mit der folgenden Methode behelfsmäßig entstrahlt werden: Rühren Sie zunächst etwas Ton in das Wasser ein, der aber nicht verstrahlt sein darf. Bewahren Sie das Wasser dann mindestens 6 Stunden in einem sauberen Gefäß auf, das nicht bewegt werden darf, damit die strahlenden Partikel nach unten absinken können. Dann saugen oder schöpfen Sie das Wasser vorsichtig von oben ab und filtern es zusätzlich.

Brunnenbau

Wenn Sie einen geeigneten Platz für einen Brunnen gefunden haben – zum Beispiel weil bestimmte Pflanzen auf einen feuchten Boden hinweisen –, können Sie mit dem Brunnenbau beginnen. Achten Sie darauf, dass sich in der Nähe Ihres Brunnen keine Latrinen, Misthaufen oder andere Objekte befinden, die das Grundwasser verunreinigen. 15 bis 30 Meter Abstand sollten Sie mindestens einhalten. Außerdem brauchen Sie dazu die Genehmigung der zuständigen Behörde, in der Regel ist das Ihre Stadt- oder Gemeindeverwaltung oder Ihre Wasserbehörde. Vor allem wenn Sie den Brunnen auch für die Gewinnung von Trinkwasser nutzen möchten, sind die Auflagen sehr streng.

Für einen einfachen Schachtbrunnen in erdigem oder sandigem Boden benötigen Sie mehrere Betonringe von etwa 80 bis 100 cm Durchmesser. Legen Sie einen Betonring auf die Erde und heben Sie das Erdreich innerhalb und unterhalb des Rings aus, bis er nachsackt und mit der Erdoberfläche abschließt. Dann geben Sie einen zweiten Betonring darauf, heben wieder Erde aus und so weiter, bis das Grundwasser schließlich etwa 1 Meter tief im Schacht steht. Wenn Sie keine Betonringe haben, können Sie auch einen Schacht graben und seine Wände mit Brettern oder Balken stützen. Den Grund Ihres Brunnens bedecken Sie mit Kies oder sauberem Sand.

Felsiger Untergrund ist ein Problem beim Brunnenbau, denn Sprengstoff hat in der Regel niemand zu Hause. In einem solchen Fall können Sie auf dem Stein ein Feuer entfachen und es mit kaltem Wasser löschen. Durch den plötzlichen Temperaturunterschied entstehen Risse im Fels und Sie können das Gestein leichter entfernen.

Notvorrat im Schutzraum

Nicht nur im Fall einer globalen Katastrophe kann es zu Versorgungsengpässen kommen. Schon schwere Stürme, Schneemassen oder Überschwemmungen können bestimmte Nahrungsmittel knapp werden lassen. Gut dran sind dann all diejenigen, die einen

Notvorrat haben: entweder in der Küche, im Keller oder sogar im Schutzraum. Hier eignen sich Konserven am besten. Stören Sie sich auch nicht an deren Verfallsdatum – das heißt noch lange nicht, dass die Konserven nach diesem Datum plötzlich „schlecht" oder ungenießbar sind. Vielmehr bedeutet dieses Mindesthaltbarkeitsdatum, dass der Hersteller bis zu diesem Termin die Garantie für den Inhalt übernimmt – danach essen Sie sozusagen auf eigene Gefahr. Gute Lebensmittel für einen Notvorrat sind getrocknete Hülsenfrüchte, Trockenobst, Nüsse, Reis, Hafer und Haferflocken, Nudeln, Zuckerwürfel, Salz und Honig. Vergessen Sie auch Trinkwasser nicht, am besten in Glasflaschen, gekauft oder aus dem eigenen Wasserhahn abgefüllt. Eine Checkliste für den Notvorrat im Schutzraum finden Sie am Ende dieses Buches.

3. KAPITEL:
DER ALLTAG IN KRISENZEITEN

In einer Krise – egal, ob durch einen Zusammenbruch der Finanzmärkte oder Sonneneruptionen ausgelöst – wird sich unser Alltag grundlegend verändern. Vielleicht können wir keinem geregelten Arbeitsleben mehr nachgehen. Vielleicht müssen wir erheblich mehr Zeit für die Nahrungsmittelbeschaffung aufwenden. Und vielleicht müssen wir ohne Strom bald wieder so leben wie unsere Vorfahren – oder unseren eigenen Strom erzeugen.

Energiegewinnung und Energiespeicherung

Nach einer großen Sonneneruption, so die Experten, wird es überall auf der Erde zu Stromausfällen kommen. Und bei einem starken Wertverlust unseres Geldes kann sich vielleicht bald nicht mehr jeder Strom leisten. Dabei sind wir heute abhängiger vom Strom als jemals zuvor. Radio, Internet, Telefon – ohne Strom sind wir von der Kommunikation abgeschnitten und erfahren nicht, wann Gefahr droht oder wie wir uns in einem Notfall verhalten müssen. Daher ist es wichtig, alternative Möglichkeiten zur Energiegewinnung und -speicherung zu kennen.

Energie sparen
Wir sind heute daran gewöhnt, dass alles mit Strom läuft. Vor 20 Jahren konnte man auch bei Stromausfall noch telefonieren, denn die alten Telefone mit Wählscheibe brauchten keinen Strom. Heute steckt dagegen auch das schnurlose Telefon in der Steckdose. Das DSL-Modem ist 24 Stunden in Betrieb, und der Fernseher steht immer auf Stand-by. Schränken Sie Ihren Energieverbrauch so weit wie möglich ein, denn selbst wenn unsere Stromversorgung nicht komplett zusammenbrechen sollte, steht Ihnen vielleicht nur für wenige Stunden am Tag Strom zur Verfügung. Und auch wenn Sie mit einer Fotovoltaikanlage oder einem Wind- oder Wasserkraftwerk Ihren eigenen Strom generieren können, sollten Sie sparsam mit der so gewonnenen Energie umgehen. Dabei helfen Ihnen die folgenden Tipps.

Vor allem im Winter verschwenden wir viel Energie, weil unsere Häuser nicht gut isoliert sind und dadurch Wärme abgeben. Dichten Sie Fenster und Türen ab und installieren Sie Doppelglasfenster, um Ihr Zuhause behaglich warm zu halten. Heizen Sie auch nicht die ganze Wohnung auf, sondern vor allem die Räume, in denen Sie sich die meiste Zeit aufhalten. Wenn Sie tagsüber im Wohnzimmer und in der Küche sind, muss das Schlafzimmer in dieser Zeit nicht voll beheizt werden. Auch das Bad muss nur morgens und abends gemütlich warm sein.

Sehr viel Energie wird in der Küche verbraucht. Steigen Sie bei Ihren Elektrogeräten auf energieeffiziente Geräte um. Zu den größten Energiefressern in unserem Hausalt gehören Kühlschränke und Gefriertruhen. Tauen Sie sie also unbedingt regelmäßig ab. Wer einen Erdkeller zur Lagerung seiner Vorräte hat, kann auf einen Kühlschrank oft sogar ganz verzichten. Bei Elektroherden und Elektrobacköfen können Sie Strom sparen, indem Sie die Geräte rechtzeitig abschalten und Ihr Gericht mit der Restwärme fertig kochen oder backen. Elektrobacköfen müssen Sie außerdem nicht vorheizen. Geschirrspülmaschinen nehmen uns zwar viel Arbeit ab, aber Ihr Geschirr können Sie genauso gut mit der Hand spülen. Brauchen Sie heißes Wasser für Ihren Tee? Dann ist ein Wasserkocher eine sparsamere Variante als der gute alte Teekessel auf der Herdplatte. Noch besser ist, wenn Sie Ihr Wasser auf dem Kaminofen erhitzen können. Beim Wäschewaschen können Sie ebenfalls Energie sparen. Der Großteil Ihrer Wäsche wird auch bei 60 Grad sauber werden. Machen Sie die Waschmaschine immer voll und benutzen Sie, wenn möglich, Kurzprogramme. Statt in einem Wäschetrockner können Sie Ihre Klamotten in einem Trockenraum trocknen lassen.

Bei den Glühbirnen sind mittlerweile nur noch Energiesparlampen erhältlich. Die effizienteste Lösung sind allerdings LED-Lampen, die mit Leuchtdioden betrieben werden. Eine LED-Lampe braucht nur vier Watt, um genauso viel Licht zu erzeugen wie eine 50-Watt-Halogenlampe, und hat dazu noch eine unglaubliche Lebensdauer, denn sie hält bis zu 25 Jahre lang. Sorgen Sie trotzdem nicht für Festbeleuchtung im ganzen Haus, sondern schalten Sie das Licht aus, wenn Sie ein Zimmer verlassen. Auch am Arbeitsplatz genügt meist die Schreibtischlampe.

Fernseher und andere Elektrogeräte sollten Sie immer abschalten, anstatt sie auf Stand-by zu lassen. Trennen Sie die Ladegeräte für Handy, Kamera oder Rasierer nach dem Ladevorgang immer vom Netz, denn sie verbrauchen auch Strom, wenn das Endgerät nicht daran hängt.

Batterien und Akkus

Viele unserer elektronischen Geräte funktionieren heute mit wiederaufladbaren Akkumulatoren (Akkus). Diese Akkus können mit Strom aus Generatoren oder Solarzellen bis zu 1000-mal wiederaufgeladen werden. Mittlerweile gibt es auch Solarladegeräte, mit denen Akkus direkt über das Sonnenlicht aufgeladen werden können. Herkömmliche Batterien können Sie kurzfristig wieder aufladen, indem Sie sie einige Minuten auf einen warmen Heizkörper legen – aber auf keinen Fall ins Feuer, denn dort besteht Explosionsgefahr.

> **BERECHNEN SIE IHREN ENERGIEVERBRAUCH**
>
> Wie viel Energie Sie verbrauchen, verrät Ihnen ein Blick auf Ihre Stromrechnung. Doch Sie können auch selbst ausrechnen, wie viel Strom Sie erzeugen müssen, um Ihre Elektrogeräte weiterhin betreiben zu können. Den Energieverbrauch eines Geräts ermitteln Sie, indem Sie seine Leistung mit der Anzahl seiner Betriebsstunden multiplizieren. Standardeinheit ist dabei die Kilowattstunde (kWh). Ein 3-kW-Heizgerät, das zwei Stunden in Betrieb ist, verbraucht demnach also 6 kWh Strom.

Energie gewinnen mit der Kraft der Sonne
Mit einer Fotovoltaikanlage können Sie die Energie der Sonne sofort in Gleichstrom umwandeln – vorausgesetzt, die Sonne scheint. Schon wenn Sie nur auf einem kleinen Teil Ihres Dachs Solarzellenplatten anbringen, können Sie einen wesentlichen Teil Ihres Stroms selbst erzeugen. Eine Solarzellenplatte besteht aus einem Gitterwerk von Siliziumzellen, in denen sich Atome mit lose gebundenen Elektronen befinden. Treffen nun die Sonnenstrahlen auf das Silizium, wandern diese Atome in die darunterliegende Schicht, in der ein Elektronendefizit besteht. Die Folge: Sie bekommen einen schwachen elektrischen Strom. Da sich auf einer Solarzellenplatte sehr viele dieser Siliziumzellen befinden, die alle miteinander verbunden sind, entsteht ein Gleichstrom mit einer erheblichen Stärke. Dieser wird entweder direkt in einem Akku-

mulator (Akku) gespeichert oder durch einen Wechselrichter in Wechselstrom umgewandelt.

Wie viel Strom eine solche Fotovoltaikanlage produzieren kann, hängt von der Sonneneinstrahlung ab. Selbst bei bedecktem Himmel wird noch Strom erzeugt, allerdings weit weniger als an sonnigen Tagen. In Süddeutschland können Sie mit einer 3-kWh-Anlage durchschnittlich 2100 bis 3400 kWh Strom erzeugen – genug, um eine dreiköpfige Familie zu versorgen. Wenn Sie über den Einbau einer Fotovoltaikanlage nachdenken, sollten Sie vor allem die Lage Ihres Hauses überprüfen. Ist Ihr Dach nach Süden ausgerichtet? Bekommt es auch im Winter, wenn die Sonne tiefer steht, genügend Sonnenstrahlen ab? Wer sich für erneuerbare Energien entscheidet, bekommt oft auch finanzielle Unterstützung vom Staat oder von den Kommunen – informieren Sie sich rechtzeitig darüber und nutzen Sie eventuelle Fördermöglichkeiten.

Eine weitere Möglichkeit, die Wärme der Sonne zu nutzen, ist Solarthermie. Dabei erzeugen Sie allerdings keinen Strom, sondern übertragen die Wärme der Sonne direkt und nutzen sie, um Wasser zu erwärmen. Scheint die Sonne allerdings längere Zeit nicht, müssen Sie kalt duschen. Herzstück einer Solarthermieanlage ist ein Sonnenkollektor: eine schwarze, wärmeabsorbierende Fläche, die von Röhren mit einem Wärmeträgermedium durchzogen ist. Die Wärme wird zu einem Verteilerrohr mit kaltem Wasser weitergeleitet, das dadurch erwärmt wird. Dann wird es in ein doppelt isoliertes Reservoir geleitet, in dem es lange warm bleibt. Auch diese Sonnenkollektoren sollten auf einem nach Süden ausgerichteten Dach angebracht werden.

Auch wer keine Solaranlage hat, kann die Energie der Sonne zumindest im Sommer direkt nutzen. Wasser kann zum Beispiel in schwarzen Gefäßen, die Sie in die Sonne stellen, erwärmt werden. Dieses Prinzip bewährt sich übrigens auch bei Campingduschen: schwarze Plastikschläuche, die mit Wasser gefüllt und dann etwa zwei Stunden in die Sonne gehängt werden. Und noch eine Energiesparmaßnahme: Mithilfe von parabolförmig angeordneten Spiegeln können Sie das Sonnenlicht auf eine bestimmte Stelle konzentrieren, zum Beispiel auf einen Ofen, den Sie dann zum Grillen nutzen können.

> **VÖLLIGE AUTARKIE ODER NICHT?**
>
> Überlegen Sie gründlich, wie autark Sie sein wollen. Nicht nur in der Krise ist es gut, wenn Sie einen Großteil Ihres Stroms selbst herstellen können – vor allem wenn die Stromversorgung zusammengebrochen ist. Trotzdem sollten Sie sich fragen, ob Sie sich wirklich komplett vom öffentlichen Stromnetz abhängen wollen. Was passiert zum Beispiel, wenn längere Zeit keine Sonne scheint oder sehr lange kein Lüftchen in Bewegung ist? Dann kann es auch in Ihrem eigenen Stromnetz zu Engpässen kommen – und Sie freuen sich vermutlich, wenn Sie doch noch eine andere Stromquelle zur Verfügung haben.

Strom mit Windturbinen erzeugen

Mit Windenergie können Sie Ihren Strom ebenfalls direkt aus der Natur gewinnen. Vor allem in Gegenden, in denen starke Winde wehen, können Sie sich diese Kraft zunutze machen. Neben der Windgeschwindigkeit spielt dabei aber auch die Gleichmäßigkeit der Windbewegungen eine Rolle. Denn bei häufig wechselnden Windrichtungen muss das Windrad ebenfalls ständig die Richtung ändern und kann so nicht effektiv arbeiten. Deshalb ist der Standort der Windturbine besonders wichtig.

Windräder können theoretisch selbst in der Stadt auf dem Dach oder im Garten eines Wohnhauses installiert werden, doch bedenken Sie, dass sie ganz schön laut sind. Wenn sich Ihre Nachbarn davon belästigt fühlen, kann es ganz schnell vorbei sein mit der autarken Stromversorgung. Neben Windrichtung und Windgeschwindigkeit müssen Sie auch die örtlichen Bauvorschriften berücksichtigen. Für Windkraftanlagen brauchen Sie immer eine Baugenehmigung, in die Faktoren wie der Abstand zu Hochspannungsleitungen, Schattenwurf, Lärm oder Denkmalschutz einfließen. Die Energie der Windkrafträder können Sie auf zwei verschiedene Arten nutzen: Größere Windräder können Sie direkt an das Stromnetz anbinden und so Ihre Stromversorgung sichern. Sie können die Energie jedoch auch in Akkus (am besten in Bleiakkus) speichern. Das hat den Vorteil, dass Sie auch bei Windstille immer genug Strom zur Verfügung haben.

Eine Windturbine können Sie entweder fertig kaufen oder selbst bauen. Letzteres empfiehlt sich vor allem, wenn Sie die Windturbine ganz auf Ihre eigenen Bedürfnisse und die örtlichen Gegebenheiten zuschneiden wollen.

DIE BESTANDTEILE EINER WINDTURBINE

ROTORBLÄTTER: Von ihrer Qualität hängt die Leistung der Turbine ab. Wählen Sie große, wohlproportionierte Rotorblätter und achten Sie auch auf deren Lärm.
ELEKTRISCHER GENERATOR: Entscheiden Sie sich hier für einen Wechselstromgenerator und achten Sie auf seine Leistungsfähigkeit. Außerdem sollte der Generator einen Gleichrichter besitzen, damit Sie von Wechsel- auf Gleichstrom umschalten können. Dies ist wichtig, wenn Sie mit der Windenergie Akkumulatoren aufladen wollen.
GESCHWINDIGKEITSSCHUTZSYSTEM: Ein heftiger Sturm oder Orkan

kann eine Windturbine beschädigen. Deshalb benötigt sie einen Notstopp, den es in unterschiedlichen Bauarten gibt.
ABFAHRSYSTEM: Manchmal werden Sie Ihre Windturbine abschalten müssen, zum Beispiel bei einem Sturm oder bei Wartungsarbeiten.
TURBINENTURM: Hier gibt es zwei unterschiedliche Arten. Der Kippturm kann zusammengeklappt werden, muss aber zusätzlich gestützt werden und braucht daher mehr Platz. Ein feststehender Turm wird am Standort zusammengesetzt und bleibt stehen – bei Wartungsarbeiten an der Turbine müssen Sie hinaufklettern.

Energie durch Wasserkraft

Um Energie zu gewinnen, können Sie außerdem die Kraft des Wassers nutzen, vorausgesetzt, in Ihrer Nähe befindet sich ein Bach oder Fluss. Mithilfe einer Turbine wird die Kraft des Wassers in mechanische Energie umgewandelt und in einem Generator zu elektrischem Strom konvertiert. Bevor Sie sich an die Arbeit machen, müssen Sie Strömung und Fallhöhe des Ihnen zur Verfügung stehenden Wassers herausfinden, denn davon hängt unter anderem der Turbinentyp oder der Durchmesser der Wasserleitung ab. Die Strömung bestimmt dabei, wie viel Wasser Ihnen zur Verfügung steht. Sie können Sie zum Beispiel messen, indem Sie ein behelfsmäßiges Wehr bauen und Wasser über ein Abflussrohr in einen Eimer leiten. Messen Sie mit einer Stoppuhr, in welcher Zeit der Eimer volläuft. Dann teilen Sie das Wasservolumen durch die Sekunden. Läuft ein 20-Liter-Eimer zum Beispiel in vier Sekunden voll, so erhalten Sie eine Strömung von 5 l/sec. Die Fallhöhe ist der Unterschied zwischen dem Punkt, an dem Sie das Wasser aus dem Bach oder Fluss aufnehmen, und dem Punkt, an dem sich Ihre Turbine befindet. Eine einfache Methode, um diese Fallhöhe zu messen, besteht darin, eine senkrechte Messlatte in 1 Meter Abstand vom Rohrzufluss aufzustellen und dann vom Rohrzufluss eine Latte waagerecht an diese Messlatte zu legen. Dann messen Sie den Abstand des Schnittpunkts der beiden Latten zum Boden und notieren ihn. Dies wiederholen Sie von diesem Punkt aus bis zum Fuß des Gefälles. Zählen Sie alle Werte zusammen und Sie haben die Fallhöhe Ihres Kraftwerks. Aus der Strömung und der Fallhöhe können Sie dann die theoretische maximale Leistung (pro Stunde) Ihres Kraftwerks mit der folgenden Formel berechnen: Strömung (l/sec) x Fallhöhe (m) x Schwerkraft (9,81 m/sec^2) = Leistung (W).

> **BEISPIELRECHNUNG FÜR DIE LEISTUNG EINES WASSERKRAFTWERKS**
>
> Strömung: 40 l/sec
> Fallhöhe: 4 m
> 40 l/sec x 4 m x 9,81 m/sec^2 = 1570 W = 1,57 kW/Stunde
> Umgerechnet auf ein Jahr sind das 13 753 kWh.

Allerdings verbraucht das System selbst auch Energie, sodass die tatsächliche Leistung Ihres Kraftwerks geringer ausfällt. Da ein Durchschnittshaushalt pro Jahr circa 3300 kWh Energie verbraucht, würde die Leistung des Kraftwerks aus unserem Beispiel locker ausreichen. Bevor Sie sich an die Arbeit machen können, benötigen Sie allerdings eine Wasserentnahmegenehmigung, die Sie von der Wasserbehörde bekommen. Näheres verrät Ihnen das Wasserhaushaltgesetz Ihres Bundeslands. Beim Bau eines eigenen Wasserkraftwerks müssen Sie zunächst einen Wasseraustritt anlegen. In diesem Becken sammelt sich das Wasser, sodass es mit gleichmäßigem Druck in die Wasserleitung fließen kann. Die Wasserleitung leitet dann das Wasser zur Turbine. Im Rohr entsteht durch den engen Durchmesser und das Gefälle ein Wasserdruck, der einen entscheidenden Einfluss auf die Leistungskraft Ihrer Anlage hat. Auch die Turbine ist für die Leistung des Kraftwerks maßgeblich. Sie benötigt eine Steuerung, damit Sie die Geschwindigkeit anpassen können. Ebenso muss sie – wie auch der Generator – über einen Notstopp verfügen. Die Turbine treibt dann einen Generator an, der Strom erzeugt. Über eine Ableitung gelangt das Wasser schließlich zurück in den Bach.

Etwas einfacher als ein Wasserkraftwerk ist ein Wasserrad zu bauen. Auch hier sind wieder Strömung und Fallhöhe maßgeblich für die Leistung. Um ein Wasserrad zu nutzen, müssen Sie aus einem See, Fluss oder Bach eine Zuleitung, zum Beispiel ein Aquädukt, bauen. Dazu benötigen Sie eine Wasserentnahmegenehmigung und in den meisten Fällen auch die Zustimmung der Umweltbehörde oder der Stadt- oder Gemeindeverwaltung. Je größer das Wasserrad ist, desto höher ist die Fallhöhe und desto mehr Kraft wird übertragen. An das Wasserrad ist ein Magnetwechselstromerzeuger angeschlossen, der die Wasserkraft in Wechselstrom umwandelt. Ein Gleichrichter wandelt diesen wiederum in Gleichstrom um, mit dem Akkumulatoren aufgeladen werden.

Rohstoffe – vielleicht bald unerschwinglich?
Rohstoffe wie Erdöl, Steinkohle oder Erdgas sind Energieträger und setzen bei ihrer Verbrennung wieder neue Energie frei. Da Deutschland kaum eigene Erdöl- und Erdgasvorkommen besitzt, fallen diese Energieträger im Falle einer globalen Katastrophe erst einmal komplett aus. Stattdessen werden wir auf nachwachsende Rohstoffe zurückgreifen müssen: Holz, Pflanzenöle oder Methangas, das in einer Biogasanlage aus menschlichen und tierischen Fäkalien gewonnen wird, werden wieder eine große Rolle in der Energiegewinnung spielen. Zum einen können sie direkt zum Hei-

zen verwendet werden, zum anderen können sie für den Betrieb von Dampfmaschinen oder Verbrennungsmotoren eingesetzt werden.

Wärme und Licht

Bricht nach einer Sonneneruption die Strom- und Gasversorgung zusammen oder kommt es zu Versorgungsengpässen, werden wir im Winter wieder öfter frieren und im Dunkeln sitzen müssen. Wie Sie Wärme und Licht in Ihre vier Wände bringen können, verraten Ihnen die folgenden Abschnitte.

Holz – ein wertvoller Rohstoff

Heizen, Kochen, Bauen – nach dem Zusammenbruch der technischen Zivilisation wird Holz wieder einer der wichtigsten Rohstoffe werden. Deshalb ist es wichtig, dass Sie die Eigenschaften der verschiedenen Holzarten kennen, damit Sie das richtige Holz für Ihren Zweck finden. Einen Überblick verschafft Ihnen die folgende Tabelle.

Holz	Eigenschaften	Verwendung
Bergahorn	hart	Möbel, Besteck
Eibe	dauerhaft	Möbel, drechseln, schnitzen
Eiche	hart, elastisch, schwer	Möbel, Werkzeug, heizen, Wasserbau
Esche	hart, zäh, elastisch	Werkzeug, heizen, Wagenteile
Fichte	astig, harzig	bauen, heizen, Möbel
Kiefer	weich, harzreich	Wasserbau, Bootsbau, Möbel

Holz	Eigenschaften	Verwendung
Kirsche	fein, mäßig hart	Möbel, geringer Heizwert
Lärche	mäßig hart, sehr dauerhaft	bauen, Bootsbau
Rosskastanie	weich, wenig dauerhaft	drechseln, schnitzen, heizen
Rotbuche	harzig, zäh	drechseln, bauen, Wagenbau, Möbel, heizen
Sommerlinde	weich, gut schneid- und biegbar	drechseln, schnitzen, schlechter Heizwert
Tanne	dauerhaft	bauen, Möbel, heizen
Weide	zäh und biegsam	flechten (Körbe), schlechter Heizwert
Weißbirke	mittelhart	drechseln, Wagenbau, Kaminfeuer, heizen

Sowohl Holz, das Sie zum Bauen oder für Möbel verwenden wollen, als auch Brennholz sollten Sie circa 1 bis 2 Jahre lagern. Bäume, die schräg stehen, fällen Sie immer zur Neigungsrichtung. Achten Sie dabei auf die Bäume, die um den Baum herum stehen, damit er sich nicht in deren Ästen verfängt. Bringen Sie in der gewünschten Fallrichtung eine v-förmige Kerbe am Stamm an, die etwa ein Drittel in den Stamm hineinreicht. Danach bringen Sie an der gegenüberliegenden Seite eine Handbreit über dieser Kerbe eine zweite Kerbe an – dann knickt der Stamm ab. Stehen Sie dabei unbedingt seitlich vom Baum. Winterholz, das im Dezember und Januar geschlagen wird, ist in der Regel das bessere Bau- und Werkzeugholz. Brennholz sollten Sie nicht vor Juni fällen.

Heizen mit Holz
Glücklich können sich all diejenigen schätzen, die einen Holz- oder Kachelofen haben, denn Holz oder Holzkohle könnten bald

wieder unser wichtigstes Brennmaterial sein – und auch jetzt ist Holz immer noch billiger als Gas oder Öl. Bauen Sie also einen Kachelofen ein, wenn Sie die Möglichkeit dazu haben, denn dieser kann die Wärme sehr lange speichern.

Wer sein eigenes Brennholz schlagen möchte, hat viel Arbeit vor sich. Zum einen dürfen Sie sich natürlich nicht einfach so in jedem Wald bedienen, zum anderen müssen Sie die Sicherheitsvorschriften im Umgang mit Kettensägen und Holzspaltern beachten, denn hier ist schon so manches Unglück passiert. Auch das Holzhacken mit der Axt ist anstrengend. Am besten funktioniert es, wenn Sie die Axt in das Holzscheit schlagen (aber Achtung: Das Holzscheit nicht mit den Händen festhalten!) und dann alles umdrehen und den Rücken der Axt auf den Hackblock schlagen. So spaltet die Schwerkraft das Holzscheit, und die Teile fallen einfach zu Boden.

Wenn Sie das alles hinter sich gebracht haben, müssen Sie trotzdem noch mindestens 2 Jahre warten, bis Sie Ihr mühsam geschlagenes Holz verheizen können, denn so lange muss das Brennholz trocknen. Dabei muss es natürlich vor Regen und Schnee zumindest von oben geschützt sein. Falls Sie Ihr Holz draußen aufbewahren, bedecken Sie es also am besten mit einer Plane. Unterschiedliche Holzarten liefern unterschiedliche Mengen an Wärmeenergie, eine Eiche zum Beispiel fast doppelt so viel wie eine Pappel. Gute Energielieferanten sind unter anderem Eiche, Buche, Esche, Kastanie, Ahorn, Birke, Platane und Ulme. Wenig Wärme spenden dagegen Pappel, Weide, Tanne, Fichte, Linde und Erle.

Kamin- oder Kachelöfen heizen meist nur einen einzigen Raum – den Raum, in dem sie stehen. Eine gute Möglichkeit, das ganze Haus über einen Ofen mit Wärme zu versorgen, ist eine Flächenheizung. Dabei werden Rohrleitungssysteme großflächig an der Wand unter dem Putz installiert. Von einem zentralen

Holzofen wird dann heißes Wasser in einen Pufferspeicher geleitet und von dort aus in das Rohrsystem und somit ins ganze Haus gepumpt. Die gesamte Wandfläche ist also eine Heizung, konventionelle Heizkörper sind nicht mehr nötig. Allerdings braucht Ihr Haus dazu eine gute Isolierung nach außen. Auch sollten Sie Ihre Wände nicht mit Schränken zustellen, damit die Wärme auch in die Zimmer ausstrahlen kann. Und Sie müssen besonders sorgfältig vorgehen, wenn Sie einen Nagel in die Wand schlagen wollen – sonst haben Sie einen Wasserrohrbruch in der Wand.

Einen Ofen bauen

Wer keinen Kachelofen oder Kaminofen in seinem Haus oder seiner Wohnung hat, kann sich aus Ziegelsteinen und Lehmbrei selbst einen einfachen Ofen bauen. Dazu verlegen Sie zunächst zehn Ziegel flach in Lehmbrei als Sockelschicht und mauern darauf das Feuerloch in vier Schichten. Über dem Feuerloch legen Sie eine Schicht aus vier waagerechten Ziegeln als Abdeckung an. Lassen Sie dabei jedoch eine Durchgangsöffnung für die Rauchgase. Darauf kommt die erste Heizkammer aus zehn hochkant stehenden Ziegeln, die ebenfalls wieder mit einer Abdeckung aus vier waagerechten Ziegeln verschlossen wird. Auch hier brauchen Sie wieder eine Durchgangsöffnung, sodass die Rauchgase in die zweite Heizkammer gelangen können. Diese besteht ebenfalls wieder aus zehn hochkant stehenden Ziegeln und wird erneut von einer Schicht aus vier waagerechten Ziegeln verschlossen. In dieser Schicht befindet sich eine Öffnung für das Rauchabzugsrohr. Alle Ziegel werden mit fettem Lehmbrei vermauert und verstrichen. Die Feuerungsöffnung verschließen Sie mit einer flachen Steinplatte oder einem Blechstück. Falls Sie kein Rohr für den Rauchabzug haben, können Sie Deckel und Boden von Konservendosen entfernen und diese ineinanderstecken. Wenn Sie diesen Rauchabzug durch Holzwände oder -dächer führen wollen, sollten Sie ihn gut isolieren, zum Beispiel indem Sie ein weiteres Rohr um den Rauchabzug herumsetzen und den Zwischenraum mit Sand oder Lehm füllen.

Ein wärmendes Feuer

Heute können wir Feuer ganz leicht mit Zündhölzern oder einem Feuerzeug anzünden – doch was ist, wenn diese zur Neige gehen oder die Zündhölzer nass werden? In solchen Fällen sollten Sie alternative Möglichkeiten, ein Feuer zu entfachen, kennen. Aber Achtung: Feuer benötigt zum Brennen Sauerstoff, also eine ausreichende Luftzufuhr. Darauf sollten Sie vor allem achten, wenn Sie ein Feuer in einem geschlossenen Raum anzünden. Bei ungenügender Luftzufuhr entsteht nämlich sonst farb- und geruchloses Kohlenmonoxid. Wenn es eingeatmet wird, blockiert es die Sauerstoffaufnahme im Körper und führt so zu einer Vergiftung oder sogar zum Tod.

Natürlich stehen Ihnen neben Streichhölzern und Feuerzeug noch weitere moderne Hilfsmittel zur Verfügung. Mit einer Lupe, einer Lesebrille, dem Objektiv einer Kamera oder einem Autoscheinwerfer lassen sich die Sonnenstrahlen bündeln und können so ein Feuer entfachen – allerdings nur bei schönem Wetter. Außerdem sind im Outdoor-Fachhandel Magnesium-Feuerstarter erhältlich.

Wählen Sie den Platz für ein Feuer sorgfältig aus. Ihre Feuerstelle sollte nicht auf Laubschichten oder Tannennadeln liegen und sich auch nicht unter tropfenden Felswänden oder schneebedeckten Bäumen befinden. Fassen Sie die Feuerstelle mit Steinen ein, doch verwenden Sie dazu keine Steine aus Flussbetten, denn aufgrund ihres Feuchtigkeitsgehalts können diese zerspringen und Sie verletzen. Bei nassem Boden sollten Sie zunächst eine Plattform aus Sand, Steinen oder grünen Stämmen anlegen.

Mit einem Feuerbohrer entzünden zum Beispiel die australischen Aborigines ein Feuer. Dazu benötigen Sie ein etwa daumendickes, trockenes Hartholzstück ohne Äste und Rinde und ein Feuerbrett aus Weichholz (in unseren Breiten sind dies unter anderem Lärche, Pappel oder Linde), das eine Kerbe aufweist, in die Sie den Bohrer setzen können. Außerdem legen Sie etwas Zunder in diese Kerbe. Drehen Sie den Stab zunächst langsam, dann immer schneller zwischen den flachen Händen. Nach einiger Zeit rinnt aus der Kerbe ein glühender Abrieb auf den Zunder. Blasen Sie dann vorsichtig und legen Sie Zunder nach. Nach dem gleichen Prinzip funktioniert ein Feuerschaber, der aus einem Weichholzbrett mit einer 2 Zentimeter tiefen Furche besteht. In dieser Furche wird ein Stab aus Hartholz so schnell bewegt, bis Funken entstehen. Außerdem können Sie mithilfe von Feuersteinen wie Echtem Feuerstein, Japsis oder Quarz Funken erzeugen.

BRENNHOLZ

Für ein Feuer benötigen Sie Brennholz in verschiedenen Stärken:
> Zunder, zum Beispiel kleine Holzspäne und dünne Zweige.
> Dünne Äste und etwas dickere Zweige für die erste Hitzeentwicklung.
> Holzscheite oder dicke Aststücke, damit sich eine stärkere Hitze entwickeln kann und eine Glut erzeugt wird.

Neben einem Mittel, um einen Funken zu erzeugen, ist auch der Zunder maßgeblich für Ihren Erfolg. Natürliche Materialien, die sich als Zunder eignen, sind zum Beispiel vergilbtes Moos, getrocknete Pilze, getrockneter Kot von Vögeln oder Hasen, ausgedörrte Flechten, Vogelnester, Holzstaub, Grashalme und die dünne Unterrinde von Lärche, Zeder und Birke (auch bei Nässe). Wichtig ist vor allem, dass der Zunder richtig trocken ist, damit er leicht Feuer fängt. Deshalb sind künstliche Materialien oft besser als natürliche, die feucht oder gar nass sein können. Gut geeignet sind zum Beispiel Bindfäden, Baumwollfusseln oder Papierreste. Dieser Zunder entzündet dann wiederum trockene Zweige, Flechten oder Tannenzapfen.

Da das Feuermachen unter diesen Umständen sehr schwierig und langwierig sein kann, sollten Sie ein Feuer, das Sie einmal entfacht haben, bewahren, anstatt ständig wieder neues Feuer zu machen. Dies können Sie zum Beispiel mit getrocknetem Zunderschwamm tun, der an Laubbäumen und Baumstümpfen wächst. Zünden Sie ihn an einer Ecke an, dann glüht er – je nach Größe – bis zu 12 Stunden lang. Ansonsten können Sie Glut auch in ei-ner Erdgrube bewahren. Heben Sie ein Loch mit einer Größe von 30 x 30 x 30 Zentimeter aus und geben Sie heiße Asche und Glut hinein. Obenauf legen Sie einige Hartholzstücke und decken das Ganze mit einer Grassode ab, in die Sie ein Loch zur Sauerstoffzufuhr gebohrt haben. So kann sich die Glut bis zum nächsten Morgen halten.

> **LÖSCHMITTEL NICHT VERGESSEN**
>
> Halten Sie immer auch Löschmittel parat, wenn Sie ein Feuer anzünden, zum Beispiel Wasser, Sand oder auch einen Stock, mit dem Sie das Feuer ausschlagen können. Wenn Sie das Feuer mit Wasser löschen, entwickelt sich starker Rauch. In Situationen, in denen Sie nicht möchten, dass man Ihr Feuer und damit auch Sie entdeckt, sollten Sie das Feuer daher lieber mit Sand oder Erde löschen.

Mit einem Feuer können Sie unterschiedliche Zwecke verfolgen. Vielleicht soll es Sie in erster Linie warm halten, vielleicht wollen

Sie damit Essen zubereiten oder mit einem Signal nach Hilfe rufen. Je nachdem, wofür Sie Ihr Feuer brauchen, gibt es unterschiedliche Feuerarten. Ein Wärmefeuer sollte möglichst viel Wärme abgeben und nur wenig Rauch entwickeln. Dafür eignet sich zum Beispiel ein Balkenfeuer. Kerben Sie dazu zwei Rundstämme mit einem Durchmesser von 15 bis 20 cm, die etwa so lang wie Ihr Körper sein sollten, längs ein. Dann errichten Sie mit Rundhölzern oder Knüppeln Stützen und legen den ersten Balken mit der Kerbe nach oben zwischen diese Stützen auf eine Unterlage aus Hölzern. Nun füllen Sie die Kerbe mit leicht brennbarem Material. Legen Sie Abstandshölzer und -steine auf den ersten Balken und geben Sie dann den zweiten Balken mit der Kerbe nach unten darauf. Zwischen die beiden Balken stecken Sie trockenes Reisig und entfachen ein Feuer. Ein solches Balkenfeuer schwelt viele Stunden lang.

Bei einem Kochfeuer soll die starke Hitze vor allem nach oben abgestrahlt werden, damit Sie einen Topf erwärmen oder Fleisch direkt über dem Feuer grillen können. Ein hervorragendes Kochfeuer ist ein Grubenfeuer. Heben Sie dazu eine etwa 40 bis 50 Zentimeter tiefe Grube mit einem Durchmesser von ebenfalls 50 Zentimetern aus und stellen Sie Rundhölzer oder Holzscheite dicht an die Grubenwand. Auf dem Boden der Grube befindet sich Zunder, der dann die Holzscheite in Brand setzt. Dieses Feuer brennt sehr sparsam ab und gibt seine Hitze fast ausschließlich nach oben ab. Decken Sie die Grube mit Grassoden ab, wenn die Holzscheite abgebrannt sind, denn so können Sie die Glut noch mehrere Stunden lang halten.

Ein Signalfeuer soll möglichst viel Rauch entwickeln, damit es von weither gesehen wird. Hellen Rauch, der besonders im Sommer gut sichtbar ist, erzeugen Sie mit belaubten Zweigen, Moos und Gras. Dunklen Rauch bekommen Sie, wenn Sie Birkenrinde, Kunststoff, Autoreifen oder Harz verbrennen.

Wenig Rauch entwickeln dagegen ein Holzkohlenfeuer und ein

Feuer aus trockenen Nadelhölzern. Soll Ihr Feuer nicht entdeckt werden, entfachen Sie es an der Seite einer Grube und decken es mit einer winkelförmigen Schicht aus Stämmen oder Zweigen ab. So bleibt der Rauch so nah am Boden, dass er nur gesehen wird, wenn man unmittelbar neben dem Feuer steht.

Es werde Licht ...
Ein großer Vorrat an Glühbirnen nützt Ihnen ohne Strom nicht viel. Sie werden trotzdem viel Zeit im Dunkeln verbringen müssen, vor allem im Winter. Eine wichtige Lichtquelle werden dann wieder die guten alten Kerzen sein. Ihre Herstellung ist jedoch nicht leicht, dafür sind sie selbst in großen Mengen relativ günstig zu kaufen. Decken Sie sich also rechtzeitig damit ein.

> **ACHTUNG, BRANDGEFAHR!**
>
> **Ein offenes Feuer stellt immer ein Risiko dar. Lassen Sie brennende Kerzen also nicht unbeaufsichtigt und überprüfen Sie vor dem Schlafengehen sorgfältig, ob der Docht nicht doch noch glimmt.**

Als Grundlage für **Kerzen** können Sie geschmolzenes Bienenwachs, Stearin oder Paraffin verwenden, aber auch geschmolzene Kerzenreste. Außerdem brauchen Sie einen Docht, den sie aus saugfähigen Baumwollfäden herstellen, die absolut trocken sein sollten. Eventuell müssen Sie dazu mehrere Baumwollfäden zusammendrehen. Beschweren Sie den Docht mit einem kleinen Gewicht und tauchen Sie ihn so oft in die Kerzenmasse, bis Ihre Kerze die gewünschte Stärke erreicht hat. Nach jedem Eintauchen müssen Sie den Docht wieder abkühlen lassen.

Ein **Binsenlicht** wurde schon im Mittelalter als Lichtquelle verwendet, und zwar vom einfachen Volk, das sich keine Kerzen leisten konnte. Ein Binsenlicht ist eine getrocknete und geschälte Flatterbinse, die in flüssiges Fett (zum Beispiel Bratfett) getaucht wird. Dann steckt man die Binse in eine schräge Halterung und zündet sie an. Ein 30 Zentimeter langes Binsenlicht brennt etwa 20 Minuten lang.

Eine weitere günstige Lichtquelle war ein **Talglicht**. Um so ein Talglicht herzustellen, brauchen Sie Talg aus 7/8 Rindfleisch und 1/8 Schmalz. Geben Sie den Talg in einen Topf und erhitzen Sie ihn, bis er sich verflüssigt. Währenddessen flechten Sie aus Leinen oder Wollgarn einen Docht. Diesen tränken Sie dann mit dem Talg und lassen ihn erstarren. Halten Sie den Docht in ein Schälchen und fixieren Sie ihn, falls nötig. Anschließend gießen Sie den heißen Talg in das Schälchen und lassen ihn erstarren. Zum Schluss kürzen Sie den Docht noch auf eine Länge von circa 1 Zentimeter, und Ihr Talglicht ist fertig.

Es gibt jedoch auch moderne Lichtquellen, die nicht über die normale Stromversorgung funktionieren, zum Beispiel **Taschenlampen**. Besorgen Sie sich Taschenlampen von verschiedener Strahlkraft: sehr starke Taschenlampen für den Einsatz draußen und kleinere Lampen, die Sie innerhalb Ihrer vier Wände verwenden können. Ausreichend Batterien nicht vergessen! Erheblich leistungsstärker als die herkömmlichen Taschenlampen mit Glühbirnen sind LED-Taschenlampen. Sie erzeugen nicht nur ein wesentlich helleres Licht, sondern verbrauchen auch viel weniger Energie.

Mittlerweile gibt es auch Taschenlampen, die mit Solarkraft oder durch Kurbeln angetrieben werden. Mit 1 Minute Kurbeln erzeugen Sie Energie, die Ihnen etwa 20 Minuten starkes Licht schenkt. Solartaschenlampen liefern bis zu 3 Stunden helles Licht, müssen dafür aber lange aufgeladen werden (bei bedecktem Himmel bis zu 11 Stunden).

Kleider machen Leute – krisenfest

Den ganzen Kleiderschrank voll Kleider und trotzdem nichts zum Anziehen: So geht es uns heute oft. Wir wählen unsere Kleidung nach der Mode aus und nicht nach praktischen Gesichtspunkten. Doch in einer Krise wird wieder der ursprüngliche Zweck von Kleidung im Vordergrund stehen: uns warm zu halten und vor Wind und Wetter zu schützen.

Welche Kleidung brauchen Sie?
Wie sieht es in Ihrem Kleiderschrank aus? Werfen Sie einen Blick hinein und sehen Sie nach, welche Kleidung strapazierfähig ist und Sie in Notzeiten warm halten kann. Haben Sie nichts dergleichen in Ihrem Schrank, so können Sie sich im Outdoor-Fachhandel mit funktioneller und wetterfester Kleidung eindecken. Vor allem ein warmer Anorak mit Kapuze sollte nicht fehlen. Bei Socken und Unterwäsche sollten Sie insbesondere auf die Qualität achten, denn sie müssen oft gewaschen werden und sollten nicht gleich kaputtgehen. Robuste und haltbare Schuhe finden Sie ebenfalls in Outdoor-Geschäften, zum Beispiel Berg- oder Trekkingschuhe. Achten Sie darauf, dass die Schuhe wasserdicht und atmungsaktiv sind. Für die wärmere Jahreszeit sind Sie mit leichten Trekkingschuhen oder Trekkingsandalen gut beraten. Auch Arbeitsschuhe mit integrierter Stahlkappe schützen Ihre Füße.

Am besten kleiden Sie sich nach dem „Zwiebelprinzip". Tragen Sie lieber mehrere dünne Kleidungsstücke übereinander als einen dicken Pullover, denn für die isolierende Wirkung der Kleidung sind vor allem die Luftschichten verantwortlich. Auch können Sie dann leicht eine Schicht ausziehen, wenn Sie ins Schwitzen geraten, und schwitzen nicht ein ganzes Kleidungsstück durch.

Nähen und waschen

In unserer heutigen Wegwerfgesellschaft müssen wir Kleidung nicht mehr ausbessern oder reparieren, sondern kaufen uns einfach etwas Neues, wenn die alten Klamotten Löcher oder Risse bekommen. Doch wer weiß, wie lange uns dieses Überangebot an Kleidung noch zur Verfügung steht? Vielleicht müssen Sie bald wieder wissen, wie Sie einen Knopf annähen oder ein Loch mit einem Flicken ausbessern.

Klemmende Reißverschlüsse können Sie zum Beispiel mit einem Kerzenstummel oder mit Seife schmieren, dann funktionieren sie wieder einwandfrei. Um einen Knopf anzunähen, entfernen Sie die Reste der gerissenen Fäden und nähen dann den Knopf mit kräftigem Zwirn an. Er darf nicht zu eng am Stoff angenäht sein, denn sonst können Sie ihn nicht zuknöpfen oder er reißt gleich wieder ab. Die Nähfäden vernähen Sie im Stoff und verknoten die Enden. Flicken wählen Sie am besten aus einem möglichst ähnlichen Stoff. Legen Sie die Ränder des Flickens nach hinten um und heften Sie den Flicken zunächst mit Stecknadeln an. Dann nähen Sie ihn mit kleinen Stichen auf. Löcher in Socken oder Strümpfen ziehen Sie nicht zusammen, sondern stopfen sie. Spannen Sie dazu Fäden aus Baumwolle oder Wolle (je nachdem, aus welchem Material die Socke ist) parallel zueinander und durchstopfen Sie sie dann sehr eng über Kreuz, ohne dass sich wulstige Ränder bilden.

Kleidung aus Wolle waschen Sie warm mit Seife und spülen sie so lange mit lauwarmem Wasser, bis sich keinerlei Seifenrückstände mehr im Wasser befinden. Schön weich wird Wolle, wenn Sie einen Schuss Essig ins letzte Spülwasser geben. Dann legen Sie die Kleidungsstücke zusammen, drücken sie aus und legen Sie auf einem Tuch zum Trocknen aus. Kochwäsche weichen Sie 12 Stunden lang in Sodawasser ein und wringen sie mehrmals zur Schmutzlösung aus. Dann geben Sie Waschpulver oder Seife zu und setzen die Kochwäsche aufs Feuer. Bringen Sie das Wasser zum Kochen, lassen Sie die Wäsche 5 Minuten kochen, dann weitere 10 Minuten ziehen. Abkühlen lassen, gut durchwaschen, mehrmals spülen, gut auswringen und aufhängen.

Ob Ihre Kleidung ordentlich gebügelt ist, wird in Notzeiten niemanden interessieren. Hosen können Sie aber flach gefaltet unter das Bettlaken geben und darauf schlafen. Dann sind sie schön glatt.

Flecken entfernen

Schmutzige Kleider landen heute in der Waschmaschine, und schon sehen sie wieder aus wie neu. Ohne Strom macht das Waschen unglaublich viel Arbeit – da ist es gut, zu wissen, wie Sie Flecken auch mit anderen Methoden entfernen können.

Fett- und Ölflecken entfernen Sie aus Baumwolle und Leinen zum Beispiel mit gepulverter Kreide. Streuen Sie diese auf den Fleck und bügeln Sie darüber. Frische **Blutflecken** entfernen Sie sofort mit kaltem Wasser, bei älteren Blutflecken weichen Sie den Stoff ein und waschen den Fleck mit Waschmittel aus. Grasflecken entfernen Sie aus Baumwolle, indem Sie 1 Esslöffel Kochsalz in 1 Liter Wasser lösen. Weichen Sie die Flecken dann 1 Stunde ein und spülen Sie sie mit klarem Wasser aus. **Obstflecken** weichen Sie gut ein und bedecken sie dann mit einem Brei aus Waschpulver und Regenwasser. Einwirken lassen und mit Wasser nachspülen. Alternativ können Sie auch den Stoff mit kochendem Wasser übergießen. **Rußflecken** reiben Sie mit weichem Brot ab oder geben eine dicke Salzschicht darauf. Lassen Sie diese einwirken, dann abbürsten. **Schweißflecken** vertreiben Sie aus Baumwolle mit Brennspiritus oder Salmiakgeist. Spülen Sie mit Wasser nach. **Wachs- oder Stearinflecken** von Kerzen bügeln Sie zwischen Löschpapier aus.

Gerben und Färben

Bei der Schlachtung von Nutztieren oder bei der Jagd erhalten Sie nicht nur Fleisch, sondern auch Tierhäute oder Tierfelle. Nutzen

Sie diese Naturmaterialien. Um eine Tierhaut zu gerben, spannen Sie sie auf, reiben sie mit Salz ein und schaben Sie alle Fleisch- und Hautreste ab. Dann lassen Sie sie an der frischen Luft trocknen. Die Haare lassen sich mit Kalkmilch (siehe Seite 101) entfernen. Aus geraspelter Fichten- und Eichenrinde und Wasser können Sie eine einfache Gerberlohe herstellen. Lassen Sie die Häute und Felle 1 bis 2 Jahre darin liegen und ersetzen Sie die Lohe alle 2 bis 3 Monate.

Wolle, Leinen und Baumwolle können Sie auch selbst färben. Dazu müssen Sie das Färbegut beizen, indem Sie 120 Gramm Alaun und 30 Gramm Weingeist in etwas heißem Wasser lösen und dann 16 Liter kochendes Wasser dazugießen. Darin kochen Sie etwa 500 Gramm des Färbeguts eine Stunde lang. Farbe können Sie aus Pflanzen gewinnen. Sie brauchen dazu rund 1 Kilogramm der jeweiligen Pflanze. Zerquetschen oder pulverisieren Sie die Pflanze und weichen Sie sie über Nacht in kaltem Wasser ein. Dann kochen Sie die Pflanzenteile etwa 1 Stunde lang und gießen sie dann mit 16 Liter Wasser in den Färbebottich. Darin kochen Sie die Stoffe nochmals 1 Stunde lang, bis sie die Farbe in der gewünschten Intensität angenommen haben.

NATÜRLICHE PFLANZENFARBEN

Rot: Sandelholz
Grün: Birkenblätter, Farnkraut, Eschenblätter (dunkel)
Gelb: Gelbwurzeln, Färberdistelblüten, Zwiebelschalen
Blau: Holunderfrüchte, Teufelskirsche, Mistel (blaugrün)
Braun: Sauerampfer (dunkel), Schwarzerlenzapfen, Geißklee (goldbraun)
Beige: Schwarztee

Hygiene und Körperpflege

Was tun, wenn das gewohnte Haarshampoo oder Duschgel plötzlich nicht mehr verfügbar ist? Wir sind heute daran gewöhnt, dass alles immer sauber ist – und das ist auch wichtig. Die großen Fortschritte, welche die Medizin in den letzten 100 Jahren gemacht hat, beruhen zu einem großen Teil auch auf der Verbesserung der hygienischen Verhältnisse. Hygiene und Körperpflege helfen jedoch nicht nur, Krankheiten vorzubeugen, sondern tragen auch zu unserem körperlichen und seelischen Wohlbefinden bei. Es ist also wichtig, dass Sie auch in schwierigen Zeiten auf die Hygiene achten. Dabei helfen Ihnen die folgenden Tipps.

Körperpflege – immer schön sauber
Probleme mit der Wasserversorgung können es unmöglich machen, täglich zu duschen, so wie wir es heute gewohnt sind. Achten Sie jedoch darauf, dass zumindest Ihre Hände immer sauber sind, und vergessen Sie die Fingernägel nicht. Auch Gesicht, Achseln, den Genitalbereich und die Füße sollten Sie täglich waschen. Kaltes Wasser ist zwar unangenehm auf der Haut, härtet aber auch ab und verringert unsere Anfälligkeit gegenüber Infektionskrankheiten.

Als Ersatz für Seife können Sie Asche, feinen Sand oder Lehm verwenden. Achten Sie dabei jedoch darauf, dass Sie die Haut nicht verletzen, denn sonst können leicht Infektionen entstehen. Spülen Sie gründlich nach. Trockene Haut können Sie mit Oliven- oder Mandelöl, aber auch mit Speiseöl behandeln. Dies verhindert außerdem, dass Ihre Haut bei nassem und kaltem Wetter aufspringt.

Nicht vernachlässigen sollten Sie die Mund- und Zahnpflege. Als Ersatz für Zahnpasta können Sie Salz oder Holzkohlebrei verwenden, als Zahnbürste kann notfalls der Finger oder ein zerfaserter Buchenzweig dienen. Spülen Sie zusätzlich nach jeder Mahlzeit den Mund mit Trinkwasser aus.

Waschen Sie Ihre Kleidung regelmäßig, vor allem Unterwäsche und Socken. Geht das einige Zeit lang nicht, so sollten Sie die Kleidung täglich ausschütteln und der Sonne sowie der Luft aussetzen. Schuhe und Socken sollten Sie nicht über Nacht anlassen, sondern gut auslüften.

Drei- oder gar vierlagiges Toilettenpapier könnte in einer Krise zu Mangelware werden. Dann ist Zeitungspapier oder ein anderes Papier, zum Beispiel aus Büchern, gefragt. Steht Wasser zur Verfügung, können Sie einfach nur dies verwenden – das ist in vielen asiatischen Ländern auch heute gang und gäbe. In der Natur bieten sich große Blätter oder belaubte Zweige als Toilettenpapier an.

Frauen brauchen in regelmäßigen Abständen Menstruationsartikel wie Binden oder Tampons. Sollten diese einmal nicht mehr zur Verfügung stehen, bleiben uns nur auswaschbare Stoffbinden, wie sie unsere Vorfahren jahrtausendelang benutzten. Im Internet sind außerdem unter www.mooncupsandkeepers.com zwei wiederverwendbare Behälter erhältlich, die das Menstruationsblut auffangen, nicht aufsaugen. Der „Keeper" besteht aus Naturkautschuk, der „Moon Cup" dagegen aus Silikon.

Und was ist mit dem Rasieren? Am praktischsten ist es, sich einen Bart wachsen zu lassen, aber halten Sie ihn kurz. Wer sich rasieren möchte, sollte keine stumpfen Klingen verwenden, denn das kann zu Hautausschlägen führen. Sie können die Klingen auf einem Stück Leder, zum Beispiel an einem Gürtel, oder an glattem Glas schärfen. Als Ersatz für Rasierschaum kann gewöhnliche Seife dienen.

Seife herstellen

Um Seife herzustellen, brauchen Sie zunächst einmal Fette. Dies können pflanzliche Fette wie Kokosfett, Palmfett, Olivenöl und Rapsöl oder tierische Fette wie Talg und Schmalz sein. Infolge einer Krise werden exotische Fette wie Kokos- oder Palmfett jedoch nur schwer erhältlich sein – nehmen Sie also, was Sie bekommen können. Geben Sie das Fett in einen Topf, erhitzen Sie es, gießen Sie das reine Fett ab und lassen Sie es auf 38 Grad abkühlen. Dann geben Sie die gleiche Menge Wasser dazu, lassen das Gemisch zugedeckt 15 Minuten köcheln und über Nacht erkalten. Am nächsten Tag können Sie das an der Oberflächer erstarrte Fett abheben.

Die zweite wichtige Zutat für eine Seife ist eine Lauge, die Sie brauchen, um die Fettsäuren zu neutralisieren. Für diese Lauge brauchen Sie Natriumhydroxid, das jedoch in einer Krise nicht erhältlich sein wird. Alternativ können Sie eine Lauge herstellen, indem Sie Löcher in den Boden eines Fasses bohren und erst eine Schicht Kieselsteine, dann eine Schicht Stroh in das Fass füllen. Den Rest des Fasses füllen Sie mit Hartholzasche. Anschließend lassen Sie Regenwasser durch das Fass sickern und fangen es unter dem Fass auf. Durch Einkochen konzentrieren Sie diese Lauge.

> **VORSICHT: VERÄTZUNGSGEFAHR!**
>
> Sowohl diese selbst hergestellte Lauge als auch Natriumhydroxid sind ätzend. Ziehen Sie bei der Seifenherstellung Gummihandschuhe an und setzen Sie, wenn möglich, eine Schutzbrille auf. Atmen Sie die Dämpfe nicht ein und arbeiten Sie am besten im Freien. Auch Kinder und Haustiere sollten Sie von Ihrem Arbeitsplatz fernhalten. Etwaige Laugenspritzer können Sie mit Essig neutralisieren.

Dass die Konzentration der Lauge stark genug ist, können Sie mit einer einfachen Probe feststellen: Werfen Sie eine Kartoffel hinein. Schwimmt sie an der Oberfläche, ist Ihre Lauge genau richtig.

Nun wird das Fett in die Lauge eingerührt. Geben Sie jetzt auch Duftstoffe, zum Beispiel von Lavendel oder Zitronenmelisse, zu und lassen Sie alles unter häufigem Rühren abkühlen. Dann füllen Sie die Seifenmasse in die vorbereiteten Formen und legen Ihre Seife „schlafen". Decken Sie sie zu und stellen Sie sie in einen Schrank. Nach 4 bis 6 Wochen ist die Seife einsatzbereit.

Wem das alles zu kompliziert ist, der kann auch aus alten Seifenresten neue Seife herstellen. Zerkleinern Sie die Seifenreste und bringen Sie sie mit der gleichen Menge Wasser unter häufigem Rühren zum Kochen, bis sich alle Seifenstücke aufgelöst haben. Dann lassen Sie die Masse an der Luft erstarren.

Schön mit den Mitteln der Natur – Kosmetik

Schon lange bevor es Hautcremes, Lippenstift und Haarshampoo gab, machten sich unsere Vorfahren mithilfe der Natur schön. Dabei nutzten sie die Eigenschaften der Pflanzen, um sich zu pflegen. Einen Überblick über die Anwendungsmöglichkeiten verschiedener Pflanzen verschafft Ihnen die folgende Tabelle.

Verwendung	Pflanze	Anwendung
Falten	Beinwellblätter	In Cremes
Fettige Haut	Fenchelsamen, Frauenmantelblätter	Aufguss als Gesichtswasser
Feuchtigkeitscreme	Kamillenblüten	Aufguss mit Mandelöl vermischen
Gesichtslotion	Fenchelsamen, Ringelblumenblätter	Aufguss als Gesichtsreinigung
	Schafgarbe, Blüten	Aufguss mit Hamamelisextrakt mischen

Verwendung	Pflanze	Anwendung
Haarkur	Birkenblätter	Aufguss
	Eibischblätter	Aufguss für trockenes Haar
	Holunderbeeren	Absud
Haarspülung	Kamillenblüten, Zitronensaft	Aufguss für blondes Haar
	Lavendelblüten	Aufguss gegen fettiges Haar
	Pfefferminzblätter	Aufguss oder Abkochung mit Essig gegen fettiges Haar
	Salbeiblätter	Aufguss für dunkles Haar und gegen Schuppen
Trockene Haut	Kamillenblüten	In Cremes
	Ringelblume, Blütenblätter	In Cremes

Aus pflanzlichen Mitteln können Sie eine Vielzahl von Kosmetika für verschiedene Anwendungen herstellen. Um eine **Reinigungsmilch** für normale und fettige Haut zuzubereiten, brauchen Sie 150 Milliliter Buttermilch, 2 Esslöffel Zitronensaft und 3 Esslöffel Kamillenaufguss. Verrühren Sie alle Zutaten gut miteinander. Dann gießen Sie die Mischung in ein Glas und bewahren sie im Kühlschrank auf. Eine **Lotion aus Minze** verleiht Ihrer Haut neue Frische. Dazu brauchen Sie 2 Esslöffel gehackte Minze, 4 Esslöffel Apfelessig und 600 Milliliter destilliertes Wasser. Geben Sie Minze und Essig in ein verschließbares Gefäß, decken Sie es zu und lassen Sie das Ganze 7 Tage lang ziehen. Dann abseihen, destilliertes Wasser zugeben und gut vermischen. Die Lotion in eine Flasche füllen und verschließen. Vor Gebrauch schütteln. Eine **Kräutergesichtsmaske** können Sie aus 2 Esslöffeln Naturjoghurt,

2 Esslöffeln gehackten Kräuterblättern oder -blüten (je nach Hauttyp, siehe Tabelle) und 1 bis 2 Esslöffeln Hafermehl herstellen. Vermischen Sie den Joghurt mit den Kräutern und rühren Sie das Hafermehl unter, sodass ein cremiger Brei entsteht. **Raue Hände** können Sie mit Gurkensaft, Gurkenschalen oder Kartoffelwasser behandeln.

> **TESTEN SIE DIE VERTRÄGLICHKEIT IHRER KOSMETIKA**
>
> Bevor Sie eines der Präparate auf Ihr Gesicht geben, testen Sie es auf einer kleinen Hautfläche, zum Beispiel auf der Innenseite des Unterarms. Zeigen sich dort nach 1 Stunde keine Reaktionen, können Sie das Präparat mit gutem Gewissen auch im Gesicht auftragen.

Auch für die Haarpflege können Sie sich die natürlichen Eigenschaften der Kräuter zunutze machen. Aus Schachtelhalm und Seifenkraut lässt sich zum Beispiel ein Haarshampoo herstellen. Dazu benötigen Sie 2 Esslöffel geschnittene Schachtelhalmstiele, 7 Esslöffel geraspelte Seifenkrautwurzel und 2 Liter weiches Wasser. Weichen Sie das Seifenkraut über Nacht ein und pressen Sie es dann aus. Dann geben Sie es zusammen mit dem Schachtelhalm in einen Topf, übergießen das Ganze mit Wasser und rühren gut um. Aufkochen lassen und 15 Minuten bedeckt kochen. Dann nehmen Sie die Mischung vom Herd, lassen sie 1 Stunde lang ziehen und füllen sie dann in Flaschen ab. Bei fettigem Haar hilft eine Haarspülung mit Pfefferminze. Dazu benötigen Sie 10 Esslöffel gehackte Pfefferminzblätter, 1 Liter weiches Wasser und 1 Liter Apfelessig. Geben Sie die Pfefferminzblätter in einen Topf, übergießen Sie sie mit Wasser und erhitzen Sie das Wasser langsam. 15 Minuten köcheln lassen, dann vom Herd nehmen und 1 Stunde ziehen lassen. Den Aufguss abseihen und Essig unterrühren. Dann füllen Sie die Spülung in Flaschen und verschließen diese gut.

Ungebetene Gäste – Ungeziefer

Fehlt es an der nötigen Sauberkeit und Hygiene – zum Beispiel weil aufgrund einer Krisensituation keine Putz- oder Desinfektionsmittel mehr zur Verfügung stehen –, macht sich schnell Ungeziefer breit. Zum Glück wissen wir heute, wie wichtig Hygiene ist, und werden uns daher auch in Notsituationen darum bemühen, unsere Umgebung sauber zu halten, so gut wir eben können. Trotzdem kann es sein, dass Ihre Wohnung oder gar Sie selbst von Ungeziefer befallen werden. Dann ist Folgendes zu tun:

Ameisen vernichten Sie am besten mitsamt ihrem Bau, zum Beispiel indem Sie diesen mit kochendem Wasser übergießen. Außerdem mögen Ameisen den Geruch von Zimt nicht. Wenn Sie ihn vor die Löcher oder über Ameisenstraßen streuen, werden sich die Tiere einen anderen Weg suchen.

Bettwanzen kommen in der Nacht aus ihren Verstecken in Bettgestellen, Matratzen, hinter Bildern und Fußbodenleisten hervor und hinterlassen juckende Bisse auf den ahnungslos Schlummernden. Sie sind nicht nur in Billigunterkünften in Massen zu finden, sondern haben sich auch schon in New Yorker Luxushotels eingenistet. Und von dort aus werden sie überallhin verschleppt. Dass Ihr Bett von Wanzen befallen ist, erkennen Sie an schwarzen Punkten auf der Matratze und auf der Bettwäsche, den Ausscheidungen der Tiere. Bettwanzen (und ihre Eier) mögen weder Hitze noch Minustemperaturen. Deshalb sollten Sie alle Stoffe, die mit den Wanzen in Kontakt gekommen sind, entweder heiß waschen oder für einige Zeit ins Gefrierfach legen, denn so werden auch die für uns nicht sichtbaren Eier zerstört. Außerdem können Sie die Tierchen auch vergasen, indem Sie mehrere flache Gefäße mit Salmiakgeist aufstellen und alle Fenster und Türen schließen. Danach sehr gut lüften.

Fliegen können Krankheiten übertragen und haben daher in unseren Häusern und Wohnungen nichts zu suchen. Da sie den Geruch von Lavendel oder Pfefferminze nicht mögen, können Sie die Plagegeister mit den entsprechenden Pflanzen vertreiben.

Auch **Flöhe** können Krankheiten übertragen, außerdem jucken ihre Bisse sehr unangenehm. Vertreiben können Sie sie, indem Sie den Fußboden mit Essigwasser wischen, dem Sie etwas Petroleum und Salmiakgeist zugeben.

Kakerlaken treiben sich gern in der Küche und in Vorratsräumen herum. Sie können sie mit ausgelegten Gurkenschalen vertreiben oder ihnen eine Falle stellen, indem Sie Zucker in ein glattwandiges Glas geben. Auch **Silberfischchen** werden Sie auf diese Weise los. Lassen Sie keine Lebensmittel offen herumstehen, damit sich Kakerlaken & Co. gar nicht erst einfinden.

Milben sind mikroskopisch klein und können mit bloßem Auge kaum entdeckt werden. Oft werden sie von Hunden oder Katzen eingeschleppt und nisten sich dann in Matratzen oder Polstermöbeln ein. Halten Sie die Räume trocken und warm und lüften Sie regelmäßig. Aus Möbeln können Sie die Tierchen vertreiben, indem Sie sie an die Sonne stellen. Das Haustier, das die Milben eingeschleppt hat, reiben Sie mit Anis- oder Fenchelöl ein, um es zu desinfizieren.

Motten wüten in unseren Kleiderschränken und fressen unschöne Löcher in unsere Anziehsachen. Verjagen lassen sie sich mit getrockneten Zitronenschalen, Lavendelblüten oder Kampfer im Kleiderschrank. Halten Sie Ihre Räume hell und luftig und klopfen Sie Ihre Kleider öfter aus.

Gegen **Mäuse** und **Ratten** hilft ein einfaches „Hausmittel": eine Katze.

Mücken können Sie mit einem stark rauchenden Feuer fernhalten, in dem Sie zum Beispiel feuchtes Laub oder Moos verbrennen. Ein hausgemachtes Mückenmittel besteht aus 1 Teil Kölnisch Wasser und 4 Teilen Nelkenöl. Reiben Sie sich damit ein und Sie werden Ihre Ruhe vor den Plagegeistern haben. Auch den Geruch von Tomaten, Kampfer oder Lavendelöl mögen Mücken nicht.

Rund ums Haus

Das Dach ist undicht? Die Toilette ist verstopft? Es zieht zum Fenster herein? In solchen Fällen greifen wir zum Telefon und rufen einen Handwerker zu Hilfe. Doch nicht nur in Krisenzeiten ist es gut, wenn Sie die eine oder andere Reparatur rund ums Haus selbst erledigen können.

Dach decken

Ein behelfsmäßiges Dach können Sie leicht aus Brettern errichten. Dazu brauchen Sie Bretter, die etwa 2 bis 3 Zentimeter dick und 10 bis 20 Zentimeter breit sind. Diese nageln Sie parallel zum Dachrand auf die Sparren, sodass sie sich mindestens 3 Zentimeter überdecken. Zusätzlich bestreichen Sie die Bretter, falls möglich, mit erwärmtem Teer. Noch besser ist es allerdings, wenn Sie Dachpappe zur Verfügung haben, die Sie auf einer Bretterverschalung verlegen.

Fenster abdichten und reparieren

Fenster, die nicht geöffnet werden, können Sie mit verschiedenen Materialien abdichten, zum Beispiel Ton, Lehmbrei, geschmolzenem Wachs, Kerzenresten oder trockenem Moos. Bei Fenstern, die geöffnet werden sollen, leimen Sie Filz- oder Tuchstreifen in die Fensterfalze.

Müssen Sie eine neue Glasscheibe in Ihr Fenster einsetzen, so entfernen Sie zunächst die zerbrochene Scheibe sowie sämtliche Kittreste im Glasfalz. Schneiden Sie dann die neue Scheibe mit einem Glaserdiamant oder einem Stahlrädchen zu, sodass Sie auf jeder Seite noch 2 Millimeter Spielraum haben. Wenn möglich, ölen Sie den Glasfalz mit Firnis oder Leinsamenöl vor. Dann legen Sie die Scheibe ein und stiften sie fest. Zur Not können Sie das auch mit kleinen Nägeln tun, denen Sie vorher den Kopf abzwicken. Verstreichen Sie den Falz mit Glaserkitt und bekleben Sie eventuelle Sprünge mit Isolierband oder Leukoplast. Glaserkitt können Sie selbst herstellen, indem Sie 10 Teile Schlämmkreide mit 1 Teil Leinölfirnis vermischen. Aber Achtung: Der Kitt wird schnell hart. Mit ein wenig Leinölfirnis können Sie ihn wieder geschmeidig machen.

Mauern errichten

Egal, ob Sie Mauern aus Feld- oder Natursteinen oder aus gebrannten Ziegeln errichten wollen: Sie brauchen dazu Kalkmörtel oder Zement-Kalk-Mörtel. Als Ausgangsbasis für Kalk- oder Zementmörtel benötigen Sie zunächst Sack- oder Stückkalk, den Sie in einem Holzbottich mit so viel kaltem Wasser ablöschen, dass daraus ein Brei entsteht, der bald zu einer Art Teig erstarrt: der sogenannte Weißkalk. Vorsicht: Beim Ablöschen erhitzt sich das Gemisch stark! Diesen Weißkalk lassen Sie eine Zeit lang stehen und mischen ihn dann im Verhältnis 3:1 mit grobkörnigem Sand – so entsteht Kalkmörtel, den Sie für Mauerwerk benutzen können. Durch die Zugabe von Zement erhalten Sie Zementmörtel. Hier lautet das Mischungsverhältnis 11 Teile Weißkalk, 5 bis 8 Teile Sand und 1 Teil Zement.

Setzen Sie die Mauern niemals direkt auf der Erde auf, sondern heben Sie zunächst einen Graben aus, der mindestens 30 Zentimeter tief sein sollte. Dass die Bodenfeuchtigkeit in die Mauern zieht, können Sie mit einer Schicht Dachpappe verhindern. Mauern Sie zunächst die Ecken und spannen Sie eine Schnur von Ecke zu Ecke. Genau nach dieser Schnur mauern Sie nun den Zwischenraum zwischen den beiden Ecken aus. Prüfen Sie stets mit einem Lot und einer Wasserwaage, ob die Mauer auch richtig steht.

> **EINE IMPROVISIERTE WASSERWAAGE**
>
> Wer keine Wasserwaage hat, kann ein großes, flaches Gefäß etwa 10 Zentimeter mit Wasser füllen. Dann stellen Sie das Gefäß auf die Mauer. Steht das Wasser überall gleich hoch, ist Ihre Mauer waagerecht.

Wenn Ihre Mauer Fenster oder Türen enthalten soll, dann mauern Sie Holzklötze mit ein, an denen Sie die Fenster oder Türen später festnageln können. Überdecken Sie die Öffnungen mit kräftigen geteerten Balken. Damit Sie oder Ihre Tiere vor Kälte geschützt sind, sollten Ihre Mauern mindestens 38 Zentimeter dick sein und aus Vollziegeln bestehen.

Toiletten

Wenn kein fließendes Wasser zur Verfügung steht, werden Sie sich wieder auf das gute alte Plumpsklo besinnen müssen. Die einfachste Variante besteht aus einer Grube, über der in Sitzhöhe ein Brett angebracht ist. Damit Sie bei Regen nicht im Nassen sitzen, können Sie ein Häuschen über die Grube bauen. Außerdem können Sie mit einem Ventilationsrohr frische Luft in die Grube leiten.

Wichtig ist, dass Sie mit Ihren Toilettengängen das Grundwasser nicht verunreinigen. Daher muss die Grube mindestens 1,5 Meter über dem Grundwasserspiegel liegen und sollte mindestens

15 bis 30 Meter von einem Brunnen oder einer Quelle entfernt sein. Auch sollte sich die Latrine nicht zu nahe an Ihrem Wohnhaus befinden, damit Sie nicht von den Gerüchen belästigt werden.

Kommunikation und Information

Im Falle einer Krise kann die Kommunikation sehr schnell zusammenbrechen, denn Kommunikationsmittel wie Handy, E-Mail und Telefon hängen vom Stromnetz ab. Wer noch ein altes Telefon mit Wählscheibe hat, kann sich glücklich schätzen, denn es funktioniert auch ohne Strom. Am längsten kann Kommunikation noch über CB-Funk aufrechterhalten werden.

Morsezeichen und Funkalphabet

Vor allem das Morsealphabet sollten Sie immer parat haben, denn Sie können damit über akustische (Klopfen, Pfeifen, Hupen) oder optische (Blinken) Zeichen kommunizieren. Ein Strich ist dabei etwa dreimal so lang wie ein Punkt. Die Pausenzeichen zwischen den einzelnen Buchstaben sollten so lang sein wie ein Punkt.

Zeichen	Code	Zeichen	Code	Zeichen	Code
A	.-	P	.--.	5	.....
B	-...	Q	--.-	6	-....
C	-.-	R	.-.	7	--...
D	-..	S	...	8	---..
E	.	T	-	9	----.
F	..-.	U	..-	0	-----

Zeichen	Code	Zeichen	Code	Zeichen	Code
G	--.	V	...-	Punkt	.-.-.-
H	....	W	.--	Komma	--..--
I	..	X	-..-	Fragezeichen	..--..
J	.---	Y	-.--	Anfang	-.-.-
K	-.-	Z	--..	Fehler	....
L	.-..	1	.----	Warten	.-...
M	--	2	..---	Verstanden	...-.
N	-.	3	...--	Ende	.-.-.
O	---	4	....-		

Zum Buchstabieren schlägt DIN 5009 die postalische Buchstabiertafel vor, die in der Kommunikation mit Behörden und Organisationen mit Sicherheitsaufgaben gilt.

Zeichen	Wort	Zeichen	Wort	Zeichen	Wort
A	Anton, Anna (CH)	K	Kaufmann, Konrad (Ö), Kaiser (CH)	ß	Eszett, scharfes S (Ö)
Ä	Ärger, Äsch (CH)	L	Ludwig, Leopold (CH)	T	Theodor
B	Berta	M	Martha, Marie (CH)	U	Ulrich
C	Cäsar	N	Nordpol, Niklaus (CH)	Ü	Übermut, Übel (Ö)

Zeichen	Wort	Zeichen	Wort	Zeichen	Wort
Ch	Charlotte	O	Otto	V	Viktor
D	Dora, Daniel (CH)	Ö	Ökonom, Österreich (Ö), Oerlikon (CH)	W	Wilhelm
F	Friedrich	P	Paula, Peter (CH)	X	Xanthippe, Xaver (Ö)
G	Gustav	Q	Quelle, quasi (CH)	Y	Ypsilon, Yverdon (CH)
H	Heinrich	R	Richard, Rosa (CH)	Z	Zacharias, Zürich (Ö, CH)
I	Ida	S	Samuel, Siegfried (Ö), Sophie (CH)		
J	Julius, Jakob (CH)	Sch	Schule		

Im internationalen Funkalphabet wurden die Wörter so gewählt, dass sie auch bei großem Rauschen noch eindeutig verstanden werden können. Die Wörter werden dabei englisch ausgesprochen und werden auch in Deutschland bei der Kommunikation mit dem Militär und im Warndienst verwendet.

Zeichen	Wort	Zeichen	Wort	Zeichen	Wort
A	Alpha	M	Mike	Y	Yankee
B	Bravo	N	November	Z	Zulu
C	Charlie	O	Oscar	1	Unaone

Zeichen	Wort	Zeichen	Wort	Zeichen	Wort
D	Delta	P	Papa	2	Bissotwo
E	Echo	Q	Quebec	3	Terrathree
F	Foxtrott	R	Romeo	4	Kartefour
G	Golf	S	Sierra	5	Pantafive
H	Hotel	T	Tango	6	Soxosix
I	India	U	Uniform	7	Setteseven
J	Juliet	V	Victor	8	Oktoeight
K	Kilo	W	Whisky	9	Novenine
L	Lama	X	X-ray	0	Nadazero

Für Deutschland wurden die zusätzlichen Zeichen Ärger (Ä), Öse (Ö) und Übel (Ü) eingeführt, die jedoch international nicht verstanden werden. Für das ß und die Gruppen ch und sch gibt es keine Wörter.

Notsignale

Damit Helfer in einer Notsituation auf Sie aufmerksam werden können, sollten Sie die internationalen Notsignale kennen. Ein generelles Warnsignal ist uns aus dem Autoverkehr bekannt: das Warndreieck oder ganz einfach das Dreieck. Bei Dunkelheit können Sie dazu drei Feuer entzünden. Das internationale Notrufzeichen ist SOS, das im Morsecode als ...---... (dreimal kurz, dreimal lang, dreimal kurz) verschlüsselt wird. Diesen Notruf können Sie – je nach Ihren Möglichkeiten – als optisches oder akustisches Signal absetzen. Im internationalen Sprechfunkverkehr lautet das Notsignal „Mayday".

OPTISCHE UND AKUSTISCHE SIGNALE

Not macht erfinderisch, und in einer Notsituation sollten Sie alle Möglichkeiten nutzen, die Ihnen zur Verfügung stehen, um ein Notsignal zu senden. So können Sie zum Beispiel winken (wenn man Sie gut sehen kann), ein Feuer anzünden oder Signalraketen abfeuern. Mit spiegelnden Flächen können Sie Blinksignale absetzen oder Sie können aus Steinen, Holz oder im Schnee mit farbigen Gegenständen Signale auslegen. Auch sämtliche akustischen Möglichkeiten sollten Sie nutzen: rufen, schießen, hupen, pfeifen, gegen Gegenstände schlagen und so weiter.

Womit Sie Ihre Notsignale absetzen, hängt stark davon ab, wo Sie sich befinden. In sehr abgelegenen Gegenden nutzen Ihnen keine Taschenlampe und auch keine Leuchtrakete, da sie von niemandem gesehen werden. Blinksignale mit einem Spiegel helfen in Gegenden mit viel Wasser oder Schnee auch nichts, da die Sonne ständig irgendwo reflektiert wird. Am besten funktionieren hier Feuer- und Rauchsignale. Zünden Sie das Feuer auf einer großen Fläche an – nachts kann das Feuer selbst, am Tag sein Rauch gut gesehen werden. Noch besser geeignet ist farbiger Rauch aus der Dose, den es im Outdoor-Fachhandel als anzündbare Patronen, Rauchfackeln mit Abreißzünder und Rauchtöpfe mit Abreißzünder gibt. Außerdem gibt es dort spezielle Notsignalgeräte, zum Beispiel Signalgeber mit Leuchtkugeln, sogenannte Fallschirmraketen oder Signalpistolen.

In den Bergen gibt es eigene Regeln: Das internationale Bergnotzeichen sind sechs Signale pro Minute, zum Beispiel Rufe, Schüsse, Pfiffe oder Lichtzeichen – je nach den Möglichkeiten, die Ihnen zur Verfügung stehen. Dann pausieren Sie eine Minute und senden dann erneut sechs Signale pro Minute ab. Wenn Sie einen solchen Notruf empfangen und verstanden haben, antworten Sie mit drei Signalen pro Minute darauf. Dann machen Sie eine Minute Pause und setzten dann erneut drei Signale ab. Außerdem gibt es in den Bergen Signalraketen. Eine rote Rakete bedeutet einen Notfall, eine weiße signalisiert: „Verstanden!" und eine grüne Rakete fordert einen Bergsteiger auf, zur Basis zurückzukehren.

Vor Katastrophen wird über Sirenen gewarnt. Allerdings gibt es in Deutschland kein flächendeckendes Sirenenwarnsystem mehr, da nach dem Ende des Kalten Krieges in den 1990er-Jahren das Sirenennetz aus Kostengründen stark ausgedünnt wurde. Man setzt stattdessen auf die Warnung per Radio – die jedoch im Falle eines Stromausfalls nach einer Sonneneruption komplett nutzlos ist. Sirenen werden lediglich noch für die Feuerwehr unterhalten. Ein intaktes Sirenennetz haben heute nur noch wenige Großstädte. In Bayern sind immerhin in einem Umkreis von 25 Kilometern um alle Kernkraftwerke Sirenenanlagen installiert, um die Bevölkerung im Falle einer Katastrophe zu alarmieren. Das Katastrophenwarnsignal in Deutschland ist ein einminütiger auf- und abschwellender Heulton, der früher einen Luftalarm signalisierte.

Österreich verfügt nach wie vor über ein flächendeckendes Sirenensystem, das regelmäßig getestet wird. Es werden die folgenden Signale verwendet.

Signal	Bedeutung
Dreiminütiger Dauerton	Warnung vor einer nahenden Gefahr, Aufforderung zum Einschalten der Rundfunkgeräte
Einminütiger auf- und abschwellender Dauerton	Gefahr, Aufforderung, schützende Räumlichkeiten aufzusuchen und Rundfunkgeräte einzuschalten
Einminütiger Dauerton	Entwarnung

Auch in der Schweiz können 99 Prozent der Bevölkerung über ein Sirenensystem erreicht werden. Dabei werden die folgenden Signaltöne verwendet.

Signal	Bedeutung
Einminütiger auf- und abschwellender Dauerton, Wiederholung nach einer Pause von 2 Minuten	Allgemeiner Alarm, Aufforderung zum Einschalten der Rundfunkgeräte
Zwölf tiefe Dauertöne von je 20 Sekunden Dauer in Abständen von je 10 Sekunden (nach einem allgemeinen Alarm)	Wasseralarm: Die Bevölkerung soll die jeweilige Region sofort verlassen.

Ein Signal für „Entwarnung" gibt es in der Schweiz nicht mehr, stattdessen wird das Ende der Gefahr durch das Radio oder die örtlichen Behörden bekannt gegeben.

Information in Krisenzeiten

Unsere aktuellsten Informationsquellen sind heute Fernsehen, Radio und Internet. Alle drei setzen jedoch eine funktionierende Stromversorgung voraus. Wer ein Smartphone oder einen Tablet-PC besitzt, kann damit auch unabhängig von der Stromversorgung ins Internet gehen, zumindest solange der Akku des Geräts hält und die Funkmasten noch Signale senden. Die sicherste Informationsquelle ist das Radio. Es ist anzunehmen, dass Sendestationen nach einer Katastrophe relativ schnell wieder hergerichtet werden, eben gerade um die Bevölkerung zu erreichen. Besorgen Sie sich daher ein Gerät mit einem möglichst großen Empfangsbereich, zum Beispiel einen Weltempfänger, und legen Sie sich einen ausreichend großen Vorrat an Batterien zu. Wenn Sie die Lautstärke herunterdrehen, halten die Batterien länger.

Wetterregeln

Wir sind heute gewöhnt, dass wir mit einem Blick ins Internet erfahren können, wie das Wetter in den nächsten Tagen wird – und zwar überall auf der Welt. Doch was passiert, wenn es einmal keinen Wetterbericht mehr gibt? Zu wissen, wie das Wetter wird, ist wichtig, wenn Sie zum Beispiel im Garten oder auf den Feldern arbeiten wollen, denn hier kann ein Regenguss zum falschen Zeitpunkt viel Schaden anrichten. Auch wenn Sie auf eine Expedition gehen wollen, zum Beispiel um Nahrung zu suchen oder Hilfe zu holen, sollten Sie wissen, wie das Wetter in den nächsten 24 Stunden wird, denn sonst könnten Sie Probleme bekommen. Um das Wetter vorherzusagen, brauchen Sie keinen Wetterbericht aus dem Radio. Beobachten Sie den Himmel aufmerksam, denn Wolken, Wind oder Nebel können Ihnen viel verraten.

Wetterbote	Ereignis	Wetter
Wolken	Rasch und dicht aufziehende Federwolken aus Westen/Südwesten	Wetterverschlechterung in den nächsten 6 bis 12 Stunden
	Geschlossene Schleierwolken, von Westen her aufziehend, mit Sonnen- oder Mondring	Eintrübung mit Niederschlag in 8 bis 15 Stunden. Im Winter Temperaturanstieg
	Schnelle Schleierwolken	Unbeständig, Neigung zu Niederschlägen
	Schleierwolken	Gegen den Uhrzeigersinn drehend: Kaltlufteinbruch; im Uhrzeigersinn drehend: Warmluftzufuhr
	Einzelne Bänke hoher Wolken, oft mit fischartiger Struktur, dazu gute Fernsicht und schwacher Wind	Anhalten des trockenen und sonnigen Wetters; Sommer: starke Temperaturunterschiede zwischen Tag und Nacht

Wetterbote	Ereignis	Wetter
Wolken	Langsam aufziehende hohe Wolken aus Osten	Beständiges trockenes und schönes Wetter
	Haufenwolken, die im oberen Teil stark emporquellen	Leichte Schauer
	Haufenwolken, die im oberen Teil zu Schleierwolken werden	Mäßige bis kräftige Schauer, böig auffrischender Wind
	Frühe Schäfchenwolken	In Flockenform: Gewitterneigung; in Wolkenbänken: schönes Wetter
	Tiefe dunkelgraue Schichtwolken unter hellgrauer Wolkendecke	Dauerregen
	Tiefe Haufenwolken, die sich abends ausbreiten	Anhaltendes schönes Wetter
	Tiefe, aufquellende Haufenwolken	Örtliche Niederschläge
	Gelbliche Farbe der Wolken	Hagel
Nebel	Früher Nebel/Hochnebel nach klarer Nacht	Beständiges Wetter
	Morgennebel, der sich im Tagesverlauf auflöst	Tagsüber trocken und sonnig
	Nebel, leichter Niederschlag	Anhaltender Niederschlag
	Hochnebel	Im Frühjahr/Herbst nachts und morgens: tagsüber heiter und sonnig; im Winter ganztägig: weiterhin bedeckt und gleichmäßig kalt
Wind	Aus Südost bis Südwest	Stärkere Bewölkung, anhaltender Niederschlag
	Aus Nord bis Ost	Geringe Bewölkung, trocken
	Aus West bis Nordwest	Stärkere Bewölkung, Schauer, Temperaturveränderung (im Sommer kälter, im Winter wärmer)
	Änderung der Windrichtung um mehr als 45 Grad	Wetterumschwung

4. KAPITEL: GESUNDHEIT UND SICHERHEIT

Wenn uns heute etwas wehtut oder wir uns nicht wohlfühlen, gehen wir sofort zum Arzt oder in die Apotheke und besorgen uns Medikamente gegen unsere Beschwerden. Auch wenn unser Gesundheitssystem in einiger Hinsicht krankt, gehört es zu den besten der Welt: Jeder hat eine Krankenversicherung, und im Notfall ist sofort ein Arzt zur Stelle. Doch was können Sie tun, wenn nicht sofort medizinische Hilfe zur Verfügung steht? Wie können Sie Krankheiten und kleine Wehwehchen selbst behandeln? Und welche Heilpflanzen hält die Natur für Sie bereit? In einer Krise kann es sein, dass sich die medizinische Versorgungslage verschlechtert – deshalb ist es gut, wenn Sie auf den Ernstfall vorbereitet sind. Frischen Sie auch Ihre Erste-Hilfe-Kenntnisse auf, denn dies kann nicht nur in Krisenzeiten Leben retten.

Doch in Krisensituationen drohen noch weitere Gefahren: Spitzt sich die Lage so zu, dass einige Menschen noch sehr viel haben, andere jedoch fast gar nichts mehr, so müssen Erstere vermehrt mit Einbrüchen oder Überfällen rechnen. Schützen Sie sich und Ihr Hab und Gut – was Sie dabei beachten müssen, verrät Ihnen dieses Kapitel.

Medizin in Krisenzeiten

Nach einer globalen Katastrophe kann es sein, dass Medikamente, die wir für selbstverständlich halten, längere Zeit nicht verfügbar sind. Wer regelmäßig auf Medikamente angewiesen ist, sollte sich daher rechtzeitig einen Vorrat anlegen, auch wenn das Haltbarkeitsdatum schnell überschritten wird. Auch nach dem Verfallsdatum sind die meisten Medikamente nicht sofort unwirksam, allerdings werden sie mit der Zeit nach und nach schwächer.

Doch was tun wir ohne Aspirin, Penicillin & Co.? Zum Glück gibt es homöopathische Heilmittel und Hausmittel, die gegen allerlei Beschwerden helfen. Vor allem die homöopathischen Globuli nehmen nicht viel Platz weg und sind sehr lange haltbar – decken Sie sich also schon bald mit den wichtigsten Mitteln ein. Zusätzlich können Sie Heilkräuter in der freien Natur sammeln oder auf Ihrem eigenen Grundstück anbauen. Brillenträger sollten sich außerdem eine Ersatzbrille anschaffen.

Hausmittel gegen allerlei Beschwerden

Bei vielen Krankheiten und Beschwerden müssen Sie nicht gleich zur „chemischen Keule" greifen, sondern können sich mit allerlei Hausmitteln behelfen.

Gegen **Fieber** helfen verschiedene Wickel, zum Beispiel ein Wickel mit Quark, der auch für Babys und Kleinkinder geeignet ist. Dazu nehmen Sie ein Handtuch und legen es so zusammen, dass es Brust und Bauch des Patienten bedeckt. Tauchen Sie dann ein zweites Handtuch in heißes Essigwasser und drücken Sie es aus. Dann falten Sie es etwas schmaler als das erste Handtuch zusammen und legen es auf das erste Handtuch. Streichen Sie den angewärmten Quark etwa messerdick auf das feuchte Handtuch. Dann legen Sie den Kranken auf den Rücken, sodass er auf den Handtüchern liegt, und schlagen die Tücher so zusammen, dass die mit

Quark bestrichene Seite auf dem Körper aufliegt. Lassen Sie den Quarkwickel mindestens 1 Stunde, aber nicht länger als 2 bis 3 Stunden am Körper. Ein weiteres Hausmittel gegen Fieber ist das Einreiben mit Essigwasser. Dazu verdünnen Sie Weinessig mit warmem Wasser, tauchen einen Waschlappen hinein und drücken ihn dann gut aus. Damit reiben Sie den Körper des Patienten mehrmals täglich ab, um das Fieber zu senken. Achten Sie auch darauf, dass fiebernde Patienten einen regelmäßigen Stuhlgang haben, denn die Giftstoffe, die durch das Fieber im Körper gebildet werden, werden über den Darm ausgeschieden. Erwachsene können nachhelfen, in dem sie abends abführendes Obst (zum Beispiel Pflaumen) essen oder einen abführend wirkenden Tee (zum Beispiel Anis oder Fenchel) trinken. Bei Kindern hilft ein Einlauf, der morgens durchgeführt werden sollte.

Nicht nur im kalten Winter werden wir häufig von **Erkältungskrankheiten** heimgesucht. Der Hals kratzt, die Nase läuft, und wir husten uns die Seele aus dem Leib. Auch hier können verschiedene Hausmittel Linderung verschaffen. Gegen eine Halsentzündung hilft zum Beispiel Apfelessig. Brauen Sie sich ein Getränk aus 1 Tasse heißem Wasser, 1 Esslöffel Honig und 1 Teelöffel Apfelessig. Trinken Sie es mehrmals am Tag langsam und schluckweise. Auch Kamillentee kann hier Abhilfe verschaffen. Übergießen Sie 2 Teelöffel Kamillenblüten mit 250 Milliliter kochendem Wasser und lassen Sie das Ganze zugedeckt zehn Minuten ziehen. Dann seihen Sie den Tee ab und lassen ihn abkühlen. Jede Stunde 1 Tasse davon trinken. Einen wirksamen **Hustensaft** können Sie ganz einfach selbst herstellen: Vermischen Sie 1 Esslöffel Olivenöl mit dem Saft 1 Zitrone, 1 Eiweiß und 1 Esslöffel Honig. Von dieser Mischung nehmen Sie alle 2 Stunden 1 Teelöffel.

Magen-Darm-Beschwerden sind häufig eine Begleiterscheinung von Stress. Auch ihnen können Sie mit diversen Hausmitteln zu Leibe rücken. Magenkrämpfe können Sie mit einem Tee aus Johanniskraut und Fenchel lindern. Dazu brauchen Sie je 60 Gramm Johanniskraut, Gänsefingerkraut und Kardobenediktenkraut und je 15 Gramm Fenchel und Isländisch Moos. Überbrühen Sie 3 Esslöffel der getrockneten Mischung mit 1 Liter kochendem Wasser und lassen Sie das Ganze 10 Minuten ziehen. Dann abseihen und über den Tag verteilt trinken. Gegen **Durchfall** hilft ein Tee aus getrockneten Heidelbeeren. Übergießen Sie 2 Teelöffel getrocknete Heidelbeeren mit 500 Milliliter kaltem Wasser, bringen Sie das Ganze zum Sieden und lassen Sie es 10 Minuten kochen. Dann abseihen und mehrmals täglich eine viertel Tasse dieses Tees trinken, aber nur mäßig warm. **Verstopfung** können Sie mit Rizinusöl zu Leibe rücken. Nehmen Sie 1 bis 2 Esslöffel davon ein – nach etwa 2 bis 4 Stunden zeigt sich die abführende Wirkung. Auch mit Dörrpflaumen können Sie einem trägen Darm auf die Sprünge helfen.

Oft entstehen durch kleine Verletzungen **eitrige Entzündungen**. Diese können Sie mit einer selbst gemachten Salbe bekämpfen. Dazu vermischen Sie Rizinusöl mit Weizenmehl zu einer Paste. Auch bei **Verbrennungen** hilft diese Salbe. Und noch ein Heilmittel gibt es, auch wenn sich viele Menschen davor ekeln: Tupfen Sie Eigenurin auf die betroffene Stelle.

Braucht man bei einem medizinischen Eingriff einen Ersatz für eine **Narkose**, so kann man dem Patienten Alkohol einflößen, bis das Schmerzempfinden stark herabgesetzt ist. Für eine örtliche Betäubung eignen sich Eis oder Eiswasser: Kühlen Sie die Stelle, bis sie gefühllos ist.

DIE HOMÖOPATHISCHE NOTFALLAPOTHEKE

Wer sich für Homöopathie interessiert, kann in der Apotheke fertig zusammengestellte „homöopathische Hausapotheken" kaufen, die alle wichtigen Globuli enthalten. Dazu gehören unter anderem:

Aconitum: akute Störungen, Fieber, grippaler Infekt
Antimonium crudum: Verdauungsstörungen
Apis: Insektenstiche, Verbrennungen
Argentum nitricum: Angst, Nervosität vor Terminen und Ereignissen, Unruhe, Ungeduld
Arnica: Verletzungen aller Art
Arsenicum album: Brechdurchfall, Lebensmittelvergiftung
Belladonna: Abszess, Fieber, grippaler Infekt
Berberis: Blasenentzündungen
Byronia: Verdauungsbeschwerden mit hartem Stuhl, Störungen der Leber und Galle
Camphora: grippaler Infekt
Cantharis: Verbrennungen, Insektenstiche, Sonnenbrand
Carbo vegetabilis: Blähungen, infektiöse Magen-Darm-Erkrankungen
Chamomila: Schlaflosigkeit, Unruhe, Nervosität
Coffea: Nervosität, Unruhezustände
Echinacea: Abwehrschwäche
Eupatorium: Gliederschmerzen bei grippalen Infekten
Ferrum phosphoricum: beginnende Schmerzen und Infekte, Ohrenschmerzen
Gelsemium: Virusinfektionen, Kopfschmerzen, Migräne, Schwindel
Hepar sulfuris: Entzündungen von Haut und Gewebe

Lachesis: Septische Infektionen durch Verletzungen, Bisse und verunreinigte Wunden, Blutungsneigung
Ledum: Juckreiz durch Insektenstiche
Magnesium phosphoricum: Krämpfe, Einschlafstörungen, Menstruationsbeschwerden
Nux vomica: Übelkeit und Erbrechen, Magen- und Darmbeschwerden
Okoubaka: Durchfall und Erbrechen aufgrund unverträglicher Nahrungsmittel
Rhus toxicondendron: Schmerzen des Bewegungsapparats aufgrund von Unterkühlung und Überanstrengung, Ischialgie, Hexenschuss
Silicea: Abszess
Staphysagria: Schnittverletzungen, Blasenentzündungen
Veratrum album: plötzliche Schwäche, Ohmacht, Übelkeit, Erbrechen, heftiger Durchfall

Heilpflanzen

Schon seit Urzeiten verwenden die Menschen Kräuter, um die verschiedensten Beschwerden zu kurieren oder zumindest zu lindern. Früher gab es nur eine Möglichkeit, um ihre Wirkung herauszufinden: ausprobieren und abwarten. Im besten Fall stellte sich eine Heilwirkung ein, im schlimmsten Fall war der Proband tot. So fanden unsere Vorfahren im Laufe der Jahrhunderte heraus, welches Kraut hilfreich und welches giftig ist – doch warum das so ist, wussten sie nicht. Heute können wir mit wissenschaftlichen Methoden genau erforschen, welche Inhaltsstoffe in einer Pflanze stecken, und so genau identifizieren, worauf die gesundheitliche Wirkung einer Pflanze beruht. Meist macht es hier die Mischung: Eine bestimmte Kombination von Wirkstoffen ist für die positive

Wirkung der Pflanzen verantwortlich. Viele Heilkräuter sind Pflanzen, die eigentlich als Unkraut verschrien sind, wie zum Beispiel Brennnessel, Löwenzahn oder Spitzwegerich. Auch in Krisenzeiten gedeihen und blühen sie am Wegesrand, auf Wiesen und Weiden. Die meisten Heilpflanzen können Sie jedoch auch im Garten oder auf dem Balkon ziehen – ein kleiner Kräutergarten versorgt Sie nicht nur mit leckeren Würzstoffen für die Küche, sondern auch mit seit Jahrhunderten bewährten Heilmitteln. Ein paar Regeln sollten Sie jedoch beachten, wenn Sie Kräuter zu Heilzwecken einsetzen.

> Achten Sie unbedingt auf das richtige Maß, denn nur so können Sie sicher sein, dass die Kräuter keine schädlichen Nebenwirkungen haben.
> Führen Sie eine Kräuterkur nicht länger als sechs bis acht Wochen durch.
> Sind Sie Allergiker oder leiden Sie unter Heuschnupfen? Dann sollten Sie die Pflanzen, gegen die Sie allergisch sind, natürlich auch nicht zu Heilzwecken einsetzen.

AB ZUM ARZT!

Heilkräuter richten zwar nur selten Schaden an, doch in manchen Fällen sollten Sie einen Arzt hinzuziehen, falls Sie diese Möglichkeit haben. Dazu gehören die folgenden Situationen:

> Nach drei bis vier Tagen Kräuterbehandlung tritt noch keine Besserung ein.
> Sie bekommen plötzlich hohes Fieber.
> Sie leiden unter starken Schmerzen.
> Sie leiden unter Herz- oder Kreislaufbeschwerden.

> Nach Absetzen der Kräuterbehandlung treten die Schmerzen erneut auf.
> Es stellen sich folgende Nebenwirkungen ein: Kopfschmerzen, Durchfall, Übelkeit oder Hautreaktionen.

Gegen allerlei Beschwerden helfen die folgenden 25 wichtigsten Heilkräuter, die Sie auch in unseren Breiten anbauen oder sammeln können.

Ackerschachtelhalm *(Equisetum arvense)*
Auch: Schachtelhalm, Zinnkraut, Katzenschwanz
Diese mehrjährige Pflanze wird circa 20 bis 80 Zentimeter hoch. An ihrem Stängel befinden sich zahlreiche Knoten, von denen gegliederte Ästchen ausgehen. Diese Ästchen sehen aus wie ineinandergesteckt oder -geschachtelt – daher auch der Name der Pflanze. Der Ackerschachtelhalm wächst auf Äckern, Feldern und an Bahndämmen, lässt sich auf einfachem, mit Lehm durchsetztem Ackerboden aber auch gut selbst anbauen. Achtung: Der Waldschachtelhalm und der Sumpfschachtelhalm sind giftig! Ernten Sie den Ackerschachtelhalm also nur, wenn Sie ihn einwandfrei identifizieren können, und ernten Sie keine Pflanzen in Wald- oder Sumpfgebieten.

Ernte und Aufbereitung: Die Sommertriebe werden zwischen Mai und September geerntet und circa 10 Zentimeter über der Erde abgeschnitten. Einen Tee bereiten Sie zu, indem Sie die Stängel trocknen und klein schneiden.

Wirkung: Der Ackerschachtelhalm wirkt harntreibend und blutstillend. Deshalb wird er bei Infektionen und Steinen im Harntrakt eingesetzt. Bei Rheuma und Gicht kann ein Schachtelhalmbad Linderung verschaffen. Übergießen Sie 100 Gramm Schachtelhalm mit kochendem Wasser, bringen Sie das Ganze zum Sieden und kochen Sie es eine Viertelstunde lang. Dann abseihen und den Sud ins Badewasser geben.

Arnika *(Arnica montana)*
Arnika ist selten zu finden und wächst wild vor allem auf Bergwiesen. Die Pflanze wird 30 bis 60 Zentimeter hoch und blüht im Juni und Juli. Im Garten können Sie Arnika aus Samen ziehen – in freier Wildbahn steht sie unter Naturschutz und darf daher nicht geerntet werden. Bleibt die Frage, ob sich im Ausnahmezustand einer Krise darum noch jemand kümmert …
Ernte und Aufbereitung: Die geöffneten Blüten können im Juni und Juli gepflückt und dann getrocknet werden.
Wirkung: Eine Salbe aus Arnika wird gegen Blutergüsse, Prellungen und Verstauchungen eingesetzt. Sie ist in der Apotheke erhältlich. Selbst herstellen können Sie einen Aufguss aus Arnika. Übergießen Sie dazu 2 Teelöffel getrockneter Arnikablüten mit 250 Milliliter kochendem Wasser. Dann 10 Minuten ziehen lassen, abseihen und auf Zimmertemperatur abkühlen lassen. Verbandmull oder Watte mit dem Arnikaaufguss tränken und auf die zu behandelnde Stelle auflegen.

Baldrian *(Valeriana officinalis)*
Auch: Bullerjan, Stinkwurz, Katzenkraut
Der mehrjährige Baldrian wird 20 bis 150 Zentimeter hoch und ist vor allem in Gebüschen, Gräben und auf Wiesen zu finden. Von Juli bis August blüht er in weißlichen bis hellrosa Doldenrispen. Sie können Baldrian auch selbst anbauen: Er bevorzugt feuchte, halbschattige Standorte und benötigt einen nährstoffreichen Boden.
Ernte und Aufbereitung: Beim Baldrian werden die Wurzeln verwendet, die Sie am besten im Herbst zwischen August und Okto-

ber ausgraben. Trocknen Sie den Wurzelstock in der Sonne und bewahren Sie die Wurzeln dann in Glasbehältern auf.
Wirkung: Baldrian wirkt gegen Schlafstörungen, Kopfschmerzen, Erschöpfungszustände und nervöse Spannungen. Aber Vorsicht: Baldrian kann abhängig machen! Nehmen Sie ihn also nicht in größeren Mengen und über einen längeren Zeitraum zu sich. Wer abends nicht entspannen kann, kann mit einem Tee aus Baldrian nachhelfen. Übergießen Sie dazu 2 Teelöffel Baldrianwurzel mit 250 Milliliter kaltem Wasser und lassen Sie das Ganze circa 12 Stunden ziehen. Abseihen und den kalten Auszug auf Trinktemperatur erwärmen.

Beinwell *(Symphytum officinale)*
Auch: Beinwurz, Schwarzwurz
Beinwell ist ein bekanntes Heilkraut und enthält Allantoin, eine zellvermehrende und knochenbildende Substanz, welche die Neubildung von Knochen und Gewebe fördert. Daher kommt übrigens auch sein Name: Beinwell fördert das Wohl der Beine (und anderer Knochen). Die mehrjährige Pflanze aus der Familie der Raublattgewächse wird bis zu 1 Meter hoch und blüht von Mai bis September. Sie wächst bevorzugt an Wegrändern, Bächen und Flüssen, in Gräben und auf feuchten Wiesen. Wer Beinwell selbst anbauen möchte, benötigt dazu einen nährstoffreichen Boden. Am besten gedeiht die Pflanze im Schatten oder Halbschatten. Die Aussaat erfolgt im Frühjahr oder Sommer.
Ernte und Aufbereitung: Die jungen Triebe und Blätter des Beinwells werden von April bis August geerntet, die Wurzeln im Frühjahr oder Herbst. Schneiden Sie die Wurzeln auf und lassen Sie sie in der Sonne trocknen.
Wirkung: Eine Salbe aus Beinwell hilft bei Knochenbrüchen, Quetschungen oder Verbrennungen. Diese Salbe stellen Sie her, indem Sie die Wurzel pulverisieren und dann 3 gehäufte Teelöffel

dieses Pulvers mit 1 Tasse Schweineschmalz vermischen. Achtung: Für Schwangere ist Beinwell nicht geeignet!

Bockshornklee *(Trigonella foenum-graecum)*

In China wurde Bockshornklee schon um 3500 v. Chr. als schleimlösendes Mittel verwendet. Die Pflanze gelangte zunächst über Indien und Persien nach Nordafrika und mit den Benediktinermönchen dann schließlich auch in die europäischen Klostergärten. Bockshornklee ist eine einjährige Pflanze, die circa 50 Zentimeter hoch wird und als Futterpflanze auf Feldern angebaut wird. Sie können den Bockshornklee aber auch im eigenen Garten aus Samen ziehen. In der Küche ist Bockshornklee ein wichtiger Bestandteil vieler Currymischungen.
Ernte und Aufbereitung: Ernten Sie die Samen des Bockshornklees im Juli und August. Pulverisieren und trocknen Sie sie.
Wirkung: Bockshornklee enthält viel Schleimstoff und wird deshalb bei Infektionen der oberen Luftwege und zum Schutz der Magenschleimhaut angewendet. Husten können Sie zum Beispiel mit einem Tee aus 2 Teelöffeln geriebenen Bockshornkleesamen lindern, die Sie in zwei Tassen kaltem Wasser 3 Stunden ziehen lassen und dann abseihen. Ein Brei aus dem Pulver der Bockshornkleesamen hilft außerdem bei Abszessen oder Furunkeln. Hildegard von Bingen empfahl den Bockshornklee außerdem gegen Appetitlosigkeit und Fieber.

Brennnessel *(Urtica diocia)*

Die meisten von uns haben schon einmal unangenehme Erfahrungen mit der Brennnessel gemacht, denn die Brennhaare an ihren Stängeln und Blättern rufen juckende Quaddeln an der Haut hervor. Doch diese mehrjährige, bis zu 1,8 Meter hohe Pflanze aus der Familie der Nesselgewächse hat erstaunliche Heilwirkungen. Zu finden ist sie fast überall, zum Beispiel an Wald- und Straßen-

rändern, an Zäunen und auf Schutthalden. Zwar können Sie sie auch selbst anbauen, doch ist das meistens überhaupt nicht nötig, denn die Brennnessel darf überall abgerissen und mitgenommen werden und taucht oft auch von ganz allein in Gärten auf.
Ernte und Aufbereitung: Verwendet wird die ganze Pflanze, allerdings ohne die Wurzel. Ernten Sie die Blätter am besten zwischen Juni und September und schneiden Sie die Pflanze etwa 10 Zentimeter über der Wurzel ab. Dann verwenden Sie die Blätter entweder frisch oder getrocknet oder eingefroren.
Wirkung: Die Brennnessel wirkt entwässernd und wird deshalb gern bei Gicht, Rheuma und Arthritis eingesetzt. Ein Tee aus 2 bis 3 Teelöffeln Brennnessel pro Tasse Wasser wirkt harntreibend.
Aber Achtung: Für Menschen, die unter Wasseransammlungen im Körper oder eingeschränkter Herz- und Nierentätigkeit leiden, ist die Brennnessel nicht geeignet!

Eibisch, Echter *(Althaea officinalis)*

Ursprünglich stammt der Eibisch aus Asien und Südosteuropa. In unseren Breiten ist er eine beliebte Gartenpflanze, vor allem in Bauerngärten. Die mehrjährige buschige Pflanze wird etwa 1,2 Meter hoch und benötigt einen sonnigen bis halbschattigen Standort und einen feuchten Boden. Ihre herzförmigen, blassrosa bis weißen Blüten zeigen sich im Spätsommer. Vermehrt wird der Eibisch entweder im Herbst aus Stecklingen oder im Frühjahr aus Samen.
Ernte und Aufbereitung: In der Heilkunde werden die Blätter und Wurzeln des Eibischs verwendet.
Wirkung: Da der Eibisch vor allem in den Wurzeln viele Schleimstoffe enthält, wird er bei Reizzuständen der Atemwege und bei Entzündungen der Mund- und Rachenschleimhaut eingesetzt. Hilfreich ist dann ein Tee aus Eibischwurzeln oder -blättern. Dazu brauchen Sie 2 Teelöffel getrocknete Eibischblätter, die Sie mit

250 Milliliter kochendem Wasser übergießen. Nach 10 Minuten abseihen und 1 Tasse nach dem Essen trinken.

Fenchel *(Foeniculum vulgare)*
Fenchel ist eine der ältesten Heilpflanzen überhaupt. Schon im Mittelalter schluckten die Menschen Fenchelsamen zur Verdauungsförderung. Die zwei- bis mehrjährige Pflanze stammt ursprünglich aus dem östlichen Mittelmeerraum, ist heute jedoch auch in unseren Breiten heimisch. Von Juli bis September trägt der Fenchel gelbe Blüten. Er kann bis zu 2 Meter hoch werden und wächst häufig auf Schutthalden und an Bahndämmen. Wer Fenchel im Garten anbauen möchte, kann ihn aus Samen ziehen. Allerdings braucht er viel Platz und viel Sonne. Die Erde sollte nur mäßig feucht sein.
Ernte und Aufbereitung: Die Fenchelsamen sind ab August reif. Das Kraut können Sie den ganzen Sommer über ernten. Die Blüten ernten Sie zwischen Juli und September und trocknen sie dann.
Wirkung: Fencheltee hilft bei Verdauungsstörungen und Koliken. Diese Wirkung erkannte schon Hildegard von Bingen, die über den Fenchel schrieb: „Wie immer der Fenchel gegessen wird, macht er den Menschen fröhlich und vermittelt ihm angenehmen Wärme und guten Schweiß, und der verursacht gute Verdauung." Ein Fencheltee hilft gegen Blähungen. Überbrühen Sie dazu 1 gehäuften Teelöffel zerdrückte Fenchelfrüchte mit 250 Milliliter kochendem Wasser und lassen Sie das Ganze 10 Minuten lang ziehen. Dann abseihen und entweder 1 Tasse nach dem Essen oder 2 bis 3 Tassen über den Tag verteilt trinken.

Frauenmantel *(Alchemilla vulgaris)*
Ihren Namen hat diese Pflanze der Form ihrer Blätter zu verdanken, die an einen Umhang erinnert. Der mehrjährige Frauenmantel wird bis zu 50 Zentimeter hoch und ist vor allem an

Straßenrändern, in Gebüschen und auf feuchten Wiesen zu finden. Von Mai bis September trägt er weißlich grüne Blüten. Im Garten gedeiht Frauenmantel am besten auf feuchtem Lehmboden. Er wird im Spätsommer ausgesät, im Frühjahr oder Herbst können Sie ihn durch Wurzelteilung vermehren.
Ernte und Aufbereitung: Verwendet werden die Blätter ohne Blütenstände, die zwischen Mai und Juli geerntet und dann getrocknet werden.
Wirkung: Frauenmantel wirkt blutstillend und zusammenziehend und hilft unter anderem bei Menstruationsbeschwerden. Einen Teeaufguss können Sie aus 2 Teelöffeln getrocknetem Kraut pro Tasse Wasser herstellen. 10 Minuten ziehen lassen, dann abseihen.

Herzgespann *(Leonurus cardiaca)*

Herzgespann stammt ursprünglich aus Sibirien, ist heute jedoch auch in unseren Breiten in Hecken und auf Schutthalden zu finden und fällt dort vor allem durch seinen unangenehmen Geruch auf. Die Pflanze aus der Familie der Lippenblütler wird zwischen 50 und 150 Zentimeter hoch und trägt zwischen Juni und September rosa bis helllila Blüten. Sie können diese anspruchslose Pflanze auch gut im eigenen Garten anbauen – in freier Wildbahn steht sie dagegen unter Naturschutz und darf nicht geerntet werden.
Ernte und Aufbereitung: Ernten Sie das Kraut zwischen Juli und September und lassen Sie es trocknen.
Wirkung: Sowohl der deutsche Name Herzgespann als auch das lateinische „cardiaca" weisen auf den Wirkungsbereich dieser Heilpflanze hin: Sie wirkt positiv auf unser Herz und hilft unter anderem gegen nervöse Herzbeschwerden. Bereiten Sie dazu einen Tee aus 1 Teelöffel Herzgespann pro Tasse Wasser und trinken Sie davon 1 bis 2 Tassen pro Tag.

Holunder, Schwarzer *(Sambucus nigra)*
Auch: Holler, Holder, Eller, Elderbaum
Der Holunder gehört zur Familie der Geißblattgewächse und ist in ganz Europa beheimatet. Er kann bis zu 3,5 Meter hoch werden und trägt von Mai bis Juli gelblich weiße Blüten. Seine kleinen dunkelvioletten Beeren sind im August und September reif. Der Strauch wächst gern in Gärten, Hecken und Wäldern, aber auch an Straßenrändern und auf Schutthalden. Sie können ihn gut im eigenen Garten anbauen.
Ernte und Aufbereitung: Verwendet werden die Blätter, Blüten und Früchte der Holunderpflanzen. Die Blüten können Sie im Juni ernten, die Blätter bereits ab April bis in den Juni hinein. Die Beeren sind im August und September reif.
Wirkung: Da Holunderblüten Flavonoide enthalten, wirken sie schweißtreibend. Daher werden sie gern bei Erkältungen und Grippe eingesetzt. Bereiten Sie dazu einen Tee aus 1 bis 2 Teelöffeln Holunderblüten pro Tasse Wasser und trinken Sie pro Tag etwa 3 Tassen davon. Holunderblätter wirken harntreibend, die Beeren regen die Verdauung an.

Hopfen *(Humulus lupulus)*
Hopfen wird in Mitteleuropa seit über 1000 Jahren angebaut, allerdings nicht so sehr für medizinische Zwecke, sondern vor allem als Zutat für Bier. Die mehrjährige Pflanze gehört zu den Hanfgewächsen und wird bis zu 6 Meter hoch. Wild wächst Hopfen in Wäldern, feuchten Gebüschen und an Flussufern. Da männliche und weibliche Blüten an unterschiedlichen Pflanzen wachsen, ist der Eigenanbau von Hopfen sehr umständlich. Beide Pflanzen blühen im Juli und August – die männlichen Blüten sind allerdings kleiner als die weiblichen und grünlich.
Ernte und Aufbereitung: Die jungen Triebe des Hopfens ernten Sie im März und April, indem Sie sie dicht über dem Boden abschnei-

den. Verwenden Sie sie frisch oder blanchieren Sie sie und frieren Sie sie ein. Die weiblichen Blüten werden im August und September geerntet und getrocknet.

Wirkung: Da Hopfen beruhigend wirkt, wird er gegen Schlafstörungen und Nervosität eingesetzt. Bereiten Sie dazu einen Tee aus Hopfenblüten, den Sie eine halbe Stunde vor dem Schlafengehen zu sich nehmen. Geben Sie dazu 2 Teelöffel Blüten auf 1 Tasse kochendes Wasser und lassen Sie das Ganze 15 Minuten ziehen, dann abseihen. Gegen Ekzeme kann ein Hopfenumschlag helfen.

Johanniskraut *(Hypericum perforatum)*
Auch: Hartheu, Sonnwendkraut

Die mehrjährige Pflanze aus der Familie der Johanniskrautgewächse wird etwa 30 bis 60 Zentimeter hoch und wächst auf Wiesen und Weiden. Im Juli und August trägt sie goldgelbe Blüten. Beim Zerreiben der Blütenblätter tritt ein dunkelroter Saft aus, der dem roten Farbstoff Hypericin seine Farbe zu verdanken hat. Das Hypericin ist auch dafür verantwortlich, dass Johanniskraut unsere Haut lichtempfindlich machen kann – seien Sie also vorsichtig, wenn Sie Johanniskraut über längere Zeit einnehmen. Wer Johanniskraut selbst anbauen möchte, sollte es im Mai aussäen. Es benötigt viel Sonne und einen kalkreichen Boden. Decken Sie die Pflanze im Winter mit Laub oder Reisig ab, um sie vor der Kälte zu schützen.

Ernte und Aufbereitung: Verwendet werden das Kraut und die Blüten der Pflanze, die Sie im Juli und August ernten können. Lassen Sie sie im Schatten trocknen.

Wirkung: Johanniskraut wirkt antibakteriell und begünstigt damit die Heilung von Schnittwunden und Verbrennungen. Stellen Sie dazu Johanniskrautöl her, indem Sie die Blüten in Pflanzenöl einlegen und etwa 5 bis 6 Wochen ziehen lassen. Bekannter ist allerdings die stimmungsaufhellende Wirkung der Pflanze. Bei leichten depressiven Verstimmungen kann ein Tee aus 2 Teelöffeln Johanniskraut pro Tasse Wasser helfen.

Kamille, Echte *(Matricaria camomila)*
Die Kamille gehört zu den am häufigsten verwendeten Heilpflanzen, denn sie hilft bei einer Vielzahl an Beschwerden. Sie gehört zur Familie der Korbblütler und wird bis zu 60 Zentimeter hoch. Bevorzugte Standorte sind Wiesen, Felder und Wegränder. Von Mai bis Juni trägt sie goldgelbe Röhrenblüten, die von weißen Zungen umgeben sind. Ob es sich bei einer Pflanze um eine Echte Kamille oder eine Falsche Kamille oder Hundskamille handelt, können Sie durch eine einfache Geruchsprobe herausfinden: Die Hundskamille ist geruchlos, die Echte Kamille duftet aromatisch. Auch im Garten oder auf dem Balkon gedeiht die Echte Kamille problemlos. Sie kann zwischen Spätsommer und Herbst ausgesät werden.

Ernte und Aufbereitung: Ernten Sie die Blütenköpfchen zu Beginn der Blüte zwischen Mai und Juni und trocknen Sie sie.

Wirkung: Die Echte Kamille wirkt wundheilend und schmerzstillend und hilft gegen Halsschmerzen und Heiserkeit. Gurgeln Sie in diesem Fall mit einem Tee aus 1 bis 2 Teelöffeln Kamillenblüten pro Tasse Wasser. Dieser Tee – dann allerdings getrunken – hilft außerdem gegen Verdauungsstörungen und Schlaflosigkeit. Bei einer Erkältung oder Beschwerden in den Neben- oder Stirnhöhlen können Sie Kamillendampf inhalieren. Dazu geben Sie 1 Handvoll Kamillenblüten in eine Schüssel mit kochendem Wasser. Halten Sie dann den Kopf über die Schüssel, decken Sie sich mit einem Handtuch zu und atmen Sie etwa 5 bis 15 Minuten den heißen Dampf tief ein und aus.

Knoblauch *(Allium sativum)*
Der intensive Geruch des Knoblauchs geht einigen zwar gehörig auf die Nerven, doch an einer Tatsache ändert das nichts: Der

Knoblauch – übrigens ein naher Verwandter der Zwiebel und des Schnittlauchs – wird schon seit über 5000 Jahren als Heilpflanze genutzt. Die mehrjährige Pflanze wird circa 30 Zentimeter hoch und trägt im Spätsommer weiße Blüten. In der Natur kommt Knoblauch vor allem im Mittelmeerraum und in Asien vor, doch heute wird er als Gewürz und Heilmittel in der ganzen Welt angebaut. Auch im eigenen Garten gedeiht er gut. Er benötigt ein warmes Beet mit leichtem, wasserdurchlässigem Boden. Vermehren können Sie den Knoblauch, indem Sie die einzelnen Zehen im Frühjahr oder Herbst in den Boden stecken.

Ernte und Aufbereitung: Die Blätter des Knoblauchs ernten Sie im Frühsommer, die Knollen im August. Dann trocknen Sie sie und lagern Sie an einem dunklen Ort. Einfrieren kann man Knoblauch leider nicht.

Wirkung: Knoblauch senkt den Cholesterinspiegel und den Blutdruck. Außerdem wirkt er gegen Erkältung, Husten und Verdauungsstörungen. Ihre Abwehrkräfte können Sie mit einem Knoblauchsaft stärken: Pressen Sie dazu 30 Gramm Knoblauch und kochen Sie ihn in 1 Liter Wasser aus. Diese Mischung trinken Sie dann über den Tag verteilt. Achtung: Knoblauch verlangsamt die Blutgerinnung. Wer unter Blutgerinnungsstörungen leidet, sollte die Einnahme von Knoblauch daher mit seinem Arzt besprechen.

Lavendel *(Lavandula officinalis)*

Lavendel stammt ursprünglich aus dem Mittelmeerraum, wurde jedoch schon früh von den Mönchen über die Alpen gebracht und bekam einen festen Platz in jedem Klostergarten. Der immergrüne Halbstrauch wird etwa 80 Zentimeter hoch und trägt von Juli bis August seine bekannten lila Blüten. Da Lavendel recht anspruchslos ist, können Sie ihn ohne Probleme im Garten oder auf dem Balkon ziehen. Er braucht viel Sonne, einen nährstoffarmen, kal-

kigen Boden und einen windgeschützten Standort. Im Winter sollten Sie ihn abdecken, um ihn vor der Kälte zu schützen. Säen Sie ihn im Herbst oder zu Frühjahrsbeginn aus. Auch über Stecklinge können Sie den Lavendel vermehren.
Ernte und Aufbereitung: Schneiden Sie den Lavendel zu Beginn der Blüte an der Basis ab, am besten bei warmem und trockenem Wetter. Trocknen Sie ihn dann in Bündeln und bewahren Sie ihn in Glasgefäßen auf.
Wirkung: Lavendel hilft unter anderem gegen Verbrennungen und Stiche. Mit einem Tee aus Lavendelblüten können Sie außerdem Kopfschmerzen und Erkältungen lindern. Geben Sie dazu 1 bis 2 Teelöffel Lavendelblüten auf eine Tasse heißes Wasser und lassen Sie den Tee 5 Minuten ziehen. Hildegard von Bingen empfahl den Lavendel auch gegen Leber- und Lungenschmerzen sowie gegen Beklemmungsgefühle.

Löwenzahn *(Taraxacum officinale)*
Der Löwenzahn gehört zu den bekanntesten Wiesenpflanzen, doch weniger bekannt ist, dass er auch in der Küche und in der Heilkunde vielseitig verwendet werden kann. Auffällig sind vor allem die gezahnten Blätter des Korbblütlers, die in einer Rosette wachsen, aus der sich dann die bis zu 30 Zentimeter langen Stängel erheben. Von April bis Juni trägt der Löwenzahn gelbe Blüten, die sich dann in die beliebten Pusteblumen verwandeln. Charakteristisch ist auch der milchige bittere Saft, der aus den Stängeln des Löwenzahns austritt. Er ist überall auf Wiesen und Straßenrändern zu finden – anbauen müssen Sie ihn nicht, denn in den meisten Gärten siedelt er sich von selbst an.
Ernte und Aufbereitung: In der Heilkunde werden die Löwenzahnblätter verwendet. Ernten Sie sie am besten noch vor der Blüte und verwenden Sie sie frisch oder trocknen Sie sie.
Wirkung: Auf Französisch heißt der Löwenzahn auch „pis-en-lit"

(Mach ins Bett) – eine Anspielung auf seine harntreibende Wirkung. Außerdem regt er die Verdauung und den Stoffwechsel an. Sie können aus den Blättern einen Salat zubereiten oder einen Teeaufguss aus 2 Teelöffeln Blätter pro Tasse Wasser herstellen.

Melisse *(Melissa officinalis)*
Die Melisse ist eines der ältesten Heilkräuter überhaupt und seit 1775 auch Bestandteil vom bekannten „Klosterfrau Melissengeist". Die mehrjährige Pflanze wird bis zu 1 Meter hoch und stammt ursprünglich aus dem östlichen Mittelmeerraum, ist heute jedoch auch in Mitteleuropa heimisch geworden. Sie hat ovale Blätter, die ein wenig den Blättern der Brennnessel ähneln. Von Juli bis August trägt die Melisse kleine weiße bis rosa Blüten. Sie gedeiht gut auf dem Balkon oder im Garten, entweder in Töpfen oder im Beet. Sie benötigt einen feuchten und nährstoffreichen Boden und bevorzugt sonnige oder halbschattige Standorte. Vermehrt wird sie durch Setzlinge oder Wurzelteilung. Melisse im Freiland sollten Sie regelmäßig zurückschneiden, denn sie wird sonst schnell sehr groß.
Ernte und Aufbereitung: Ernten Sie die Blätter zwischen Juni und August und verwenden Sie sie frisch oder trocknen Sie sie. Auch einfrieren können Sie die Blätter.
Wirkung: Melisse hilft gegen Nervosität, Schlafstörungen und Kopfschmerzen. Bereiten Sie einen Tee aus 1 Teelöffel Melisse auf 1 Tasse heißes Wasser und lassen Sie das Ganze 10 Minuten ziehen.

Pfefferminze *(Mentha piperita)*
Auch: Englische Minze, Gartenminze
Diese mehrjährige Pflanze ist eine Kreuzung aus der Grünen Minze *(Mentha spicata)* und der Wasserminze *(Mentha aquatica)* und ist in der Natur sehr selten. Die Pfefferminze wird etwa 50 Zentimeter hoch, hat dunkelgrüne oder rötliche Blätter und trägt von Juli bis

September rosa Blüten. Im Garten oder auf dem Balkon braucht sie einen feuchten und nährstoffreichen Boden und einen sonnigen oder halbschattigen Standort. Die Vermehrung erfolgt über Wurzelteilung. Schneiden Sie die Pflanze im Winter zurück, Töpfe stellen Sie in der kalten Jahreszeit in einen dunklen Keller. Achtung: Säuglinge und Kleinkinder vertragen keine Pfefferminze!
Ernte und Aufbereitung: Ernten Sie die Blätter der Pfefferminze zwischen Juli und September und trocknen Sie sie oder frieren Sie sie ein.
Wirkung: Pfefferminze hilft gegen Magen- und Darmbeschwerden, Übelkeit und Völlegefühl, aber auch gegen Appetitlosigkeit. Übelkeit und Erbrechen können Sie mit einem Pfefferminztee zu Leibe rücken. Übergießen Sie dazu 1 gehäuften Teelöffel Pfefferminzblätter mit 1 Tasse kochendem Wasser. Dann zugedeckt circa 10 Minuten ziehen lassen und abseihen.

Ringelblume *(Calendula officinalis)*
Auch: Goldblume, Studentenblume
Die Ringelblume stammt ursprünglich aus dem Mittelmeerraum und Asien und ist in Mitteleuropa nur selten in der freien Natur zu finden. Der einjährige Korbblütler wird 30 bis 50 Zentimeter hoch und hat behaarte Stängel. Von Juni bis September trägt die Ringelblume goldorangefarbene Blüten, die sich bei Feuchtigkeit schließen. Schon seit der Antike wird sie als Heilpflanze verwendet. Im Garten bevorzugt sie einen mäßig feuchten Boden und einen sonnigen oder halbschattigen Standort.
Ernte und Aufbereitung: Ernten Sie die Blüten bei sonnigem Wetter zwischen Juni und September. Schneiden Sie dazu die Köpfchen knapp unter dem Ansatz ab und lassen Sie sie im Schatten trocknen.
Wirkung: Bekannt ist die Ringelblume vor allem für ihre heilende Wirkung bei Wunden, Entzündungen im Mund- und Rachen-

raum, Blutergüssen, Verstauchungen und Hautausschlägen. Hier empfiehlt sich eine Salbe oder eine Tinktur oder auch Ringelblumenöl, die Sie in der Apotheke kaufen können. Bei Magen- und Darmerkrankungen kann ein Tee aus den Blüten der Ringelblume helfen. Gießen Sie dazu 2 Teelöffel getrocknete Blütenblätter mit 1 Tasse kochendem Wasser auf. 10 Minuten ziehen lassen, dann abseihen.

Salbei *(Salvia officinalis)*
Der Salbei trägt seine Heilwirkung schon in seinem lateinischen Namen, denn „salvia" leitet sich von „salvare" (= retten) ab. Auch der deutsche Arzt, Botaniker und Prediger Hieronymus Bock (1498–1554) rühmte die mehrjährige Pflanze aus dem Mittelmeerraum: „Under allen Stauden ist kaum ein Gewechs wie der Salbey, denn es dienet dem Artzet, Koch, Keller, Armen und Reichen." Der Halbstrauch wird etwa 30 bis 60 Zentimeter hoch und trägt von Juni bis August blaue Blüten an langen Stielen. Die Blätter des Salbei sind blaugrün, oval und haben silberne Härchen. Im Garten oder auf dem Balkon benötigt der Salbei einen gut wasserdurchlässigen Boden und einen hellen und sonnigen Standort. Die Aussaat erfolgt im späten Frühjahr, vermehrt wird der Salbei dann vom Frühjahr bis in den Frühsommer hinein über Stecklinge. Er kann auch im Winter draußen bleiben, nur wenn die Temperaturen unter –10 Grad sinken, sollten Sie ihn abdecken oder ins Haus holen. Setzen Sie Salbei nie in die Nähe von Sellerie, denn diese beiden Pflanzen vertragen sich nicht.

Ernte und Aufbereitung: Die Salbeiblätter können Sie von Mai bis Juli ernten. Trocknen Sie sie dann im Schatten und bewahren Sie sie in verschlossenen Gefäßen auf oder frieren Sie sie ein. Wenn Sie den Salbei auch in der Küche verwenden wollen, sollten Sie wissen: Seine Würzkraft erhöht sich durch das Einfrieren.

Wirkung: Salbei wirkt schweißhemmend und wird gegen Entzündungen eingesetzt, vor allem im Hals- und Rachenbereich. Bereiten Sie einen Tee aus 2 Teelöffeln getrockneter Salbeiblätter pro Tasse Wasser und lassen Sie ihn 15 Minuten ziehen. Mit diesem Tee gurgeln Sie bei Hals- und Zahnentzündungen. Getrunken hilft er gegen Husten, Erkältungen und Verdauungsstörungen.

Schafgarbe *(Achillea millefolium)*

Die Schafgarbe ist ein bis zu 60 Zentimeter hoher mehrjähriger Korbblütler und wird schon seit der Antike als Heilpflanze verwendet. Von Juni bis Oktober trägt sie weiße Blüten an einem behaarten Stängel. Sie wächst wild auf Wiesen und an Wegrändern, gedeiht jedoch auch im Garten an einem sonnigen Standort. Sie verträgt auch Trockenheit und hohe Temperaturen.

Ernte und Aufbereitung: In der Heilkunde werden vor allem die Blüten der Scharfgarbe verwendet. Ernten Sie sie im Juli und August und trocknen Sie sie.

Wirkung: Äußerlich angewendet, zum Beispiel als Badezusatz, fördert die Schafgarbe die Heilung von Wunden und Ausschlägen. Ein Teeaufguss aus den Blüten hilft gegen Erkältungen und Grippe und regt den Stoffwechsel an. Verwenden Sie dazu 1 Teelöffel Schafgarbe pro Tasse heißes Wasser.

Wegerich, Spitzwegerich *(Plantago lanceolata)*, Breitwegerich *(Plantago major)*

Die beiden Wegerichgewächse haben in der Heilkunde dieselbe Wirkung, unterscheiden sich jedoch in der Form ihrer Blüten und Blätter. Der Spitzwegerich ist der Größere von beiden und wird etwa 50 Zentimeter hoch, der Breitwegerich dagegen nur 40 Zentimeter. Ihre Blätter wachsen in einer Rosette, doch sind die Blätter des Spitzwegerichs schmaler als die des Breitwegerichs. Beide Wegeriche tragen von Mai bis September unscheinbare weißliche Blüten, die beim Spitzwegerich in einer kurzen kolbenförmigen Ähre

stehen, beim Breitwegerich dagegen in einer langen Ähre. Spitz- und Breitwegerich sind häufig auf Wiesen und Weiden, an Wegrändern und auf Schutthalden zu finden. In vielen Gärten siedeln sie sich auch von selbst in feuchtem bis mäßig feuchtem Boden an.
Ernte und Aufbereitung: Ernten Sie die Blätter zwischen Mai und September und lassen Sie sie trocknen.
Wirkung: Wegerich hilft bei Husten und Katarrh. Bereiten Sie dazu einen Teeaufguss aus 1 Esslöffel getrockneter Blätter pro Tasse Wasser und lassen Sie das Ganze 15 Minuten ziehen. Frische zerquetschte Blätter auf eine Wunde aufgelegt wirken blutstillend.

Weißdorn *(Crataegus laevigata)*
Auch: Hagedorn, Mehldorn, Mehlbeere
Weißdorn ist ein mehrjähriges Rosengewächs und wird bis zu 8 Meter hoch. An seinen Ästen wachsen bis zu 2 Zentimeter lange Dornen. Von Mai bis Juni trägt der Weißdorn weiße Blüten, die in Rispen stehen und unangenehm riechen. Ab September sind die roten, kugeligen Früchte reif. Wild wächst der Weißdorn in den gemäßigten Gegenden Europas, Asiens und Nordamerikas. Auch in den eigenen Garten können Sie ihn pflanzen.
Ernte und Aufbereitung: Ernten Sie die Blüten und Blätter des Weißdorns im Mai und Juni, die Früchte ab September bis in den November hinein. Weißdorn können Sie frisch oder getrocknet verwenden.
Wirkung: Weißdorn wirkt beruhigend und ausgleichend und kann daher gegen Herz- und Kreislauferkrankungen eingesetzt werden. So hilft er unter anderem gegen Bluthochdruck, leichte Herzschwäche, Herzrhythmusstörungen und nervöse Herzbeschwerden. Bereiten Sie dazu einen Teeaufguss aus Blüten und Blättern: 1 Teelöffel pro Tasse Wasser. Davon trinken Sie pro Tag 3 Tassen. Achtung: Die Wirkung des Weißdorns setzt erst nach circa 2 bis 3 Wochen ein – wenden Sie ihn daher also stets langfristig an.

Außerdem gehören Herz- und Kreislaufprobleme immer auch in ärztliche Behandlung.

Ysop *(Hyssopus officinalis)*
Auch: Josefskraut, Essigkraut, Ysopkraut
Ysop ist heute hauptsächlich als Küchenkraut bekannt, doch wird es bereits in der Bibel als Heilkraut erwähnt. Im Mittelalter empfahl Hildegard von Bingen den Lippenblütler unter anderem gegen Steinleiden und Husten. Ysop ist ein mehrjähriger Halbstrauch, der auch im Beet oder im Blumentopf hervorragend gedeiht. Er benötigt einen lockeren und nährstoffreichen Boden und viel Sonne. Mit anderen Sträuchern versteht er sich dagegen nicht und sollte daher möglichst am Rand eines Beetes stehen.
Ernte und Aufbereitung: Die oberen jungen Pflanzenteile können zwischen Mai und September geerntet werden. Trocknen Sie sie dann im Schatten und bewahren Sie sie in geschlossenen Behältern auf.
Wirkung: Ysop wird als Gurgelmittel bei Halsschmerzen eingesetzt. Auch bei Verdauungsstörungen und Erkrankungen der Atemwege hilft ein Tee aus Ysop. Dazu setzen Sie 2 Teelöffel der getrockneten Blätter mit 2 Tassen kaltem Wasser auf und bringen das Ganze zum Sieden. 5 Minuten ziehen lassen, dann abseihen. Trinken Sie täglich 2 Tassen von diesem Tee.

Wer Heilpflanzen im eigenen Garten ziehen möchte, findet dazu im Kapitel „Der eigene Kräutergarten" wertvolle Tipps.

Neben dem richtigen Anbau ist bei Heilkräutern und Heilpflanzen die richtige Zubereitung von großer Bedeutung, damit die Pflanzen ihre Wirkung optimal entfalten können. Durch Trocknen können Sie die Pflanzen zwar länger haltbar machen, doch Präparate auf Wasserbasis wie Tee oder Abkochungen sollten innerhalb von 24 Stunden verbraucht werden.

Eine Möglichkeit der Zubereitung ist der **Teeaufguss**. Er eignet sich vor allem für Pflanzen, deren Blüten und Blätter einen hohen Anteil an ätherischem Öl enthalten. Dabei werden die Kräuter in der Teekanne mit kochendem Wasser übergossen. Dann lassen Sie das Ganze etwa 10 Minuten ziehen, bevor Sie den Aufguss mit einem Tuch oder Sieb abseihen. Pro Tag empfiehlt sich eine Menge von zwei bis drei Tassen. Außerdem können Sie den Aufguss auch ins Badewasser geben oder ihn für Wickel oder Kompressen verwenden.

Für eine **Abkochung** oder einen **Absud** benötigen Sie die holzigen Teile einer Pflanze wie Wurzeln, Samen oder Rinde. Zerkleinern Sie die Pflanzenteile, geben Sie sie in Wasser und bringen Sie das Ganze zum Kochen. Etwa 10 bis 30 Minuten kochen lassen, danach rund 10 Minuten ziehen lassen und abseihen. Die Abkochung können Sie entweder warm oder lauwarm trinken oder in einer Kompresse verwenden.

Für eine **Tinktur** zerkleinern Sie die Heilpflanze zunächst und geben sie dann in eine Flasche, die mit 50- bis 70-prozentigem Alkohol, Wasser oder Wein gefüllt wird. Verschließen Sie die Flasche luftdicht und lassen Sie das Gemisch 5 bis 10 Tage lang stehen. Dann seihen Sie die Kräuter ab.

Bei einem **Kaltauszug** zerkleinern Sie die Pflanzenteile, gießen sie mit kaltem Wasser auf und lassen sie über Nacht ziehen. Für einen Presssaft zerkleinern Sie die Pflanzenteile im Mörser, geben sie dann durch eine Saftpresse und verdünnen sie mit Wasser. Wenn Sie einen Sirup zubereiten wollen, vermischen Sie einen Teeaufguss mit braunem Rohrzucker oder Honig und kochen das Gemisch, bis es dickflüssig wird. Um ein Pulver herzustellen, zerreiben Sie getrocknete Pflanzen im Mörser. Für eine Salbe rühren Sie Kräuter in eine Salbengrundlage (Fett) ein.

Ebenso vielfältig wie die Zubereitungsmethoden der Heilkräuter sind ihre Anwendungsmöglichkeiten. Um Ihre Beschwerden zu bekämpfen, können Sie Kräuterzubereitungen auf verschiedene Weise anwenden. Mit **Kompressen** und **Umschlägen** rücken Sie Prellungen, Zerrungen oder Entzündungen zu Leibe. Nehmen Sie dazu ein sauberes Baumwoll-, Frottee- oder Leinentuch oder auch ein Stück Verbandmull und tauchen Sie es in einen heißen Teeaufguss. Dann legen Sie es auf die verletzte Stelle auf. Wenn Sie eine **Waschung** durchführen wollen, tauchen Sie ein Baumwolltuch oder einen Mulllappen in lauwarmen Tee und waschen die betroffene Stelle mit kreisförmigen Bewegungen. Zum **Gurgeln** oder für **Mundspülungen** verwenden Sie einen leicht erkalteten Teeaufguss. Für ein **Dampfbad** oder eine **Inhalation** geben Sie 2 bis 3 Esslöffel Kräuter in eine Schüssel oder einen Topf und übergießen sie mit siedendem Wasser. Dann halten Sie Ihren Kopf über das Gefäß, decken sich mit einem Handtuch zu und atmen tief ein und aus. Dies halten Sie etwa 5 bis 15 Minuten lang durch. **Kräutersäckchen** können Sie direkt auf eine betroffene Stelle auflegen oder unters Kopfkissen legen. Dazu geben Sie Kräuter in ein Leinensäckchen und legen dieses dann 10 Minuten lang in kochend heißes Wasser. Dann abtropfen und abkühlen lassen. Ein **Klistier** kann gegen Verstopfung, Hämorrhoiden oder Darmparasiten helfen. Dazu benötigen Sie einen lauwarmen, verdünnten Teeaufguss.

Behandlung von Krankheiten

Welche Heilpflanze hilft gegen welche Krankheit? Die folgende Tabelle gibt Ihnen einen groben Überblick. Trotzdem sollten Sie immer auch einige medizinische Handbücher parat haben. Empfohlene Titel finden Sie im Literaturverzeichnis.

Krankheit/Beschwerde	Behandlungsmöglichkeit
Akne	Brennnessel, Löwenzahn, Zwiebel, Knoblauch, Arnika
Allergien	Pestwurz
Angina	Ringelblume, Holunderblüten, Schlüsselblumenblüten, Salbei, Bockshornkleepulver, Packung mit heißem Lehm oder zerquetschten Pellkartoffeln
Ängste	Melisse, Johanniskraut
Antriebsschwäche	Rosenwurz, Weißdorn, Kampfer, Johanniskraut
Appetitlosigkeit	Bockshornklee, Zimt, Johanniskraut, Flohsamen
Arthritis	Weide, Arnika, Wacholder, Brennnessel, Löwenzahn, Eispackungen, warme Moorpackungen, Waschungen der Gelenke mit Essigwasser
Arthrose	Beinwell, Weide, Eisenhut, Bad oder Wickel mit Fichtennadel- oder Weidenrindenabsud, Franzbranntwein
Asthma	Spitzwegerich, Lungenkraut, Salbei, Fenchel, Eibischblätter, Huflattichblüten, Schlüsselblumenblüten, Johanniskraut
Blähungen	Salbei, Fenchel, Kamille, Pfefferminze, gestoßener Kümmel, Tausendgüldenkraut
Blasenleiden	Arnikablüten, Birkenblätter, Ringelblumenblüten, Johanniskraut, Eisenkraut, Schachtelhalm, Brennnessel, Frauenmantel, warme Sitzbäder
Blutarmut	Brennnesselsaft, Johannisbeersaft
Blutdruck, niedriger	Schlehe, Hagebutte, Weißdorn, Kampfer
Bluterguss	Ringelblume, Beinwell, Arnika
Bluthochdruck	Knoblauch, Zwiebel, Mistelsaft, Herzgespann
Brandwunden	Ringelblume, Johanniskraut
Cholesterinspiegel, hoher	Ehrenpreis, Knoblauch
Depression	Johanniskraut
Durchfall	Salbei, Karottensuppe, Frauenmantel; Schonkost: geschabter Apfel, Haferschleim, Gerstenbrei, Weißbrot
Eisenmangel	Löwenzahn, Sanddorn
Ekzeme	Labkraut, Ringelblume, Klette, Brennnessel, zerstoßene Huflattichblätter
Erkältung	Dampf von Kamillentee oder Salzwasser inhalieren

Krankheit/Beschwerde	Behandlungsmöglichkeit
Fieber	Weide, Holunder, Linde, Ringelblume, Frauenmantel, Hauswurz, Johanniskraut, Arnikablüten, Bitterklee, Quarkwickel, Einreiben mit Essigwasser
Fußpilz	Ringelblume, Sonnenlicht, Luft
Gallenbeschwerden	Löwenzahn, Rettich roh und als Saft
Gallensteine	Rettich, Radieschen
Gelenkschwellungen	Beinwell
Gicht	Weide, Mädesüß, Brennnessel, Löwenzahn
Gürtelrose	Hauswurz, Eichenrinde, Frauenmantel, Hafer, Kamille, Salbei
Halsschmerzen	Kamille, Salbei, Schwarze Johannisbeere, Malve
Hämorrhoiden	Flohsamen, Kamille, Eiche, Mariendistel, Johanniskraut, Kamille, Schöllkraut, Schafgarbe, Zinnkraut
Heiserkeit	Huflattich, Salbei
Herzbeschwerden	Weißdorn, Herzgespann, Lavendel, Kampfer, Melisse, Johanniskraut (bei psychischer Belastung)
Herzklopfen	Mistel
Heuschnupfen	Kamille, Pfefferminze, Sanddorn (vorbeugend)
Husten	Huflattich, Spitzwegerich, Fenchel
Husten, feuchter	Primel, Eukalyptus, Brunnenkresse, Meerrettich
Husten, trockener	Eibisch, Malve
Insektenstiche	Arnika, Gewürznelke, Betupfen mit Salbei, Zitronensaft, Zwiebelsaft, Essig
Ischias	Kampfer, Pfefferminze, Arnikablüten, Schafgarbe
Keuchhusten	Spitzwegerich, Eukalyptusblätter, Schlüsselblumenblüten, Holunderblüten, Eisenkraut, Salbei
Knochenbrüche	Beinwell
Kopfschmerzen/Migräne	Holunderbeeren, Brennnessel, Weide, Schafgarbe, Johanniskraut, Salbei, Melisse, Baldrian, Hopfenblüten, Lavendelblüten, Kamille
Krampfadern	Ringelblume, Mistel, Arnikablüten, Schafgarbe, Johanniskraut, Rosskastanie
Krämpfe	Salbei

Krankheit/Beschwerde	Behandlungsmöglichkeit
Kreuzschmerzen	Johanniskraut, Schafgarbe, Eisenkraut, Arnikablüten, Beinwell
Lungenentzündung	Lungenkraut, Schlüsselblumenblüten, Huflattichblüten, Schachtelhalm, Holunderblüten, mit Heu abreiben
Magenkrämpfe	Wermut, Wacholder, Heidelbeere
Magenverstimmung	Schafgarbe
Mandelentzündung	Salbei, Zinnkraut
Menstruationsbeschwerden	Mistel, Frauenmantel, Schafgarbe, Salbei, Melisse, Baldrian, Arnikablüten
Mundgeruch	Fenchei, Petersilie
Muskelkater	Heublumen
Muskelkrämpfe	Rosmarin
Muskelzerrung	Kampfer, Eisenhut
Nebenhöhlen- und Stirnhöhlenbeschwerden	Ringelblume, Holunderblüten, Salbei, Schlüsselblumenblüten, Schafgarbe, Brunnenkresse
Nervenschwäche	Salbei, Johanniskraut, Hopfenblüten, Baldrian, Lavendelblüten, Melisse
Nierenbeschwerden	Zinnkraut, Hagebutten, Birkenblätter, gestoßene Wacholderbeeren
Ohrenschmerzen	Zwiebel
Prämenstruelles Syndrom (PMS)	Mönchspfeffer, Nachtkerze, Johanniskraut
Prostatabeschwerden	Brennnessel, Kürbis
Reizdarm	Flohsamen, Leinsamen, Himbeere, Pfefferminze, Melisse, Lavendel
Reizmagen	Pfefferminze, Schafgarbe, Fenchel, Melisse, Lavendel
Rheuma	Brennnessel, Beinwell, Löwenzahn, Bärlapp, Arnikablüten, Schafgarbe, Weidenrinde, Birkenblätter, zerstoßene Wacholderbeeren
Schilddrüse, Überfunktion	Wolfstrapp, Herzgespann, Salbei, Baldrian, Hopfen, Melisse
Schilddrüse, Unterfunktion	Brunnenkresse, Rosmarin, Schlehdornblüten, Johanniskraut

Krankheit/Beschwerde	Behandlungsmöglichkeit
Schlafstörungen/Schlaflosigkeit	Johanniskraut, Baldrian, Hopfen, Schlüsselblume, Frauenmantel, Hopfenblüten, Lavendelblüten, Herzgespann
Schleimhautentzündungen	Salbei, Ringelblume
Schmerzen	Weide, Pfefferminze, Zitterpappel, Johanniskraut
Schnupfen	Kamille, Pfefferminze
Schuppenflechte (Psoriasis)	Eichenrinde, Weidenrinde, Brennnessel, Ringelblume, Schafgarbe
Schwellungen	Pfefferminze, Arnika
Schwindel	Kampfer, Knoblauch
Sehnenscheidenentzündung	Arnika, Beinwell
Sodbrennen	Schafgarbe, Melisse, Kamille
Stress	Rosenwurz, Weide, Kamille, Pfefferminze, Johanniskraut
Übelkeit	Schafgarbe, Fenchel, Pfefferminze, Melisse
Unruhe, Nervosität	Passionsblume, Baldrian, Herzgespann, Melisse
Venenentzündung	Arnika
Verbrennungen	Ringelblume, Arnika, Eiche, Aloe
Verstauchung	Beinwell, Arnika, Pfefferminze, Johanniskraut
Verstopfung	Bärlapp, Kürbis, Tee aus Holunderbeeren, Rhabarber, Schlüsselblume
Wadenkrämpfe	Bärlapp
Wassereinlagerungen	Brennnessel, Schlüsselblume, Zinnkraut, Rosmarin
Wechseljahresbeschwerden	Frauenmantel, Salbei, Baldrian, Melisse, Johanniskraut, Brennnessel
Wunden	Frauenmantel, Kamille, Ringelblumenblüten-Tinktur, Zwiebelsaft
Zahnfleischbluten	Zinnkraut, Kamille
Zahnschmerzen	Nelkenöl, Kamille, Gewürznelken kauen oder auflegen

Erste Hilfe

Einen Erste-Hilfe-Kurs hat beinahe jeder von uns absolviert, als wir den Führerschein gemacht haben. Doch Hand aufs Herz: Wie viel davon können Sie heute noch anwenden? Nicht nur für den Fall einer globalen Katastrophe empfiehlt es sich, die Kenntnisse in Erster Hilfe noch einmal in einem entsprechenden Kurs aufzufrischen. Wer weiß: Vielleicht müssen Sie schon bald ein Leben retten?

Grundsätzlich sollten Sie immer ein Erste-Hilfe-Set im Haus haben – im Auto ist ein Verbandkasten sowieso Pflicht.

DAS ERSTE-HILFE-SET

> Drei Dreiecktücher aus Viskose
> Zwei elastische Stützbinden
> Drei große Verbandpäckchen
> Sieben Kompressen
> Wundpflaster
> Klebevlies
> Ein Brandwundenverbandtuch (ca. 40 x 60 cm)
> Eine Rolle Klebepflaster
> Eine Rettungsdecke
> Zehn Alkoholtupfer, um Wunden zu desinfizieren
> Eine anatomische Pinzette (12 cm)
> Eine Verbandschere
> Fünf Einweg-Skalpellklingen
> Ein Fläschchen Antiseptikum zur Wunddesinfektion
> Drei Paar Latexhandschuhe
> Taschenmaske für Beatmungen
> 1 Schiene (für Brüche)
> Entzündungshemmende Medikamente, z. B. Aspirin oder Ibuprofen

Aus Platzgründen beschränken wir unsere Hinweise hier auf lebensrettende Sofortmaßnahmen. Darüber hinaus gibt es noch viele weitere Fälle, in denen Sie Erste Hilfe leisten müssen, wenn die Versorgung durch einen Arzt unmöglich geworden ist. Dazu gehören Knochenbrüche und andere Verletzungen, Vergiftungen, Strahlenschäden oder auch Geburtshilfe. Ein gutes Erste-Hilfe-Buch gehört daher in jede Hausbibliothek zur Krisenvorsorge. Literaturtipps finden Sie im Anhang.

In einer Notfallsituation sollten Sie zunächst immer die Lebensfunktionen Atmung, Bewusstsein und Kreislauf überprüfen. Danach richtet sich, welche Maßnahmen Sie als Erstes einleiten müssen. Einen Überblick kann Ihnen die folgende Tabelle verschaffen. Auch wenn die Lage noch so dringlich ist: Vergessen Sie nicht, die Gefahrenstelle abzusichern, sodass dem Verletzten und auch den Rettern nichts mehr passieren kann.

Atmung	Bewusstsein	Kreislauf	Diagnose	Maßnahme
Ja	Ja	Ja	Alle Lebensfunktionen vorhanden	Erste Hilfe, z. B. Schockbekämpfung, Blutstillung etc.
Ja	Nein	Ja	Bewusstlosigkeit	Stabile Seitenlagerung
Nein	Nein	Ja	Atemstillstand	Beatmung
Nein	Nein	Nein	Kreislaufstillstand	Beatmung und Herzmassage

Bei Bewusstlosigkeit besteht die Gefahr, an Erbrochenem oder an der eigenen Zunge zu ersticken. Deshalb sollten Sie zunächst die Atemwege frei machen und Erbrochenes, Blut, Zahnprothesen oder anderes entfernen. Dies tun Sie bei seitwärts gedrehtem Kopf. Den Mund des Patienten öffnen Sie, indem Sie auf die Kinnmulde drücken und von außen einen Finger mit der Backentasche zwischen die Zahnreihen des offenen Mundes pressen. Kleidungsstücke, welche die Atmung behindern können (zum Beispiel Krawatten oder zugeknöpfte Hemden), öffnen Sie. Ermöglichen Sie es dem Verletzten, frei zu atmen, indem Sie den Kopf in Richtung Nacken überstrecken – so wird die Zunge hochgehoben. Um die Bewusstseinslage eines Patienten richtig einzustufen, hilft Ihnen das sogenannte WASI-Schema.

	Bedeutung	Kennzeichen
W	wach und orientiert	Patient reagiert auf Ansprache normal und vollständig orientiert.
	nicht orientiert	Patient reagiert auf Ansprache scheinbar normal, ist aber nicht orientiert.
	örtlich nicht orientiert	Fragen nach dem Ort, an dem sich der Patient befindet, können nicht richtig beantwortet werden.
	zeitlich nicht orientiert	Fragen nach Uhrzeit/Datum/Tag können nicht richtig beantwortet werden.
A	ansprechbar, verbal	Patient reagiert nur, wenn er laut und energisch angesprochen wird. Er scheint schläfrig und schläft wieder ein, wenn man sich nicht mehr mit ihm unterhält.
S	Schmerzreiz	Der Patient reagiert nur, wenn er stark gekniffen wird – entweder verbal oder körperlich, z. B. mit einem Zucken.
I	im Koma	Der Patient reagiert nicht mehr, weder auf Ansprache noch auf den Schmerzreiz. Er befindet sich in tiefer Bewusstlosigkeit.

Nach dem Bewusstsein kontrollieren Sie den Atem: Hören Sie die Geräusche des Ein- und Ausatmens? Bewegt sich der Brustkorb? Legen Sie dazu eine Hand auf den Brustkorb oder den Oberbauch. Spüren Sie die Luft bei Ausatmen, wenn Sie Ihr Ohr an den Mund des Verletzten halten? Wenn Sie sich vergewissert haben, dass der Verletzte atmet, halten Sie die Atemwege weiterhin frei, indem Sie ihn in die stabile Seitenlage bringen. Das geht so: Knien Sie sich neben den Verletzten auf den Boden und bringen Sie ihn zunächst in Rückenlage. Dann nehmen Sie das Bein, das sich am nächsten bei Ihnen befindet, und stellen es auf. Den Fuß verkeilen Sie unter dem Knie des anderen Beines, damit das aufgestellte Bein nicht wegrutschen kann. Dann drücken Sie das angewinkelte Bein am Knie vom eigenen weg, sodass sich die Hüfte leicht anhebt. Den Arm des Patienten schieben Sie ausgestreckt unter sein Gesäß. Winkeln Sie den anderen, gegenüberliegenden Arm des Patienten quer über die Brust ab, sodass die Hand auf der gegenüberliegenden Schulter aufliegt. Dann fassen Sie den Patienten an der gegenüberliegenden Seite mit jeweils einer Hand am Gesäß und an der Schulter und ziehen diese Körperhälfte über den ausgestreckten Arm des Patienten zu sich herüber. Nun liegt der Bewusstlose auf der Seite. Anschließend überstrecken Sie den Kopf des Bewusstlosen nach hinten, um die Atemwege weiterhin frei zu halten. Die Hand des oberen Armes wird zum Schutz des Kopfes unter die Wange des Patienten gelegt. Zuletzt winkeln Sie den unter dem Körper liegenden Arm hinter dem Rücken ab – das stabilisiert den Verletzten.

Bei einem Atemstillstand ist der Verletzte ebenfalls ohne Bewusstsein, sein Kreislauf funktioniert jedoch noch. Nun ist schnelles Handeln geboten, denn das Gehirn kann nur kurze Zeit ohne Sauerstoff überleben. Mangelnde Sauerstoffversorgung führt zunächst zum Kreislaufstillstand und wenig später zum Tod. Atmet der Verletzte nach dem Freimachen der Atemwege nicht von selbst, müssen Sie ihn also beatmen.

> **ÜBUNG MACHT DEN MEISTER**
>
> Die Beatmung kann nicht aus einem Buch gelernt werden, sondern nur praktisch unter qualifizierter Anleitung. Besuchen Sie dazu unbedingt einen Erste-Hilfe-Kurs. Das Gleiche gilt für die Herzmassage (siehe Seite 192f.) und das Anlegen eines Druckverbands (siehe Seite 194).

Zur Beatmung gibt es zwei Methoden: die Mund-zu-Nase-Beatmung und die Mund-zu-Mund-Beatmung. In beiden Fällen sollten Sie eine Beatmungsmaske oder ein Taschentuch verwenden, um sich vor einer Infektion zu schützen. Legen Sie das Taschentuch über den Mund des Patienten und atmen Sie hindurch. Bei der Mund-zu-Nase-Beatmung überstrecken Sie den Kopf nach hinten, damit die Atemwege frei bleiben. Fixieren Sie den Kopf mit einer Hand an der Stirnhaargrenze, mit der anderen drücken Sie den Unterkiefer nach oben und verschließen so den Mund. Atmen Sie tief ein, umschließen Sie mit Ihrem Mund die Nase des Verletzten und blasen Sie Ihre Atemluft kurz und kräftig in seine Nase. Beobachten Sie, ob sich der Brustkorb hebt. Dann heben Sie Ihren Mund ab, damit die Luft wieder aus der Nase entweichen kann. Beobachten Sie auch dabei, ob sich der Brustkorb des Verletzten wieder senkt. Setzen Sie dann die Beatmung in Ihrem eigenen Atemrhythmus fort, bis der Verletzte wieder selbst zu atmen beginnt.

Die Mund-zu-Mund-Beatmung wird angewendet, wenn die Mund-zu-Nase-Beatmung zum Beispiel aufgrund einer Verletzung nicht durchgeführt werden kann. Auch hier muss der Kopf des Verletzten wieder überstreckt sein. Fixieren Sie den Kopf mit einer Hand an der Stirnhaargrenze und verschließen Sie mit Daumen und Zeigefinger die Nase des Verletzten. Mit der anderen Hand öffnen Sie den Mund des Verletzten, greifen dann unter den Nacken und blasen dem Verletzten Ihre eigene Atemluft in den Mund. Auch hier beobachten Sie wieder, ob sich der Brustkorb des Verletzten hebt und senkt. Jede Beatmung dauert etwa zwei Sekunden. Danach geben Sie dem Verletzten zwei Sekunden Zeit, um wieder auszuatmen. Führen Sie die Mund-zu-Mund-Beatmung so lange durch, bis der Patient wieder von selbst zu atmen beginnt.

> **EMPFOHLENE BEATMUNGSRATE**
>
> **Erwachsene:**
> 12 Beatmungen pro Minute, eine Beatmung alle 5 Sekunden
> **Kinder:**
> 20 Beatmungen pro Minute, eine Beatmung alle 3 Sekunden

Bei einem Kreislaufstillstand ist weder eine Atmung noch ein Kreislauf feststellbar, und der Verletzte ist auch nicht bei Bewusstsein. Den Kreislauf überprüfen Sie, indem Sie den Puls des Verletzten kontrollieren. Am besten tun Sie das an der Halsschlagader. Dazu halten Sie den Kopf des Patienten gestreckt, indem Sie den Kopf des Patienten mit einer Hand an der Stirn halten. Suchen Sie dann mit Zeige- und Ringfinger den Kehlkopf und legen Sie die Finger in die Rinne zwischen Halsmuskulatur und Kehlkopf. Fühlen Sie den Puls etwa 5 bis 10 Sekunden, bei Verdacht auf Unterkühlung länger, da der Puls in diesem Fall sehr langsam sein kann. Wenn Sie keinen Puls fühlen, so liegt ein Kreislaufstillstand vor. Der Verletzte muss nun innerhalb weniger Minuten wiederbelebt werden, sonst stirbt er.

Um eine Herzmassage durchzuführen, legen Sie den Patienten auf eine harte, nicht nachgebende Unterlage und machen seinen

Brustkorb frei. Knien Sie sich seitlich neben den Verletzten und suchen Sie den Druckpunkt. Dieser liegt drei Fingerbreit oberhalb des sogenannten Schwertfortsatzes, dem Punkt, an dem die beiden unteren Rippenbögen aufeinandertreffen. Legen Sie dann den Handballen auf den Druckpunkt, berühren Sie dabei jedoch nicht den Brustkorb mit den Fingern. Dann legen Sie den Handballen der anderen Hand darüber. Üben Sie nun mit gestreckten Armen einen so starken Druck senkrecht auf das Brustbein aus, dass es etwa drei bis vier Zentimeter niedergedrückt wird. Belasten und entlasten Sie den Brustkorb dabei gleichmäßig und heben Sie die Hände nicht vom Brustbein ab. Dies tun Sie 80- bis 100-mal pro Minute und kontrollieren dabei jede Minute den Kreislauf, indem Sie an der Halsschlagader den Puls ertasten. Sind Sie der einzige Helfer, müssen Sie sich gleichzeitig auch noch um die Beatmung kümmern: Führen Sie 15-mal die Herzmassage durch, dann beatmen Sie den Verletzten 2-mal. Sind Sie zu zweit, so kümmert sich einer um die Herzmassage, der andere um die Atmung. Hier folgt eine Beatmung auf fünf Herzmassagen. Beides müssen Sie bis zum Eintreffen eines professionellen Rettungsteams durchführen.

Eine weitere lebensrettende Sofortmaßnahme ist das Stillen von Blutungen. Dabei können Sie nur äußere Blutungen aus Wunden und Verletzungen behandeln. Innere Blutungen sind nicht sichtbar und können von Ihnen als Ersthelfer auch nicht versorgt werden. Entscheidend ist dabei die Stärke des Blutverlusts. Verliert der Verletzte zu viel Blut, so kommt es zum Kreislaufstillstand und letztendlich zum Tod – und das kann innerhalb von Minuten geschehen. Daher ist es sinnlos, einen Verletzten zu beatmen oder wiederzubeleben, solange er noch stark blutet – hier müssen Sie sich also zunächst um die Blutungen kümmern.

Bei kleinen Wunden können Sie die Blutung durch Fingerdruck stillen. Pressen Sie eine keimfreie Wundauflage auf die blutende Wunde und drücken Sie Ihre Finger darauf. Dies behalten Sie bei, bis professionelle Helfer eintreffen. Wenn Sie geeignetes Verbandmaterial zur Hand haben und das Anlegen eines Druckverbands gelernt oder geübt haben, können Sie einen Druckverband anlegen. Halten Sie dazu den betroffenen Körperteil (der Druckverband wird nur an Armen oder Beinen angelegt) hoch, um den Blutverlust zu mindern. Drücken Sie anschließend eine sterile Wundauflage, zum Beispiel eine Kompresse, auf die Wunde und legen Sie anschließend einen Druckkörper, zum Beispiel ein Verbandpäckchen, auf die abgedeckte Wunde. Diesen Druckkörper fixieren Sie mit einer Binde. Ein Druckverband soll einen so starken Druck auf die Wunde ausüben, dass die Blutung zum Stillstand kommt. Blutet ein Druckverband durch, bringen Sie darauf noch einen zweiten an.

Nur wenn überhaupt keine Blutstillung durch andere Methoden möglich ist, dürfen Sie das Blut durch Abbinden stillen. Selbst wenn eine Abbindung richtig durchgeführt ist, bleibt sie gefährlich, denn der abgebundene Körperteil wird dann nicht mehr durchblutet. Außerdem entgleist der Stoffwechsel in diesem Körperteil komplett. Eine Notsituation, in der ein Abbinden erforderlich sein kann, ist zum Beispiel die Abtrennung eines Körperteils. Binden Sie die Verletzung dann knapp oberhalb der Verletzung mit einem breiten Verband ab.

Sehr häufig haben Verletzte auch einen Schock erlitten: eine Kreislaufstörung, bei der die Organe nicht mehr mit Blut und Sauerstoff versorgt werden können. Ein Schock kann zum Beispiel durch Blut- oder Flüssigkeitsverlust, Schmerzen (zum Beispiel bei Knochenbrüchen), Vergiftungen, schwere Allergien oder Herzrhythmusstörungen hervorgerufen werden.

AN DIESEN SYMPTOMEN ERKENNEN SIE EINEN SCHOCK

Ein Schock läuft in drei Phasen ab.

1. Kompensationsphase
- Unruhe
- Blasse, leicht feuchte Haut
- Evtentuell blaue Lippen
- Stark erhöhte Atemfrequenz
- Schneller Puls (über 100 Schläge in der Minute)
- Normaler oder leicht niedriger Blutdruck (ca. 100 mmHG systolisch)
- Patient ist wach und ansprechbar (WASI: W)
- Patient hat Durst

2. Dekompensation
- Unruhe des Patienten verstärkt sich und wird zu Angst
- Getrübtes Bewusstsein (WASI: A, S oder I)
- Blasse Haut, kalter Schweiß
- Extrem schneller Puls (über 120 Schläge pro Minute)
- Blutdruck fällt weiter ab (unter 80 mmHg systolisch)
- Saures Blut

3. Irreversibler Schock
- Zusammenbruch des Kreislaufs
- Koma
- Kaum messbarer oder fehlender Blutdruck
- Kaum oder gar nicht fühlbarer Puls
- Abnahme der Atemfrequenz
- Abnahme der Körperkerntemperatur

Um einen Schock zu bekämpfen, sollte zunächst einmal die Ursache beseitigt werden. Im Falle einer starken Blutung zum Beispiel bedeutet dies, die Blutung zu stillen. Dann sollten Sie den Verletzten in die flache Rückenlage bringen und die Beine leicht, etwa 40 bis 50 Zentimeter hoch legen. So wird das Blut zurück zum Herzen gelenkt.

> **ACHTUNG**
>
> Die Schocklagerung dürfen Sie nicht bei Herzinfarkt, Brustkorbverletzungen, Schädel-Hirn-Verletzungen, Atemnot, Bewusstlosigkeit und Beinbrüchen durchführen!

Beruhigen Sie den Verletzten und ermöglichen Sie ihm eine freie Atmung: Machen Sie die Atemwege frei, öffnen Sie einengende Kleidungsstücke und fordern Sie den Verletzten auf, langsam und tief zu atmen. Schützen Sie den Verletzten außerdem gegen Unterkühlung, indem Sie ihn zudecken (auch vom Boden her). Kontrollieren Sie regelmäßig den Puls des Verletzten.

Um herauszufinden, was einem Verletzten fehlt, sollten Sie seinen ganzen Körper untersuchen, auch wenn er selbst angibt, dass er keine oder nur an einer Stelle Schmerzen hat. Gehen Sie dabei systematisch von oben nach unten vor. Tragen Sie dazu immer Latexhandschuhe, um die Gefahr einer Infektion zu mindern. In einer warmen Umgebung sollten Sie auch die Kleidung entfernen (notfalls aufschneiden), um Wunden oder Blutergüsse zu entdecken.

Beginnen Sie Ihren Bodycheck am Kopf und achten Sie dabei auf Beulen, Blutungen, Schwellungen oder Fremdkörper. Blutet der Patient aus den Ohren, oder tritt eine trübe Flüssigkeit aus? Dies kann auf einen Schädelbasisbruch hindeuten. Unterschiedlich große Pupillen können Anzeichen eines Schädel-Hirn-Traumas sein. Reagieren Pupillen nicht auf Lichteinfall, kann ein Kreislaufstillstand vorliegen oder der Patient unter dem Einfluss von Drogen oder Tabletten stehen. Aus dem Mund sollten Sie Fremdkörper oder Erbrochenes entfernen. Gibt es dort weitere Verletzungen? Im Nacken sollte die Wirbelsäule normal zu fühlen sein. Eine ungleichmäßige Wirbelsäule ist ein Anzeichen für eine Wirbelsäulenverletzung. Gehen Sie dann zu den Schultern über: Sind sie stabil oder lassen sie sich zusammendrücken? Dann ist das Schlüsselbein gebrochen. Untersuchen Sie die Arme auf beiden Seiten nach Bruchstellen, Blutungen, Schwellungen oder Fremdkörpern. Anschließend ist der Brustkorb an der Reihe: Bewegt er sich regelmäßig? Unregelmäßige Bewegungen können auf Rippenbrüche hindeuten. Bei sichtbaren Blutergüssen kann eine innere Blutung vorliegen. Wenn Blutblasen aus einer Wunde im Brustkorb hervortreten, kann das ein Zeichen für einen Pneumothorax (Luft in der Lunge) sein. Als Nächstes gehen Sie zur Bauchdecke über. Ist diese hart? Das ist immer ein Anzeichen für Probleme im Bauchtrakt, zum Beispiel eine Blinddarmentzündung, Infektionen oder innere Blutungen. Wie sieht es mit dem Becken aus? Wenn sich die Hüftschaufeln zusammendrücken lassen, ist das Becken gebrochen. Bei den Beinen gehen Sie wie bei den Armen vor und untersuchen sie auf Bruchstellen, Blutungen, Schwellungen und Fremdkörper. Zu guter Letzt widmen Sie sich der Wirbelsäule. Suchen Sie nach Blutergüssen und Ausbuchtungen. Wenn der Patient bei Bewusstsein ist, so fragen Sie ihn, ob er beim Abtasten der Wirbelsäule Schmerzen verspürt.

Diesen Bodycheck führen Sie immer dann durch, wenn ein begründeter Verdacht auf Verletzungen besteht, zum Beispiel bei einem Unfall oder Sturz. Wenn genau bekannt ist, was der Patient hat – zum Beispiel eine Grippe – ist der Bodycheck selbstverständlich nicht nötig.

Verhalten bei Naturkatastrophen

Als Folge einer großen Sonneneruption, wie sie für das Jahr 2012 vorausgesagt wird, kann die Erde empfindlich aus dem Gleichgewicht geraten. Dann müssen wir damit rechnen, dass wir auch in unseren normalerweise verhältnismäßig ruhigen Breiten von Naturkatastrophen wie Erdbeben oder starken Stürmen heimgesucht werden. Wie Sie sich in diesen Fällen verhalten, verraten Ihnen die folgenden Seiten.

> **KEINE PANIK!**
>
> Vor allem bei Naturkatastrophen, die ohne Vorwarnung über uns hereinbrechen, ist die Gefahr groß, in Panik zu geraten. Versuchen Sie trotzdem, möglichst ruhig zu bleiben und vernünftig zu denken. Wer in Panik gerät, gefährdet sich und andere. Und damit ist niemandem geholfen.

Erdbeben

Erdbeben können verheerende Schäden anrichten. Obwohl Seismologen die Aktivitäten unserer Erde genau beobachten und wissen, welche Regionen besonders gefährdet sind, können sie immer noch nicht vorhersagen, wann und wo die Erde als Nächstes beben wird. Ein gutes Warnsignal ist jedoch das Verhalten der Tiere. Sie scheinen einen sechsten Sinn zu haben und drohende Naturkatastrophen zu spüren. Bereits einige Tage vor dem verheerenden Erdbeben in Südwestchina im Mai 2008 kamen Hunderttausende Kröten aus der Erde gekrochen und versuchten zu fliehen. Und in Sri Lanka und Thailand flüchteten Elefanten ins Landesinnere, lange bevor 2004 die ersten Tsunamiwellen auf die

Küste trafen. Beobachten Sie also die Tiere, auch Ihre Haustiere. Legen diese ein ungewöhnliches Verhalten an den Tag oder werden sie plötzlich – scheinbar ohne Grund – unruhig, ist etwas im Busch.

Meist trifft uns ein Erdbeben jedoch völlig unerwartet. Schwankt plötzlich die Erde, so verlassen Sie am besten rasch das Gebäude und bringen sich auf einem freien Platz (ohne Bäume und Strommasten) in Sicherheit. In der Stadt, womöglich noch in einer Gegend mit vielen Hochhäusern, sind Sie allerdings in Ihren eigenen vier Wänden sicherer. Keine gute Wahl sind unverstärkte Keller, Tiefgaragen oder U-Bahn-Stationen, denn diese können leicht einstürzen. Im Inneren eines Hauses sind Sie unter Türdurchgängen, unter einem stabilen Tisch oder an Innenwänden am besten geschützt. Nehmen Sie die Schutzhaltung ein: Stecken Sie den Kopf zwischen die Knie und schützen Sie den Hals mit den Armen. Halten Sie sich außerdem von Fenstern, Spiegeln oder Glastüren fern, denn diese können splittern und Sie verletzen.

Ist das Beben vorüber, so ist die Gefahr noch nicht gebannt. Innerhalb der nächsten 48 Stunden kann es zu Nachbeben kommen, die ziemlich heftig ausfallen können. Achten Sie besonders auf Gasgeruch, denn wenn das Erdbeben eine Gasleitung zerstört hat, besteht Explosionsgefahr. Wenn Ihr Haus zerstört wurde, so bleiben Sie nicht in den Ruinen wohnen, denn diese können auch später noch einstürzen. Suchen Sie lieber einen Schutzraum oder eine Notunterkunft auf.

Überschwemmungen

Überschwemmungen können durch anhaltende sintflutartige Regenfälle entstehen, wie sie nach einer Sonneneruption zu erwarten sind. Auch Deichbrüche, Orkane oder Seebeben können eine Überflutung auslösen. Wer in der Nähe von Flüssen oder an der Küste wohnt, sollte daher wissen, wie er sich in diesem Fall zu verhalten hat.

Werden Sie in der Natur von einer Flutwelle überrascht, so suchen Sie höhere Lagen auf. Retten Sie sich auf Bäume oder Hausdächer und versuchen Sie nicht, zu schwimmen – die Strömung ist zu stark. Im eigenen Haus stellen Sie Strom und Gas ab und sammeln Trinkwasser in verschlossenen Gefäßen. Dichten Sie Türen mit Sandsäcken ab, die Sie zur Not aus Bettwäsche und Erde selbst herstellen können. Wertvolle und wichtige Dinge bringen Sie vorsichtshalber in die oberen Stockwerke. Da Sie nicht wissen, wie hoch das Wasser steigen wird, wissen Sie auch nicht, ob Sie Ihr Haus nicht vielleicht aufgeben müssen. Packen Sie also für alle Fälle einen Notfallrucksack mit Dokumenten und allen wichtigen Dingen, die Sie retten wollen. Verfolgen Sie außerdem die Nachrichten mit einem batteriebetriebenen Radio, um sich auf eine eventuelle Evakuierung vorzubereiten. Wird eine Evakuierung angeordnet, so leisten Sie dieser unbedingt Folge. Irgendwann wird das Wasser so hoch stehen, dass Sie Ihr Haus nicht mehr verlassen können, es sei denn, Sie haben zufällig ein Boot in Ihrem Garten stehen. Wenn das Wasser sehr hoch steigt, besteht die Gefahr, dass das Haus dem Wasserdruck nicht standhält. Fluten Sie daher lieber das Erdgeschoss und den Keller, anstatt das ganze Haus dem Einsturz preiszugeben. Ziehen Sie sich in die oberen Stockwerke oder auf das Dach zurück.

Sind Sie ins Wasser gefallen oder mussten Sie ins Wasser springen, so klammern Sie sich an einer Schwimmhilfe, zum Beispiel an einem Kanister oder einer mit Luft gefüllten Plastiktüte fest. Lassen Sie Ihre Kleidung an, auch wenn sie beim Schwimmen behindert. Lassen Sie sich auf dem Wasser treiben, bei Schwimmbewegungen geht viel Wärme verloren. Sind außer Ihnen noch andere Personen im Wasser, so schließen Sie sich zu einer Gruppe zusammen, indem Sie sich um die Schultern fassen. So halten Sie sich gegenseitig warm, und niemand geht verloren.

Sind Sie im Auto unterwegs, so sollten Sie überflutete Straßen nur sehr vorsichtig befahren. Je nach Wagentyp können Sie bereits knietiefes Wasser nicht mehr durchqueren. Besondere Vorsicht ist an Stellen angesagt, an denen sich normalerweise Brücken befinden. Hier ist die Strömung sehr stark und kann Ihr Auto wegreißen. Außerdem sind die Brückengeländer oft nicht mehr zu erkennen, und Sie könnten im Fluss landen. Überqueren Sie überflutete Stellen nur sehr langsam, damit kein Wasser in den Motorraum spritzt, und halten Sie nicht an. Testen Sie nach der Überquerung sofort die Bremsen und üben Sie nur sehr leichten Druck auf sie aus, bis sie wieder funktionieren.

Nach einer Überschwemmung sollten Sie Strom und Gas erst wieder einschalten, wenn es wirklich sicher ist. Waten Sie nicht barfuß durch das Wasser, denn darin werden sich viele von den Fluten mitgerissene Gegenstände, Glassplitter oder Ähnliches befinden. Außerdem ist das Wasser schmutzig und voller Bakterien, denn es hat sich mit den Abwässern der Toiletten vermischt. Deshalb sollten Sie auch Brunnenwasser nach einer Überschwemmung nicht trinken.

Stürme und Orkane

Nach einer Mega-Sonneneruption gerät die Welt aus dem Gleichgewicht, extreme Wetterphänomene nehmen zu. Dazu gehören auch Stürme oder Orkane. Als Orkan bezeichnet man dabei einen Sturm, dessen Windgeschwindigkeit bei über 12 Beaufort, also 117 km/h liegt. Ein Hurrikan – je nach Region auch Taifun oder Zyklon genannt – ist ein Wirbelsturm mit einem Durchmesser von mehreren Hundert Kilometern. Er hat zwar meist in tropischen Regionen seinen Ursprung, kann aber auch in gemäßigten Zonen großen Schaden anrichten, wie zum Beispiel der Hurrikan „Irene", der im August 2011 auf die Ostküste der USA prallte. Auch in unseren Breiten richten Orkantiefs immer wieder Verwüstungen an, darunter der Orkan „Lothar", der am 26. Dezember 1999 über Mitteleuropa hinwegfegte und im Flachland eine Windgeschwindigkeit von bis zu 180 km/h erreichte.

Dass sich da etwas am Himmel zusammenbraut, ist den Meteorologen zum Glück schon einige Zeit vorher bekannt, sodass sie noch rechtzeitig eine Sturmwarnung herausgeben können. Sichern Sie in diesem Fall Ihr Haus, verschließen Sie Fenster und Türen und vernageln Sie sie eventuell mit Brettern. Auf Glasscheiben können Sie auch Splitterschutzfolien aufkleben. Räumen Sie außerdem Ihren Garten auf, holen Sie Möbel und Fahrräder ins Haus oder in die Garage, denn sie können sich in gefährliche Geschosse verwandeln. Frei laufende Katzen und andere Haustiere sollten Sie ebenfalls ins Haus holen.

Halten Sie sich während des Sturms möglichst in stabilen Räumen im Erdgeschoss oder im Keller auf und verlassen Sie den Schutzraum nicht zu früh. Bei einem Hurrikan sollten Sie sich nicht von einer plötzlichen Ruhe täuschen lassen – Sie befinden sich nun lediglich im Auge des Sturms. Schon nach kurzer Zeit ist der Wind wieder so stark wie vorher. Bei Gewitterstürmen besteht zudem die – wenn auch sehr geringe – Gefahr, vom Blitz getroffen zu werden. Zählen Sie den Abstand zwischen Blitz und dem darauffolgenden Donner. Wenn er weniger als zehn Sekunden beträgt, ist das Gewitter nur noch 3,3 Kilometer von Ihnen entfernt – dann besteht auch die Gefahr, von einem Blitz getroffen zu werden. Meiden Sie in diesem Fall Bäume, egal ob einzeln oder in Baumgruppen, hohes Gelände, einzeln stehende Schornsteine, Masten oder Türme, Antennenanlagen, Felsüberhänge und jegliche Gewässer und deren Ufer. Wo aber sind Sie sicher? Am besten sind Sie in Gebäuden, wenn möglich mit einer Blitzschutzanlage, aufgehoben, in Eisenbahnwagen, in den Kabinen von Baggern und Kränen und in Autos mit überwiegend geschlossenem Metallaufbau.

Eine besondere Gefahr stellen Schneestürme oder Blizzards dar, da ihre Schneewehen einen Menschen innerhalb kurzer Zeit begraben können. Dazu kommt noch die große Kälte. Hören Sie in diesem Fall unbedingt auf Unwetterwarnungen und bleiben Sie zu Hause. Erwischt es Sie dennoch, wenn Sie unterwegs sind, so halten Sie das Auto an und bleiben darin sitzen. Marschieren Sie nicht weiter, sondern suchen Sie sich irgendeinen Unterschlupf. So paradox es klingen mag: In einer selbst gebauten Schneehöhle haben Sie es wärmer als draußen im Sturm.

Nach dem Sturm sollten Sie auf Gasgeruch achten, denn Gasleitungen könnten zerstört worden sein. Untersuchen Sie Ihr Haus auf Schäden und helfen Sie Verletzten.

Brände

Brände können Begleiterscheinungen anderer Naturkatastrophen wie Erdbeben sein und zum Beispiel durch zerstörte Gasleitungen verursacht werden. In der Natur können Waldbrände, die oft durch die Unvorsichtigkeit der Menschen ausgelöst werden, eine große Gefahr darstellen. Die Hauptgefahr bei einem Brand ist allerdings nicht so sehr das Verbrennen, sondern das Ersticken.

Feuer werden in der Regel von unten nach oben und von innen nach außen gelöscht. Neben Wasser sind Sand, Decken, Tücher oder Kleidungsstücke gute Löschmaterialien. Die Ausnahme sind hier brennende Flüssigkeiten wie Öl oder Benzin: Sie werden durch Wasser zum Explodieren gebracht – diese Feuer müssen Sie immer ersticken!

Bei einem Brand in einem Gebäude halten Sie Fenster und Türen geschlossen, um dem Feuer nicht zusätzlichen Sauerstoff zu geben. Schalten Sie, wenn möglich, Strom und Gas ab und befeuchten Sie Ihre Kleidung. Bewegen Sie sich kriechend auf dem Boden fort, da der Rauch nach oben steigt, und atmen Sie durch ein feuchtes Tuch. Geben Sie verrauchte Räume auf, denn dort besteht Erstickungsgefahr. Sitzen Sie in der Falle, so verrammeln Sie die Tür und dichten auch die Ritzen gut ab. Öffnen Sie das Fenster oder schlagen Sie es ein. Wenn keine Hilfe kommt, versuchen Sie, sich mithilfe von Vorhängen oder Betttüchern, die Sie an Möbeln festbinden, abzuseilen.

Waldbrände breiten sich rasend schnell aus, und Sie haben keine Chance, vor ihnen davonzulaufen. Suchen Sie daher lieber nach Feuerbarrieren wie Straßen oder Gewässern. Atmen Sie möglichst keinen Rauch ein, sondern atmen Sie durch ein feuchtes Tuch, zum Beispiel Ihr T-Shirt, das Sie mit Trinkwasser getränkt haben. Falls Ihre Kleidung Feuer fängt, rollen Sie sich am Boden hin und her und wickeln sich, falls möglich, zusätzlich in eine Decke oder einen Mantel ein. Geraten Sie mit dem Auto in einen Waldbrand, so schließen Sie alle Fenster und Lüftungsklappen und versuchen, mit Vollgas aus der Gefahrenzone herauszukommen. Wenn das nicht möglich ist, verlassen Sie Ihr Fahrzeug, denn es kann sich rasch in einen Ofen verwandeln oder explodieren. Feuer lassen sich zwar auch mit einem Gegenfeuer bekämpfen. Dies erfordert allerdings sehr viel Erfahrung und vergrößert bei falscher Anwendung die Gefahr zusätzlich.

Persönliche Sicherheit

In einer Krise wächst auch die Angst um die persönliche Sicherheit. Nach einer wie auch immer gearteten Katastrophe zählt oft nur noch das nackte Überleben – ohne Rücksicht auf Verluste. Wer schon einmal gesehen hat, wie bei einer drohenden Überschwemmung oder einem Schneesturm die Supermärkte gestürmt werden, wird dies nur bestätigen. Bei einer Staatspleite kann die Regierung Polizisten und andere Beamte nicht mehr bezahlen – und die Motivation der Polizisten, bei einem Einsatz ihr Leben zu riskieren, dürfte dann auch sehr gering sein. Sie sind also auf sich allein gestellt. Dazu kommt noch, dass Menschen zu Panik und Kurzschlussreaktionen neigen. Bei den ersten Krisennachrichten werden sie ihr Geld abheben, sich mit Konserven und anderen Lebensmitteln eindecken und ihr Auto noch einmal volltanken. Da Nachschub oft nur schwer in Krisengebiete gelangt, kann in kurzer Zeit die Versorgung komplett zusammenbrechen. Wenn Sie sich auf die Krise vorbereitet haben, sind Sie erst einmal sicher, denn Sie haben genug zu essen und können sich im Notfall eine gewisse Zeit lang selbst versorgen. Doch andere waren vielleicht nicht so vorausschauend und wurden von den Ereignissen überrascht. Diese Menschen leiden jetzt vielleicht Hunger und werden nichts unversucht lassen, um an Essen zu kommen – auch wenn sie dabei vielleicht Gewalt anwenden müssen. Damit Sie sich und Ihr Eigentum in der Krise schützen können, sollten Sie die folgenden Tipps beherzigen.

Bleiben oder fliehen?
Grundsätzlich sollten Sie auch im Katastrophenfall versuchen, so lange wie möglich zu Hause zu bleiben, doch trotzdem kann es passieren, dass Sie Ihr Heim unerwartet und schnell verlassen müssen. Leisten Sie dabei den Anordnungen der Behörden Folge, denn diese entscheiden im Krisenfall, ob Sie an Ort und Stelle bleiben dürfen oder Ihre Region evakuiert wird.

Müssen Sie Ihre eigenen vier Wände verlassen, so sollten Sie dabei nicht planlos vorgehen, sondern wissen, wo Sie hingehen können. In den allermeisten Fällen können Sie später auch an Ihren Wohnort zurückkehren und Dinge, die Sie in der Eile vergessen haben, holen. Falls Sie Angst haben, dass Ihr Haus oder Ihre Wohnung während Ihrer Abwesenheit geplündert wird, können Sie sie absichtlich in Unordnung bringen, sodass der Eindruck entsteht, Ihre vier Wände seien bereits geplündert worden.

Gerade wenn sehr viele Menschen eine Region verlassen müssen – zum Beispiel nach einer Naturkatastrophe oder einem nuklearen Zwischenfall –, ist das Auto als Fluchtmittel oft ungeeignet: Die Straßen sind verstopft, Benzin ist Mangelware, und Brücken oder Straßen könnten zerstört sein. Am besten flüchten Sie in einem solchen Fall nachts mit dem Fahrrad oder zu Fuß.

Grundsätzlich sind Sie auf dem Land sicherer als in der Stadt. Dünn besiedelte Regionen werden weniger oft angegriffen als Großstädte, und die Menschen auf dem Land achten besser aufeinander. Doch auch in der Stadt ist ein Überleben möglich – die Menschen, die im Bombenhagel des Zweiten Weltkriegs in den Großstädten verharrten, haben es uns vorgemacht. Die größten Gefahren in der Stadt sind Versorgungsmangel und andere Menschen. Bauen Sie daher rechtzeitig vor: Lagern Sie Nahrung ein und füllen Sie alle verfügbaren Gefäße mit Wasser. Im Katastrophenfall sind Sie in der Stadt auf sich selbst angewiesen – die öffentlichen Stellen sind überfordert und oft auch unterbesetzt, wenn sich deren Mitarbeiter selbst in Sicherheit gebracht haben. Verhalten Sie sich so unauffällig wie möglich und sichern Sie Ihre Wohnung. Verdunkeln Sie nachts die Fensterscheiben, damit niemand merkt, dass Ihre Wohnung bewohnt ist, und treten Sie tagsüber nicht ans Fenster. Gegen die Kälte hilft Kleidung im Zwiebelprinzip. Auch Ihren Kopf sollten Sie mit einer Mütze oder eine Kapuze (die Sie auch mit einem Handtuch oder anderen Kleidungsstücken improvisieren können) vor Kälte schützen, denn sehr viel Körperwärme geht über den Kopf verloren. Bei Bombenangriffen oder Erdbeben reichen die öffentlichen Schutzräume in Deutschland bei Weitem nicht aus. Zuflucht können Sie in Tiefgaragen, U-Bahn-Haltestellen, Straßentunneln oder in der Kanalisation finden.

Selbstverteidigung

Gewalt ruft immer neue Gewalt hervor. Überprüfen Sie daher immer, ob es nicht doch einen gewaltlosen Ausweg aus einer Situation gibt, bevor Sie selbst Gewalt anwenden. Denn wenn Sie als Erster Gewalt ausüben, müssen Sie damit rechnen, dass auch der Angreifer mit Gewalt reagiert. Ist dieser stärker als Sie oder hat er vielleicht sogar eine Waffe, kann das dumm für Sie ausgehen. Beim Einsatz von Waffen sollten Sie ebenfalls nicht den ersten Schritt machen. Auch wenn es sich nur um eine Schere handelt, mit der Sie einen Einbrecher zurückschrecken wollen: Es kann schnell passieren, dass Ihnen der Eindringling die Schere entwendet und sie dann gegen Sie einsetzt.

Wenn Sie angegriffen werden, sollten Sie zuerst immer versuchen zu fliehen. Laufen Sie in die Richtung von Orten, an denen Sie mehrere Menschen vermuten. Trotzdem kann es passieren, dass der Angreifer Sie einholt. Bemühen Sie sich in diesem Fall zuerst, den Konflikt gewaltfrei zu lösen, bevor Sie angreifen. Dazu gehört, Blickkontakt zu vermeiden und den Gegner nicht zu provozieren. Sprechen Sie mit ihm. Dabei kommt es nicht darauf an, was Sie sagen, sondern vor allem, wie Sie es sagen: Reden Sie ruhig und beschwichtigend auf Ihren Gegner ein und hören Sie nicht auf zu sprechen, auch wenn Sie glauben, die Situation unter Kontrolle zu haben. Versuchen Sie, Gemeinsamkeiten zwischen sich und dem Angreifer herzustellen – wenn sich der Angreifer mit Ihnen identifiziert, wird es ihm schwerer fallen, Ihnen wehzutun. Falls der Gegner Sie ausrauben will, geben Sie ihm etwas. In gefährlichen Gegenden können Sie für alle Fälle eine zweite Geldbörse einstecken, in der sich ein wenig Bargeld befindet.

BILLIGE EDELSTEINE

Edelsteine wie Rubine und Smaragde verlieren ähnlich wie Gold auch in einer Krise nicht ihren Wert und können daher heiß begehrte Güter werden. Doch ihren Wert können nur Experten bestimmen. Besorgen Sie sich jetzt noch ein paar billige Halbedelsteine – diese können Sie einem Angreifer überlassen.

In belebten Gegenden können Sie auch um Hilfe rufen, einen Alarm auslösen oder versuchen, die Aufmerksamkeit von Passanten zu erregen. Dies schlägt so manchen Täter in die Flucht.

Empfehlenswert ist auch ein Selbstverteidigungskurs oder das Erlernen eines Kampfsports. Karate, Jiu-Jitsu, Taekwondo, Judo oder Aikido lehren nicht nur die Handgriffe, mit denen man einen Angreifer außer Gefecht setzen kann, sondern vor allem die nötige Geisteshaltung. Die meisten Versuche, sich selbst zu verteidigen, scheitern nämlich am eigenen Zögern, denn es kostet nun einmal sehr viel Überwindung, einen anderen Menschen so anzugreifen, dass es ihm wirklich wehtut. Wer sich wehren möchte, muss also nicht nur die Kraft, sondern in erster Linie auch den Willen dazu haben – und dieser lässt sich oft nur durch langes Training erwerben.

> **BRÜLLEN SIE WIE AM SPIESS**
>
> Lassen Sie nichts unversucht, jemanden auf Ihre Notlage aufmerksam zu machen, auch wenn Sie glauben, dass niemand in der Nähe ist. Schreien Sie wie am Spieß, wenn Sie angegriffen werden, denn vielleicht hört Sie ja doch jemand. Außerdem erschrecken und verwirren Sie damit den Angreifer. Er muss nun befürchten, dass Ihnen jemand zu Hilfe kommt, und gibt vielleicht auf.

Was können Sie tun, wenn Sie angegriffen werden? Sollen Sie sich zur Wehr setzen, und wenn ja: Wie geht das? Pauschale Tipps können hier nur schwer gegeben werden, denn Umstände und Ablauf eines jeden Angriffs sind unterschiedlich. Dazu kommt noch, dass Sie sich in einer Extremsituation befinden: Sie haben Angst, und

Ihr Körper ist dermaßen mit Adrenalin vollgepumpt, dass Sie nur schwer klare Entschlüsse fassen können. Grundsätzlich gilt: Wenden Sie Gegenwehr nur an, wenn sie Aussicht auf Erfolg hat oder wenn sie das letzte verbleibende Mittel ist. Doch wenn Sie beschließen, sich zu wehren, dann sollten Sie das auch richtig tun. Eine Gegenwehr fängt bereits im Kopf an. Sie müssen dazu bereit sein, dem Angreifer wehzutun oder ihn sogar zu töten, falls es um das eigene Leben geht. Diese Hemmschwelle ist nicht leicht zu überwinden, und dieser Ernstfall kann auch nicht geprobt werden. Der beste Selbstverteidigungskurs nützt nichts, wenn Sie nicht bereit sind, gewisse Grenzen zu überschreiten. Doch einem Gegner, der es auf Ihr Leben abgesehen hat, dürfen Sie nicht schonen. Sie müssen ihn schnell kampfunfähig machen und dürfen sich dabei durch nichts abschrecken lassen, auch nicht von Blut.

Trotz allem gilt: Greifen Sie nur dann an, wenn Sie ganz genau wissen, dass der Angreifer nicht bewaffnet ist und Sie eine reelle Chance haben, mit ihm fertigzuwerden. Und Sie müssen dazu bereit sein, selbst den ersten Schlag auszuführen und damit das Überraschungsmoment auf Ihrer Seite zu haben. Geeignete Techniken können Sie beispielsweise in einem Selbstverteidigungskurs erlernen.

Eine Waffe sollten Sie nur im alleräußersten Fall einsetzen und auch nur dann, wenn Sie auch mit ihr umgehen können. Nutzen Sie sie dazu, um den Angreifer zu überraschen oder ihm zumindest so große Schmerzen zu bereiten, dass er für kurze Zeit außer Gefecht gesetzt ist und Sie flüchten können.

> **KAMPFUNFÄHIG – DURCH EINE STECKNADEL**
>
> Eine unauffällige und ganz legale Waffe ist eine lange Stecknadel mit breitem Kopf, die Sie so an Ihrer Kleidung befestigen, dass Sie sie leicht erreichen können, zum Beispiel im Kragen. Im Ernstfall müssen Sie damit so zustechen, dass der Angreifer so starke Schmerzen verspürt, dass er von Ihnen ablässt. Stechen Sie ihm die Nadel also mit aller Kraft ins Auge, in die Hoden oder in die „weiche Stelle" hinter den Ohren.

Wer beschließt, sich körperlich zu wehren, sollte sich seitwärts zum Angreifer stellen und sich mit dem ganzen Körper gegen ihn werfen. Versuchen Sie nicht, einen Schlag mit dem Arm abzuwehren, denn das kostet viel Kraft, bringt aber kaum etwas. Bleiben Sie die ganze Zeit über in Bewegung, denn ein bewegliches Ziel ist nicht so leicht zu treffen. Schützen Sie Ihren Kopf, indem Sie das Kinn an die Brust drücken und die Fäuste neben dem Kopf ballen. Jetzt können Sie angreifen.

> **SCHUTZHALTUNG**
>
> Ist es dem Angreifer gelungen, Sie auf den Boden zu werfen, so sollten Sie sich so gut wie möglich vor seinen Tritten schützen. Rollen Sie sich klein zusammen und schützen Sie Kopf und Nacken mit den Händen. Damit der Angreifer Sie nicht am Rücken und in den Nieren treffen kann, versuchen Sie, sich in die Nähe einer Wand oder eines Möbelstücks zu rollen. So sind diese empfindlichen Körperteile ein wenig geschützt.

Wollen Sie selbst zuschlagen, so sind Kehle, Schläfen und der Fußspann gute Ziele. Mit einem heftigen Tritt auf den Fußspann können Sie einen Angreifer treffen, der Sie von hinten packt. Heben Sie dazu den Fuß auf Kniehöhe des Angreifers und treten Sie schnell und kräftig nach unten. Da Ihr Tritt auf festem Untergrund nicht abgefedert wird, ist dies sehr schmerzhaft – vorausgesetzt, der Angreifer hat keine Schuhe mit Stahlkappen an.

Die Kehle des Angreifers treffen Sie am besten mit dem sogenannten „Y-Hand-Stoß". Strecken Sie dazu Ihre Hand aus und spreizen Sie den Daumen ab, sodass Daumen und Zeigefinger ein Y bilden. Damit stoßen Sie nach vorne, direkt auf den Adamsapfel des Angreifers. Er bekommt nun keine Luft mehr und kann durch einen kräftigen Schlag sogar komplett außer Gefecht gesetzt werden. Noch mehr Schwung und damit Kraft haben Sie, wenn Sie aus Hüfthöhe hinaufstoßen.

Die Schläfe des Angreifers treffen Sie am besten, wenn Sie die Hand zur Faust ballen und mit der Kante direkt gegen die Schläfe schlagen. Auch dieser Schlag kann den Angreifer komplett außer Gefecht setzen.

Eine weitere Möglichkeit zur Selbstverteidigung ist ein Tritt mit dem Knie in den Unterleib, vor allem wenn Ihnen Ihr Angreifer schon sehr nahe ist. Lassen Sie Ihr Knie ganz nach oben schnellen und setzen Sie, falls Sie genug Kraft haben, mehrere Kniestöße nacheinander ein. Mit dem Fuß sollten Sie dagegen nicht auf die Leistengegend zielen. Sie müssen dabei nämlich Ihr Bein so weit heben, dass Sie nicht mehr stabil stehen – und das könnte der Gegner ausnützen.

Hat Sie Ihr Angreifer am Hals umklammert und würgt Sie, müssen Sie schnell handeln. Schlagen Sie mit den Händen gegen die Schläfe des Täters oder treten Sie mit den Knien zu. Nun zählt jede Sekunde, denn Sie müssen so schnell wie möglich wieder atmen können.

Trotz aller Gegenwehr kann es passieren, dass Sie der Täter zu Boden wirft. Die natürliche Reaktion ist nun, mit aller Kraft wieder auf die Beine zu kommen, doch das nützt Ihnen nichts, wenn Sie keine Möglichkeit zur Flucht haben. Ihr Angreifer wird Sie gleich wieder erwischen und erneut zu Boden werden und Sie vergeuden damit Ihre Kraft. Versuchen Sie lieber, den Angreifer vom Boden aus kampfunfähig zu machen. Sie können von dort aus mit voller Wucht aus der Hüfte heraus nach dem Angreifer treten. Zielen Sie dabei auf seine Knie oder seinen Unterleib. Geht er um Sie herum, um Sie von einer anderen Seite aus anzugreifen, so drehen Sie sich auf dem Boden mit ihm mit und wehren ihn weiter ab.

Waffen

Der Einsatz von Waffen, zum Beispiel einem Messer, Tränengas- oder Pfefferspray, ist immer problematisch, denn eine Waffe kann sehr leicht gegen Sie selbst eingesetzt werden, vor allem wenn Ihr Angreifer stärker ist als Sie. Außerdem machen Sie mit dem Ziehen einer Waffe einen Schritt, den Sie nicht mehr rückgängig machen können. Wenn Ihr Gegner sieht, dass Sie bewaffnet sind, wird er sich mit allen Mitteln verteidigen und keinerlei Rücksicht mehr auf Sie nehmen. Vergessen Sie nicht: Mit einer Waffe eskaliert die Gewalt immer!

Schusswaffen sind legal nur erhältlich, wenn man einen Waffenschein besitzt. Diesen wiederum bekommen Sie nur, wenn Sie einen begründeten Bedarf für eine Schusswaffe nachweisen können, zum Beispiel weil Sie Jäger oder Sportschütze sind, bei einem Sicherheitsdienst arbeiten oder Mitglied eines Schützenvereins sind – und selbst dann gibt es strenge Regeln für den Umgang mit der Waffe. Legal erhältlich sind dagegen Bogen oder ein Teleskopschlagstock. Außerdem können Sie Gegner auch mit Schreckschusspistolen, Gassprühgeräten oder Elektroschockern abschrecken. In einem Krisenszenario werden Messer die am häufigsten eingesetzten Waffen sein. Doch selbst als trainierter Kämpfer haben Sie kaum eine Chance, einen Messerangriff abzuwehren. Messer werden erst in letzter Sekunde gesehen, stechen blitzschnell zu und können schwerste Verletzungen verursachen. Geben Sie also lieber den Forderungen des Angreifers nach, als sich in einen Kampf verwickeln zu lassen. Auch ein eigenes Messer zur Verteidigung nützt nicht viel – ehe Sie es gezogen haben, hat der Angreifer Sie schon erwischt. Schützen Sie sich lieber mit einer speziellen Schnittschutzweste.

Die eigenen vier Wände

Der sicherste Ort ist auch im Fall einer Katastrophe oder Krise immer noch das eigene Zuhause. Hier kennen Sie sich aus, hier sind Sie geschützt. Trotzdem müssen Sie damit rechnen, dass Diebe und Plünderer Ihr Eigentum nicht respektieren und sich mit Gewalt holen möchten, was sie auf anderem Weg nicht bekommen können. Daher müssen Sie sich und Ihr Eigentum gut schützen und notfalls auch verteidigen.

Schutz vor Eindringlingen

In Zeiten, in denen viele nichts und andere noch vergleichsweise viel haben, werden Sie verstärkt Angst vor Einbrechern oder Plünderern haben müssen. Treffen Sie daher rechtzeitig Vorkehrungen. Der Spruch „My home is my castle" war noch nie treffender als in Krisenzeiten. Um Ihr Haus oder Ihre Wohnung einbruchssicher zu machen, sollten Sie die folgenden Maßnahmen ergreifen.

Sichern Sie alle Eingänge im Haus – dazu gehören nicht nur die Türen, sondern auch breite Schornsteine und Fenster, auch im Dach und im Keller. Die Fenster können Sie mit Schrauben zusätzlich sichern, vergittern oder mit Läden versehen. Zusätzlich gibt es spezielle Sicherheitsschlösser, die Ihre Fenster noch mehr schützen. Besonders anfällig sind die Fenster im Erdgeschoss. An ihnen können Sie zusätzlich eine Splitterschutzfolie anbringen, sodass ihnen ein geworfener Stein nichts mehr anhaben kann. Massive Türen bieten den besten Schutz vor Eindringlingen. Zudem können Sie Zusatzschlösser und Ketten anbringen. Vergessen Sie auch nicht, Garagen und Schuppen ebenfalls so zu sichern. Dachrinnen können Sie mit einer speziellen Sicherheitsfarbe streichen – sie erschwert es Einbrechern, daran hochzuklettern.

Rund ums Haus können Sie eine Außenbeleuchtung mit Bewegungsmelder oder Infrarot-Sensor installieren, sodass Sie rechtzeitig merken, wenn sich jemand Ihrem Haus nähert. Auch eine Alarmanlage warnt Sie vor ungebetenen Besuchern. Die Nachbarn werden neugierig ihre Fensterläden öffnen – allein das genügt schon, um so manchen Einbrecher in die Flucht zu schlagen.

Öffnen Sie die Tür für niemanden, den Sie nicht kennen, auch nicht, wenn ein angeblicher Notfall vorliegt oder Sie durch Ihren Spion nur ein scheinbar harmloses Kind entdecken können. Wertgegenstände sollten Sie auch in den eigenen vier Wänden sicher verstecken – sollte es dennoch ein Eindringling bis in Ihr Haus schaffen, sind Ihre Wertsachen trotzdem sicher.

NACHBARSCHAFTSNETZWERK

Wer gute Nachbarn hat, kann sich glücklich schätzen. Vor allem in Krisenzeiten ist ein gutes nachbarschaftliches Verhältnis wichtig, denn gemeinsam ist man stärker. So können Sie gegenseitig auf Ihre Häuser achten und Verdächtiges melden. Wenn Sie zum Beispiel merken, dass sich jemand an Ihrer Haustür zu schaffen macht, können Sie durch das Fenster nicht sehen, was vor sich

> geht und wie viele Leute draußen sind. Ihr Nachbar gegenüber kann das aber sehr wohl. Verabreden Sie zu diesem Zweck auch Alarmzeichen oder verständigen Sie sich über ein Walkie-Talkie.

Schutzraum

In den USA errichten immer mehr Menschen einen Schutzraum, in dem sie vor kommenden Katastrophen geschützt sind. In teils abenteuerlichen Konstruktionen warten sie auf den Polsprung oder den wieder einmal angekündigten Weltuntergang. In Deutschland und Österreich verfügen nur sehr wenige Haushalte über einen vorschriftsmäßigen Schutzraum, der gegen herabfallende Trümmer, Brände, B- und C-Waffen und radioaktive Niederschläge schützt. Ein Schutzraum steht nur jeder 30. Person zur Verfügung, während in der Schweiz 95 Prozent der Bevölkerung Platz in Schutzräumen finden.

Wenn Sie sich einen eigenen Schutzraum bauen möchten, müssen Sie sich an die gesetzlichen Vorschriften und Empfehlungen halten. Auskünfte erteilen hier verschiedene Zivilschutzorganisationen, deren Adressen Sie im Anhang finden.

Sie können jedoch auch einen vorhandenen Raum zum Schutzraum umfunktionieren. Wählen Sie dazu einen Kellerraum ohne Fenster, durch den keine Gas-, Wasser- oder Heizungsrohre verlaufen. Pro Person müssen Sie mit etwa 0,6 Quadratmeter Fläche beziehungsweise 1,4 Kubikmeter Luftraum rechnen. Außerdem sollte Ihr Schutzraum einen Schutzraumlüfter oder einen Sandfilter besitzen, den Sie per Hand bedienen können. Hat Ihr Schutzraum einen Durchmesser von mehr als 3 Metern, so sollten Sie die Decke zusätzlich mit Quer- und Stützbalken abstützen. Die Tür zu Ihrem Schutzraum sollte feuerbeständig und gasdicht sein. Herkömmliche Türen sollten Sie sehr gut abdichten.

Für den Fall der Fälle sollte Ihr Schutzraum einen Notausgang ins Freie besitzen. Für einen einfachen Notausgang brechen Sie ein Loch in die Wand und decken es dann mit einer falschen Wand, zum Beispiel einem Holzbrett, ab. Dahinter befindet sich ein Gang zur Oberfläche, der mit Schotter gefüllt ist. Im Notfall nehmen Sie die falsche Wand ab, schaufeln den Gang frei und können so nach draußen fliehen.

Meist werden Sie noch Gelegenheit haben, bestimmte Haushaltsgegenstände mit in den Schutzraum zu nehmen. Doch wenn es schnell gehen muss, kann es leicht passieren, dass Sie im Eifer des Gefechts etwas Wesentliches vergessen – daher empfiehlt es sich, bestimmte Gegenstände bereits im Schutzraum zu lagern. Eine Liste mit Dingen, die unbedingt in den Schutzraum gehören, finden Sie unter den Checklisten am Ende dieses Buches.

Wenn Sie den Schutzraum vorübergehend verlassen – zum Beispiel um die Toilette zu entleeren –, sollten Sie bei Ihrer Rückkehr darauf achten, dass Sie kein kontaminiertes Material mit hineinschleppen. Ziehen Sie also Überbekleidung und Schuhe aus, bevor Sie den Schutzraum erneut betreten.

Auch wenn Sie den Schutzraum nur mit Ihren Familienangehörigen teilen, können trotzdem Spannungen auftreten, denn Sie sitzen für längere Zeit auf engstem Raum zusammen und können sich so leicht auf die Nerven fallen. Hier kann eine Schutzraumordnung helfen, die Ruhe- und Arbeitszeiten regelt und jedem seinen eigenen Verantwortungsbereich gibt. Für Kinder sollten Sie genügend Spiele, Bücher oder Stifte und Malblöcke bereithalten, damit sie sich nicht langweilen.

Verstecke

Um wertvolle Güter, Dokumente, persönliche Erinnerungsstücke, Notvorräte, Medikamente oder Ähnliches vor Dieben und Plünderern zu schützen, sollten Sie diese verstecken – und zwar nicht alle im gleichen Versteck, sondern verteilt auf mehrere Verstecke. Wählen Sie diese Verstecke sorgfältig aus. Bei einem starken Erdbeben ist ein Keller zum Beispiel eine denkbar ungünstige Lösung.

Eine gute Möglichkeit ist immer, die Wertgegenstände im Boden zu vergraben – allerdings nicht so, dass ein frischer Erdhaufen verrät, dass an dieser Stelle gerade gegraben wurde. Eine gute Tarnung sind zum Beispiel Schrott oder ein erloschenes Lagerfeuer. Auch dunkle, wasserdichte Kanister, die Sie in einem Gewässer versenken, sind ein gutes Versteck.

Achten Sie darauf, dass die Dinge, die Sie vergraben oder verstecken, vor Feuchtigkeit und Frost geschützt sind. Um Gegenstände vor Frost zu schützen, müssen Sie sie tiefer als 1,5 Meter vergraben. Luftdichte Plastikbehälter, wie man sie für Lebensmittel kaufen kann, oder Kunststofffässer schützen vor Feuchtigkeit. Zusätzlich können Sie den Deckel mit Silikon abdichten.

Wenn Sie Angst davor haben, dass Sie überfallen und ausgeraubt werden, hilft es, ein „falsches" Versteck mit ein paar Konservendosen, etwas Geld und Schmuck und einigen unwichtigen Dokumenten anzulegen. Dies können Sie dann den Eindringlingen zeigen und hoffen, dass diese sich damit zufriedengeben.

KINDERMUND TUT WAHRHEIT KUND

Haben Sie kleine Kinder? Dann sollten Sie diesen die Verstecke lieber nicht verraten, denn sie könnten sich sonst verplappern.

ALLES WICHTIGE IM ÜBERBLICK

Damit Sie auf einen Blick sehen können, ob Sie bei Ihrer Krisenvorsorge an alles gedacht haben oder ob Sie noch etwas besorgen müssen, finden Sie hier einige Checklisten und Einkaufslisten.

Checklisten

Sind Sie auf die Krise vorbereitet? Die folgenden Checklisten verraten Ihnen, was es alles zu erledigen gilt.

Finanzielle Sicherheit
Sie sollen bei einem Zusammenbruch der Finanzmärkte nicht Ihr gesamtes Geld verlieren – dafür gibt es diese Checkliste.
- ❏ Geldanlagen auf Krisensicherheit prüfen und gegebenenfalls kündigen oder auflösen: Kapitallebensversicherung, Bausparverträge, Rentensparpläne, Aktienfonds, Bundesschatzbriefe Festgelder, Sparbücher ...
- ❏ Bei Immobiliendarlehen Zinsfestschreibung vereinbaren
- ❏ Darlehen und andere Schulden zurückzahlen
- ❏ Gold und Silber kaufen und sicher verwahren

- ❏ Überschüssiges Vermögen eventuell auf einem Konto in der Schweiz oder in Liechtenstein in Sicherheit bringen
- ❏ Ausgaben reduzieren und Finanzplan entwerfen
- ❏ Immobilien bewerten lassen und gegebenenfalls verkaufen
- ❏ Bargeldvorrat anlegen (genug für drei Monate)
- ❏ Krisensicheren Job suchen, ggf. zweites Standbein aufbauen

Haussicherheit

Damit Ihr Haus auch in Krisenzeiten gut geschützt ist, sollten Sie es gut sichern. Bei der Planung hilft Ihnen diese Checkliste.
- ❏ Schwachstellen des Hauses identifizieren: Wo kann leicht eingebrochen werden?
- ❏ Alle Gegenstände, die zum Klettern benutzt werden können, entfernen, z. B. Leitern oder Mülltonnen
- ❏ Dunkle Ecken identifizieren und sie einsehbar machen
- ❏ Die Umgebung des Hauses mit Bewegungsmeldern sichern
- ❏ Kellerfenster, Lichtschächte und Dachfenster bei Reihenhäusern vergittern
- ❏ Türen auf ihre Stabilität überprüfen und gegebenenfalls verstärken
- ❏ Türspion einbauen
- ❏ Alle Türen (auch Neben- oder Hintereingänge) mit Zusatzriegeln oder Kastenzusatzschlössern sichern
- ❏ Panzerriegel an der Türinnenseite anbringen
- ❏ Pfefferspray in der Nähe der Tür deponieren (aber so, dass es nicht sofort zu sehen ist)
- ❏ Sicherheitsfenster mit Pilzkopfverriegelungen einbauen lassen
- ❏ Rollläden an allen Fenstern anbringen lassen
- ❏ Fenster mit Splitterschutzfolie verstärken
- ❏ Alarmanlage mit Bewegungsmeldern installieren
- ❏ Mithilfe von Zeitschaltern Anwesenheit vortäuschen

- Baumaterial wie Balken, Kanthölzer, Stahlwinkel und Schrauben vorrätig halten, um Barrikaden errichten zu können
- Verbündete unter den Nachbarn suchen und ein Nachbarschaftsnetzwerk aufbauen

Einkaufslisten

Noch gibt es alle Dinge, die wir zum Leben brauchen, im Überfluss. Nutzen Sie dies und legen Sie sich Vorräte an: Lebensmittel, Tauschgüter, medizinische Artikel, Hygieneartikel und anderes.

Lebensmittel und Wasser

Damit Sie während einer Krise nicht Hunger und Durst leiden, sollten Sie sich einen Vorrat an Lebensmitteln und Trinkwasser zulegen. Die folgende Liste ist so berechnet, dass eine vierköpfige Familie einen Monat lang überleben kann.

Kohlenhydrate
- Haferflocken: 3000 g
- Knäckebrot: 6000 g
- Mehl: 6000 g
- Nudeln: 3000 g
- Reis: 1500 g
- Zucker: 500 g
- Zwieback: 1500 g

Eiweiß
- Fisch (Thunfisch, Sardinen): 2400 g
- Fleisch in Konserven: 7000 g
- Haltbare Milch: 8 l
- Milchpulver: 1000 g

- ❏ Nüsse, Sonnenblumenkerne: 10 Packungen
- ❏ Wurst: 6000 g

Fette und Öle
- ❏ Speiseöl: 1,5 l
- ❏ Streichfett: 1500 g

Obst und Gemüse
- ❏ Gemüse in Konserven: 9000 g
- ❏ Hülsenfrüchte: 3000 g
- ❏ Obst in Konserven: 9000 g
- ❏ Trockenobst: 15 Packungen

Getränke
- ❏ Fruchtsäfte: 20 l
- ❏ Mineralwasser: 270 l

Sonstiges
- ❏ Babynahrung: 2500 g Magermilchpulver
- ❏ Fertigsuppen: 7 Packungen
- ❏ Futter für Haustiere: nach Bedarf
- ❏ Gewürze, Essig, Salatöl: 6 l
- ❏ Honig: 1500 g
- ❏ Kaffee, Tee, alkoholische Getränke, Schokolade, Süßigkeiten: nach Bedarf
- ❏ Konfitüre/Nutella: 2500 g
- ❏ Salz: 1000 g

Medizin und Hygiene
In einer Krise ist vielleicht nicht immer sofort ein Arzt zur Stelle, und Sie müssen sich selbst verarzten. Deshalb sollten Sie Verbandmaterial und Medikamente zu Hause haben.

Erste Hilfe
❏ Augenklappe
❏ Beatmungsmaske
❏ Desinfektionsmittel für die Hände
❏ Dreiecktücher
❏ Elastische Mullbinden in verschiedenen Größen
❏ Fingerschnellverbände mit Wundkissen
❏ Fixationsbandage
❏ Kompressen
❏ Pflasterschnellverband
❏ Pflasterstrips
❏ Rettungsdecke
❏ Schere
❏ Sicherheitsnadeln
❏ Spulenpflaster
❏ Verbandpäckchen in verschiedenen Größen
❏ Verbandtuch

Medikamente
❏ Abführmittel
❏ Alkohol (70 %)
❏ Antibiotikum
❏ Aspirin
❏ Augentropfen
❏ Beruhigungsmittel (Baldrian)
❏ Desinfektionsmittel für Haut und Wunden
❏ Durchfallmittel

- ❏ Halstabletten
- ❏ Hustensaft
- ❏ Ohrentropfen
- ❏ Schlafmittel
- ❏ Schmerztabletten
- ❏ Sonstige Medikamente, die Sie regelmäßig einnehmen müssen, z. B. Insulin, Schilddrüsenhormone, Antibabypille …
- ❏ Wund-und-Heilsalbe

Sonstiges
- ❏ Einmalkanülen
- ❏ Fieberthermometer
- ❏ Ohropax
- ❏ Schutzhandschuhe aus Latex
- ❏ Tropfpipette
- ❏ Wärmflasche
- ❏ Zahnnotfallset

Hygieneartikel
- ❏ Babywindeln
- ❏ Binden, Tampons
- ❏ Campingtoilette
- ❏ Duschgel
- ❏ Haarshampoo
- ❏ Handtücher
- ❏ Kamm oder Haarbürste
- ❏ Mülltüten
- ❏ Nagelfeile
- ❏ Nagelschere
- ❏ Papiertaschentücher
- ❏ Rasierzeug
- ❏ Seife

- ❏ Stoffwindeln
- ❏ Toilettenpapier
- ❏ Waschmittel
- ❏ Waschschüssel
- ❏ Watte
- ❏ Zahnbürsten
- ❏ Zahnpasta
- ❏ Zahnseide

Kleidung und Schuhe

Zum Anziehen haben Sie wahrscheinlich genug. Aber was davon ist auch strapazierfähig und wärmt Sie? Legen Sie sich robuste Funktionskleidung zu – eine gute Anlaufstelle sind hier Outdoor-Läden.

- ❏ Gummistiefel
- ❏ Handschuhe
- ❏ Hausschuhe
- ❏ Hemden
- ❏ Mützen
- ❏ Pullover
- ❏ Regenschutz
- ❏ Sandalen
- ❏ Schals
- ❏ Shorts
- ❏ Socken
- ❏ Strapazierfähige Hosen
- ❏ Sweatshirts
- ❏ T-Shirts
- ❏ Unterwäsche (lang und kurz)
- ❏ Wander- oder Arbeitsschuhe
- ❏ Windjacke
- ❏ Winterjacke (warm und wasserdicht)
- ❏ Winterstiefel

Hausrat

Die folgenden Gegenstände haben Sie vermutlich ohnehin in Ihrem Haushalt. Was noch fehlt, ergänzen Sie, denn es kann Ihnen in der Krise nützlich sein.

- ❏ Backblech
- ❏ Besen
- ❏ Besteck
- ❏ Bürsten
- ❏ Butterfass
- ❏ Campingkocher
- ❏ Camping-Kühlbox (12 V)
- ❏ Campingtoilette
- ❏ Decken und Kissen
- ❏ Dosenöffner
- ❏ Einweckgläser mit Gummidichtringen und Klammern
- ❏ Fleischwolf
- ❏ Geschirr aus Kunststoff
- ❏ Geschirrtücher
- ❏ Glühbirnen
- ❏ Handmixer
- ❏ Handstaubsauger (12 V)
- ❏ Isomatten
- ❏ Kaffeefilter
- ❏ Katadyn-Wasserfilter
- ❏ Kerzen
- ❏ Küchenmesser
- ❏ Küchenwaage, mechanisch
- ❏ Mörser mit Stößel
- ❏ Nudelholz
- ❏ Osmose-Wasserfilter
- ❏ Pfannen und Töpfe mit Deckel
- ❏ Plastikeimer

- ❏ Plastikflaschen
- ❏ Plastikwanne
- ❏ Schneebesen
- ❏ Schneidebrettchen
- ❏ Schöpflöffel
- ❏ Schwämme
- ❏ Sieb
- ❏ Streichhölzer
- ❏ Teekessel
- ❏ Thermoskanne
- ❏ Vorratsdosen
- ❏ Waschmittel/Seife
- ❏ Waschtrog und Waschbrett
- ❏ Wasserkocher

Werkzeug

Was tun, wenn Sie nicht sofort einen Handwerker rufen können, wenn etwas in Ihrem Haus oder in Ihrer Wohnung kaputt ist? Dann müssen Sie selbst Hand anlegen und brauchen dazu das richtige Werkzeug – und ein gutes Heimwerker-Handbuch. Diese Gegenstände sind die Grundausstattung beim Werkzeug und gehören eigentlich sowieso in jeden Haushalt. Ergänzen Sie Ihren Werkzeugkasten, falls nötig.

- ❏ Abflussreiniger (Saugglocke/Pömpel)
- ❏ Aluminiumleiter
- ❏ Angelschnur
- ❏ Anlegewinkel
- ❏ Arbeitshandschuhe
- ❏ Außen- und Innensechskantschlüssel
- ❏ Beißzange
- ❏ Bindedraht
- ❏ Bohrmaschine und Bohraufsätze

- ❏ Brecheisen
- ❏ Dichtungen
- ❏ Doppelseitiges Klebeband
- ❏ Dübel
- ❏ Feile
- ❏ Gabelschlüssel
- ❏ Gewebeklebeband
- ❏ Glasschneider
- ❏ Gummihandschuhe
- ❏ Gummiringe
- ❏ Hammer (400 oder 500 g)
- ❏ Inbusschlüssel
- ❏ Isolierband
- ❏ Klebstoff
- ❏ Kleine Handsäge
- ❏ Knetbarer Epoxy-Kleber
- ❏ Kombizange
- ❏ Lineal
- ❏ Meterstab
- ❏ Nägel
- ❏ Papier- oder Teppichmesser mit Ersatzklingen
- ❏ Pinsel in verschiedenen Größen
- ❏ Plastikplanen
- ❏ Rohrzange
- ❏ Schleifklotz und Schleifpapier
- ❏ Schnüre
- ❏ Schrauben
- ❏ Schraubendreher in verschiedenen Größen
- ❏ Schraubstock
- ❏ Schraubzwingen
- ❏ Schutzbrille
- ❏ Sekundenkleber

- ❏ Spachtel
- ❏ Spitzzange
- ❏ Staubmaske
- ❏ Stichsäge mit Sägeblättern für Holz und Metall
- ❏ Wasserwaage
- ❏ Weißleim
- ❏ Winkeleisen
- ❏ Zweipoliger Spannungsprüfer

Tauschgüter

Die folgenden Dinge sind nicht unbedingt lebensnotwendig, erleichtern den Alltag aber ungemein oder machen ihn ein wenig angenehmer. Deshalb könnten sie in einer Krise beliebte Tauschgüter werden. Schaffen Sie sich also rechtzeitig einen Vorrat an.

- ❏ Alufolie
- ❏ Bohnenkaffee
- ❏ Brillen
- ❏ Draht
- ❏ Edelmetalle: Münzen oder Barren
- ❏ Einmachgläser
- ❏ Faden
- ❏ Feuerzeuge
- ❏ Gewürze
- ❏ Kerzen
- ❏ Konserven
- ❏ Kugelschreiber, Bleistifte
- ❏ Mausefallen
- ❏ Medikamente
- ❏ Messer
- ❏ Milchpulver
- ❏ Nähzeug
- ❏ Papier

- Rasierklingen
- Saatgut
- Salz
- Streichhölzer
- Waffen
- Werkzeug
- Zigaretten
- Zucker

Grundausstattung für den Schutzraum
Der beste Schutzraum hilft Ihnen nichts, wenn Sie ihn ständig verlassen müssen, weil Ihnen etwas Wichtiges fehlt. Die folgenden Dinge sollten Sie rechtzeitig dort deponieren.
- ABC-Schutzmasken mit Ersatzfiltern
- Besteck
- Bücher, Spiele und Kinderspielzeug
- Campinggeschirr
- Campingkocher
- Campingtoilette
- Dosenöffner
- Erste-Hilfe-Kasten
- Feuerzeug und Streichhölzer
- Gasflasche für Kocher
- Katadyn-Wasserfilter
- Kerzen
- Klebebänder, Plastikfolien, Dichtmaterialien
- Lebensmittel und Wasser für mindestens 3 Wochen
- Mülltüten
- Radio (Weltempfänger) und Batterien
- Reinigungstücher
- Schaufel und Spitzhacke
- Strahlenmessgerät

- ❏ Tablet-PC
- ❏ Taschenlampen und Batterien
- ❏ Toilettenpapier
- ❏ Uhr mit Datumsanzeige
- ❏ Werkzeug: Hammer, Axt, Zange, Schnüre, Nägel …
- ❏ Wolldecken und Schlafgelegenheiten

LITERATURHINWEISE

Alles, Volker u. a.: *Bogenschießen. Ausrüstung und Zubehör selbst gemacht.* Hörnig, Ludwigshafen 2008
von Au, Franziska: *Hausrezepte gegen alle Krankheiten.* Südwest, München 1994
Birkholz, Peter/Bruns, Michael/Haas, Karl-Gerhard/Reinbold, Hans-Jürgen: *Reparaturen zu Hause.* Stiftung Warentest, Düsseldorf 2010
Broers, Dieter: *Checkliste 2012. Sieben Strategien, wie Sie die Krise in Ihre Chance verwandeln.* Scorpio, München 2011
Broers, Dieter: *(R)Evolution 2012.* Scorpio, München 2009
Brown, Lynda: *Natürlich hausgemacht! – Traditionelle Techniken des Konservierens neu entdeckt.* Dorling Kindersley, München 2011
Brunner, Sepp/Brunner, Margit: *Permakultur für alle. Harmonisch leben und einfach gärtnern im Einklang mit der Natur.* Verlag Eugen Ulmer, Stuttgart 2010
Bühl, Beate/Seeger, Bettina/Ullmann, Matthias: *Wir planen und bauen unser Haus. Das große Buch vom Hausbau.* Callwey, München 2011

Crome, Horst: *Handbuch Windenergie-Technik. Windkraftanlagen in handwerklicher Fertigung.* Ökobuch, Staufen 2008

Fleischhauer, Steffen G./Guthmann, Jürgen/Spiegelberger, Roland: *Essbare Wildpflanzen. 200 Arten bestimmen und verwenden.* AT Verlag, Aarau 2007

Funke, Werner: *Der Obstgehölzschnitt. Obstbäume und Beerensträucher zweckmäßig schneiden und erziehen.* BLV, München 2006

Funke, Wolfgang: *Selbstversorgung. Unabhängig, nachhaltig und gesund leben.* Scorpio, München 2011

Grandt, Michael/Spannbauer, Gerhard/Ulfkotte, Udo: *Europa vor dem Crash. Was Sie jetzt wissen müssen, um sich und Ihre Familie zu schützen.* Kopp, Rottenburg 2011

Grönemeyer, Dietrich: *Grönemeyers neues Hausbuch der Gesundheit.* Rowohlt, Reinbek bei Hamburg 2008

Grünwald, Jörg/Jaenicke, Christof/Hardewig, Iris: *Quickfinder Pflanzenheilkunde. Der schnellste Weg zur richtigen Behandlung.* Gräfe und Unzer, München 2008

Hanus, Bo/Stempel, Ulrich E.: *Solarenergie im Haus. Das große Praxiswerkbuch.* Franzis, Poing bei München 2007

Hattingh, Garth: *Outdoor-Survival.* Pietsch, Stuttgart 2002

Heiney, Paul: *Der Traum vom Landleben – Altbewährtes neu entdeckt – Selbstversorgung leicht gemacht.* Dorling Kindersley, München 2011

Hespeler, Bruno: *Erfolgreich jagen. Wildverhalten, Wetter, Jagdbetrieb, Ausrüstung.* BLV, München 2008

Hitschfeld Oswald: *Der Kleinsthof.* OLV Organischer Landbau Verlag, Xanten 2003

Jansson, Jan-Ove: *Blockhausbau. Traditionelle Techniken aus Schweden.* Holzwerken im Vincentz Network, Hannover 2009

Klus-Neufanger, Christa: *Mit Holz heizen.* Verlag Eugen Ulmer, Stuttgart 2007

Kruse, Harald: *Überlebenstechnik. Lexikon für das Überleben in Wildnis und Zivilisation.* Pietsch, Stuttgart 1992

Kuhlmann, Nicole: *Selbst Solaranlagen installieren. Schritt für Schritt richtig gemacht.* Compact, München 2009

Lehari, Gabriele: *Vorratshaltung. Frisch halten, einfrieren, konservieren.* Verlag Eugen Ulmer, Stuttgart 2010

Lorenz-Ladener, Claudia: *Trocknen und Dörren mit der Sonne. Bau und Betrieb von Solartrocknern.* Ökobuch, Staufen 2010

Müller, Jürgen: *Gewinnen mit Gold und Silber.* Kopp, Rottenburg 2007

Müller-Tschopp, Eva-Maria/Tschopp, Eric: *Der richtige Platz. Wasseradern, Erdstrahlung, Elektrosmog mit Rute und Pendel finden und harmonisieren.* AT Verlag, Aarau 2001

Ody, Penelope: *Praxisbuch Heilpflanzen.* Dorling Kindersley, München 2008

Pears, Pauline/Anderson, Peter: *Enzyklopädie des biologischen Gärtners.* Dorling Kindersley, München 2002

Roth, Günter D.: *Wetterkunde für alle.* BLV, München 2008

Schauer, Thomas/Caspari, Claus: *Der BLV-Pflanzenführer für unterwegs. 1150 Blumen, Gräser, Bäume und Sträucher.* BLV, München 2010

Seymour, John: *Das neue Buch vom Leben auf dem Lande.* Dorling Kindersley, München 2010

Seymour, John: *Selbstversorgung aus dem Garten.* Urania, Freiburg 2011

Spannbauer, Gerhard: *Finanzcrash. Die umfassende Krisenvorsorge.* Kopp, Rottenburg 2009

Stern, Alice: *Tiere halten hinterm Haus – Geflügel, Kaninchen, Schafe, Ziegen, Esel.* Kosmos, Stuttgart 2011

Strawbridge, Dick/Strawbridge, James: *Das große Buch der Selbstversorgung*. Dorling Kindersley, München 2011

Weiss, Hans/Daimler, Renate/Federspiel, Krista/Herbst, Vera: *Kursbuch Gesundheit. Gesundheit und Wohlbefinden. Symptome und Beschwerden. Krankheiten. Untersuchungen und Behandlung.* Kiepenheuer & Witsch, Köln 2010

Wirth, Armin: *Erste Hilfe unterwegs. Effektiv und praxisnah.* Reise Know-how, Bielefeld 2007

ALLES, WAS SIE ÜBER SELBST-VERSORGUNG WISSEN MÜSSEN

Sie möchten natürlich, nachhaltig und gesund leben? Sich vom Diktat der Lebensmittelindustrie frei machen und Ihre eigenen Nahrungsmittel produzieren? Für Krisen gewappnet sein und sich notfalls autonom versorgen können? Der Biologe Wolfgang Funke zeigt kompetent und praxisorientiert, wie Sie Ihren Traum von der Selbstversorgung Schritt für Schritt in die Tat umsetzen können.

› Selbstversorgung von Balkon und Terrasse, aus dem Nutzgarten bis hin zum Modellhof
› Gärtnerische Grundlagen und Kulturverfahren
› Köstliches aus dem eigenen Garten: Gemüse und Salat – Obst und Beeren – Getreide, Pilze und Nüsse – Gewürze – Kräuter für Küche, Gesundheit, Schönheit und Haushalt
› Tiere im Garten
› Ernte und Konservierung
› Vorratshaltung und Lagerung
› Selbstversorgung für Genießer
› Alternative und erneuerbare Energien

Extras: Saisonkalender, Aussaat- und Pflanzkalender, Gartenplaner, Fruchtwechsel-Pläne, Mischkultur, Erntekalender, Haltbarkeit von Lebensmitteln, Wildpflanzen in unserer Ernährung, Notvorräte

Mehr über unsere Bücher:
www.scorpio-verlag.de

408 Seiten, laminierter Pappband
€ (D) 14,95 / € (A) 15,40
ISBN 978-3-942166-51-5

„EIN OPTIMISTISCHES GEGENSTÜCK ZU ALL DEN APOKALYPTISCHEN PROPHEZEIUNGEN." *Tom Brooks, BBC World*

Der Bestsellerautor und Journalist Daniel Pinchbeck begibt sich auf die Suche nach einem neuen Denken, das archaische Weisheit mit moderner Wissenschaft vereint. Denn das Jahr 2012 wird keinen Zusammenbruch unserer Gesellschaft einläuten, wie apokalyptische Prophezeiungen proklamieren, sondern die Geburt einer globalen nachhaltigen Kultur: Zusammenhalt statt Wettbewerb. Das Wertschätzen von Geist und Seele wird den nutzlosen Materialismus ablösen, der unsere Welt an den Rand des Abgrunds getrieben hat. Dass das Wissen und Know-how für den Wandel im Geistigen sowie ganz pragmatisch u. a. in Städtebau, Landwirtschaft, Energieversorgung und Mobilität bereits vorhanden sind, zeigt Daniel Pinchbeck im Gespräch mit wissenschaftlichen wie spirituellen Vordenkern, Architekten, Ökonomen, Erfindern, Öko-Unternehmern und Prominenten wie Sting oder David Lynch.

Mehr über unsere Bücher:
www.scorpio-verlag.de

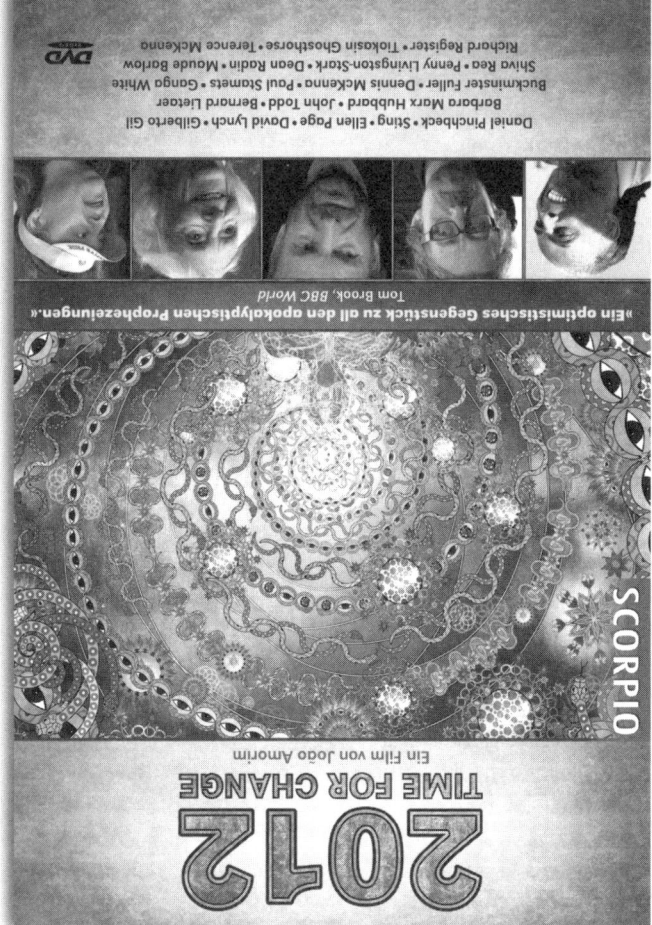

2012 TIME FOR CHANGE
Ein Film von João Amorim

SCORPIO

»Ein optimistisches Gegenstück zu all den apokalyptischen Prophezeiungen.«
Tom Brook, BBC World

Daniel Pinchbeck • Sting • Ellen Page • David Lynch • Gilberto Gil
Barbara Marx Hubbard • John Todd • Bernard Lietaer
Buckminster Fuller • Dennis McKenna • Paul Stamets • Gangа White
Shiva Rea • Penny Livingston-Stark • Dean Radin • Maude Barlow
Richard Register • Tiokasin Ghosthorse • Terence McKenna

DVD, 80 Minuten
(D) € 19,95 / (A) € 20,60
ISBN 978-3-942166-29-4